NAÇÕES DE ENCARCERAMENTO

Dados Internacionais de Catalogação na Publicação (CIP)
(Câmara Brasileira do Livro, SP, Brasil)

Dreisinger, Baz
Nações de encarceramento : o sistema prisional ao redor do mundo / Baz Dreisinger ; tradução de Fábio Creder. – Petrópolis, RJ : Vozes, 2025.

Título original: Incarceration Nations
ISBN 978-85-326-7358-9

1. Direito – Aspectos sociais 2. Encarceramento
3. Justiça (Filosofia) I. Título.

25-297705.0 CDU-34:301

Índices para catálogo sistemático:
1. Direito : Aspectos sociais 34:301

Livia Dias Vaz – Bibliotecária – CRB-8/9638

NAÇÕES DE ENCARCERAMENTO

O sistema prisional ao redor do mundo

Baz Dreisinger

Tradução de Fábio Creder

EDITORA VOZES

Petrópolis

Tradução do original em inglês intitulado *Incarceration Nations – A Journey to Justice in Prisons Around the World*

Direitos de publicação em língua portuguesa – Brasil:
2025, Editora Vozes Ltda.
Rua Frei Luís, 100
25689-900 Petrópolis, RJ
www.vozes.com.br
Brasil

Diagramação: Editora Vozes
Revisão gráfica: Nilton Braz da Rocha
Capa: Rafael Machado

ISBN 978-85-326-7358-9 (Brasil)
ISBN 978-1-5905-1899-1 (Estados Unidos)

Este livro foi composto e impresso pela Editora Vozes Ltda.

SUMÁRIO

Para os meus alunos do Prison-to-College Pipeline – meus professores, minhas inspirações, minha família: Anthony, Carl B, Carl L, Craig, Dale, Devon, Domingo, Gerrard, Johnny, Joseph C, Joseph T, Juan, Justin, Kenneth, Kevin, Korey, Lenny, Lumumba, Marcus, Matthew, Melvin, Rasheen, Richard, Robert, Robert T, Rory, Rowland, Sean, Shawnon, Theron, Tomas, Vinicio e Will.

Às vezes eu penso que este mundo inteiro é
um grande pátio de prisão. Alguns de nós são
prisioneiros, alguns de nós são guardas.

Bob Dylan

INTRODUÇÃO

Aqui há um mundo à parte, diferente de tudo o mais, com leis próprias, suas próprias vestimentas, suas próprias maneiras e costumes, e eis a casa dos mortos-vivos – uma vida como em nenhum outro lugar e um povo à parte.

Fiódor Dostoiévski

"Mzungu!" O guarda da prisão rosna, acenando para mim com o termo suaíli para "pessoa branca".

Merda.

Eu estava tentando me misturar, embora essa seja uma aspiração absurda para uma garota branca numa favela de Kampala. Estou parada do lado de fora do portão lateral da Prisão de Segurança Máxima de Luzira, um complexo irregular construído para acomodar seiscentos, mas que atualmente abriga cerca de cinco mil homens, mulheres, crianças e prisioneiros condenados à morte. Colocando meu colete interno à prova de balas, aproximo-me da Uzi.

"O que você quer aqui?", vem o rosnado novamente.

Com um sorriso estampado, junto uma frase envolvendo as palavras "voluntário", "por favor", "senhor" e "obrigado". O guarda rosnante afasta minhas palavras com o pulso, me enxotando como se eu fosse um mosquito teimoso.

Cinco minutos mais tarde estou de volta, prostrada diante dele com minha colega voluntária. Trabalhando aqui há quatro meses, ela, diferente de mim, viu sua papelada ser corretamente processada pelas autoridades da prisão e, portanto, estava autorizada a entrar em Luzira. Eu estava entrando às escondidas, tendo recebido permissão não oficial para estar aqui – na forma de um "você pode entrar e pode ensinar" do agente chefe de plantão na semana passada – mas não recebi nenhum documento para provar isso.

Dois bajuladores funcionam melhor do que um. Com bastantes reverências e "por favor, senhores" e "desculpe, senhores", rastejamos para além das Uzis e adentramos o complexo prisional, através dos alojamentos semelhantes a favelas dos agentes da prisão, passando pelo quartel militar e pelo portão central onde os guardas nos acenam para entrar, em meio à multidão de homens andando em uniformes amarelo-sol e pela porta de concreto de uma pequena biblioteca.

"Boa tarde, Professora Baz!"

É a melhor saudação que recebi o dia todo – não, a semana toda. Uganda provou ser muitas coisas, mas acolhedora não é uma delas; na maioria dos dias, fico feliz em receber um aceno educado até mesmo do *concierge* do hotel, um profissional na arte de servir com uma carranca. Essa saudação vem de um prisioneiro, Bafaki Wilson, também conhecido como diretor Wilson, também conhecido como pastor Boma, o que significa que Wilson é uma espécie de agente prisional eleito pelos pares. Ele é pastor do bloco "Boma" de Luzira e senhor dessa biblioteca, erguida pela ONG African Prisons Project, sediada em Londres e Kampala.

"Como você *está* hoje?", pergunta Wilson, sorrindo como sempre, e me fitando com aqueles que são certamente os olhos mais gentis de toda Uganda. Aos 30 anos, Wilson é uma combinação estranha de velho frágil e garotinho animado. Sua estatura pequena e esguia, sorriso franco e olhar espirituoso, sem mencionar o boné de sol frouxo, feito do tecido amarelo do uniforme da prisão e largo demais para o seu rosto estreito, tudo isso grita "menino". Mas o velho enrugado brilha no andar lento e manco de Wilson e, sobretudo, no seu jeito de falar. Cada frase surge lenta e estudada, finamente elaborada com pronunciamentos, como se tirada da transcrição de um sermão de Martin Luther King.

"Wilson, estou bem", respondo. Conjurando meu segundo sorriso do dia, esse genuíno, aperto sua mão. Então faço a ronda, cumprimentando uma dúzia de alunos com apertos de mão e amplos olás. Eles estão reunidos em volta de uma mesa de madeira no centro da biblioteca em forma de bloco, rabiscando em folhas soltas ou folheando livros aleatórios que não estão realmente lendo: *Falando norueguês*, *Hamlet*, *Guia de viagem para o interior da Inglaterra*.

A aula de escrita criativa está em andamento. Wilson senta-se à minha esquerda e lê, com enunciação estudada, os poemas de Maya Angelou que eu distribuí ontem:

> Você pode me escrever na história
> Com suas mentiras amargas e distorcidas,
> Você pode me pisar na própria sujeira
> Mas ainda assim, como pó, eu vou me levantar.

Durante a minha primeira aula em Luzira, atribuí aos homens a tarefa de escreverem textos pessoais, e Wilson contou a sua história. Da zona rural de Uganda, ele nasceu num casamento polígamo que produziu mais de sessenta filhos. Sua mãe morreu quando ele era um bebê e ele foi abusado pelas suas madrastas, então fugiu. Cometeu crimes; era pobre demais para pagar a multa ou o suborno que poderia livrá-lo desses crimes. Então tornou-se um dos 35 mil ugandenses atrás das grades, vivendo em prisões com seis vezes sua capacidade – prisões criadas há quase um século por antigos colonizadores que as usaram como uma forma de controle social e intimidação. Mais de um ano depois, Wilson ainda não foi julgado; isso não é surpreendente, considerando que mais da metade da população carcerária de Uganda consiste em detentos preventivos. Wilson lidou bem com a situação. Ele eventualmente encontrou a fé atrás das grades, transformando-se no pastor Boma.

Você queria me ver quebrado?
Cabeça curvada e olhos baixos?
Ombros caindo como lágrimas.
Enfraquecido por meus gritos comoventes.

Aplausos. "Baz, preciso lhe dizer", começa o pastor Boma. "Esse é realmente um belo poema. E, de fato, fala diretamente sobre a nossa experiência aqui, nesta prisão". Os outros alunos concordam solenemente.

Passamos mais duas horas nos entregando a palavras bonitas. A classe alegremente cria e compartilha os seus próprios poemas; o de Wilson, intitulado "The Liberator" [O libertador], é um lamento sobre os ditadores que dominaram a África Oriental, seguido de uma declaração de fé no futuro triunfante de Uganda. Outro aluno escreve um poema que começa: "AIDS, oh AIDS, por que você levou minha família?"

Quando chega a hora de ir embora, pego meus papéis e dou outro firme aperto de mão a Wilson, desejando-lhe uma boa noite de sono.

"Nunca é uma boa noite aqui, Baz. E não há espaço para dormir". Ele diz isso com um sorriso radiante.

Saio da biblioteca e me armo, emocionalmente, para o mundo lá fora. O crime é uma realidade em Kampala, mas é a segurança onipresente da cidade que realmente me abala. Organizações terroristas do leste africano, como a que está por trás de um atentado a bomba em 2010 que matou setenta e seis pessoas, são uma ameaça persistente, então o país pode parecer uma bomba-relógio, carregado de guardas armados e verificações militares. A vida cotidiana aqui muitas vezes parece uma grande corrida de obstáculos. Guardas prisionais, depois a temida caminhada *mzun-*

gu pela favela. Esperar que o taxista de hoje apareça e não me deixe abandonada; supondo que ele apareça, renegociar um preço que já tínhamos negociado duas vezes esta manhã. Trânsito de Kampala, suor de Kampala, carrancas de Kampala, verificações de carro-bomba, detectores de metal. Mais guardas rosnando e mais Uzis e verificações de segurança, de volta ao hotel. Expirar.

Ninguém disse que essa viagem pelo mundo seria tranquila.

* * *

Eu havia embarcado recentemente numa peregrinação de dois anos a prisões ao redor do mundo.

Quando contei às pessoas que faria essa viagem, a maioria achou estranho. Estou acostumada a que as pessoas me achem estranha, dada a minha mistura peculiar de identidades. Sou uma professora de Inglês branca especializada em estudos culturais afro-americanos, uma amante do carnaval caribenho que também é uma educadora prisional e ativista da justiça criminal, uma produtora *freelancer* para a National Public Radio, uma fanática por *reggae,* uma judia agnóstica de Nova York. Trabalhei como jornalista, crítica musical e acadêmica, e produzi dois documentários sobre *hip-hop* e o sistema de justiça.

Sou estranha porque sou insaciavelmente curiosa – e foi assim que acabei imersa em mundos tão diversos. Quando fico fascinada por alguma coisa, mergulho de cabeça e com zelo. Quando me apaixonei pelo *reggae* jamaicano, por exemplo, não pude ser apenas uma fã; tive de me tornar uma espécie de estudiosa da música e frequentadora do país. E essa curiosidade fervorosa foi o que me levou a uma prisão em Uganda, armada com Angelou.

Quando eu era criança, uma prisão não era nem uma terra de fantasia nem uma realidade cotidiana para mim. Cresci no Bronx, em Nova York, criada, como tantos outros na minha cidade durante as décadas de 1980 e 1990, no *hip-hop* e no *reggae.* Frequentei a City University of New York (CUNY), uma enorme instituição pública que também é extremamente diversa – um *campus* ostenta um corpo estudantil representando 160 países e falando 127 idiomas. Como a própria Nova York, a CUNY cultivou minha identidade como cidadã global, moldada pela multiplicidade de culturas ao meu redor.

Quando fiz meu doutorado em inglês, concentrei-me em estudos afro-americanos, especificamente nas fronteiras de raça na cultura americana: como essas fronteiras são traçadas, quem as traça, quem as cruza ousadamente. Por que me concentrei nisso? Porque o próprio fato da raça não fazia sentido para mim. Eu não entendia como nosso mundo podia ser governado em tantos aspectos sociais e políticos por uma entidade que é um constructo e não uma realidade biológica. Há mais similaridades genéticas entre as chamadas raças do que diferenças, então por que todo mundo parece pensar que essas categorias artificiais são naturais? A necessidade de explorar essa questão me levou ao meu primeiro livro, uma história social de pessoas brancas reais e fictícias que se passavam por negras.

Muitas das ideias do livro sobre cruzamentos raciais, cultura *hip-hop,* a questão da propriedade cultural e o que significa "afirmar" uma identidade alcançada fora da academia, se encaixam com a cultura *pop* e o *zeitgeist* racial-musical do início dos anos de 2000, a era Eminem. Então, durante um ano como bolsista de pós-doutorado na UCLA, para uma matéria de capa da *New York Times Magazine,* entrevistei quase todos os *rappers* que sempre quis conhecer e fiz turnê com o Snoop Dogg; e convenci um editor do *L.A. Times* que insistia que o *reggae* tinha morrido com o Bob Marley a me deixar escrever sobre artistas jamaicanos contemporâneos.

Um desses artistas foi Jah Cure, uma estrela do *reggae* rastafári que se tornou famoso enquanto cumpria uma pena de prisão de oito anos por estupro. Voei para Kingston, Jamaica, para negociar com as autoridades o acesso à prisão para a entrevista, mas nunca me foi concedido. Minha história acabou sendo publicada de qualquer maneira porque eu não conseguia deixar para lá; fiquei fascinada pelo caso de Cure. Ele alegou inocência e disse que foi discriminado por ser rastafári, o que ainda carrega um estigma em certos círculos de classe caribenhos – mas eu também não conseguia entender como esse homem, que canta algumas das mais belas e espirituais canções de amor que eu já ouvi, poderia ter cometido um ato tão vil. Se ele o fez, deve ter o direito de lançar música de trás das grades? Tocando suas músicas repetidamente, lidei com grandes questões sobre as complexidades da natureza humana e o propósito da prisão. Tratava-se de correção ou punição? Se a liberdade é o único direito perdido quando alguém vai para a prisão, será que a música de Cure não deveria ter permissão para circular livremente? E se ele é culpado, refleti, será que as suas canções de amor de tirar o fôlego poderiam ser uma espécie de pedido de desculpas público – até mesmo uma forma de reparação?

Essas reflexões tomaram conta de mim. E surgiram novamente em mais dois artigos que publiquei, um traçando o perfil de um detetive do Departamento de Polícia de Nova York que fundou uma unidade para monitorar *rappers* e ficou conhecido como o policial do *hip-hop*, e o outro uma matéria de capa do *L.A. Times* sobre a tendência crescente de *rappers* lançarem álbuns enquanto estão presos. Quando eu estava em Los Angeles, fiz uma parceria com um cineasta para transformar esses dois artigos em documentários, que acabaram sendo exibidos em várias redes de TV a cabo. Ambos eram filmes *pop* concebidos para audiências *mainstream*. Mas questões sobre justiça fundamental permaneceram alojadas na minha consciência, então minha pesquisa – especialmente para *Rhyme & Punishment* [Rima e castigo], que é essencialmente Estudos Prisionais 1 encontra Estudos de *Hip-Hop* 1 – me lançou num curso de estudo sério e aprofundado.

Assim que comecei a procurar, estatísticas devastadoras foram fáceis de descobrir. Os Estados Unidos são os maiores carcereiros do mundo, com 2,3 milhões de pessoas atrás das grades, ou um em cada cem adultos. Com 5% da população mundial, abrigamos quase 25% de sua população carcerária. Um em cada trinta e um adultos, ou 7 milhões, estão sob alguma forma de controle correcional; até 25% da população carcerária adulta sofre de doença mental. Grande parte dos nossos prisioneiros está cumprindo penas longas e duras por delitos relacionados a drogas. Em prisão federal são 51% – apenas 4% estão presos por roubo e apenas 1% por homicídio – e no sistema estadual, 20%, mais do que qualquer outra categoria de delito. Cerca de 3.700 americanos que nunca cometeram um crime violento estão cumprindo penas de 25 anos a prisão perpétua somente na Califórnia. Nosso país considera os jovens imaturos demais para votar ou comprar álcool, mas maduros o suficiente para viver em prisões para adultos, onde um em cada dez é abusado sexualmente. Quatorze estados não têm nenhuma regra contra julgar menores de 14 anos como adultos.

Eu me vi confrontando as perturbadoras desigualdades raciais. Mais afro-americanos estão hoje sob supervisão criminal do que estavam escravizados em 1850. Os negros têm seis vezes mais probabilidade de serem presos por acusações relacionadas a drogas do que os brancos, o que explica em parte por que um em cada quatorze homens negros está na cadeia ou na prisão. Quando ele ou ela completa 18 anos, uma em cada quatro crianças negras terá experimentado a prisão de um dos pais. 94% das crianças no sistema de tribunais de família dos Estados Unidos são negras ou latinas. Vários estudos mostraram que os negros são tratados de forma menos justa do que os brancos em todos os estágios do processo de justiça, desde decisões de prisão preventiva a persecução penal e decisões sobre sanções comunitárias em oposição a sentenças de prisão. Uma história do *New*

York Times de 2015 relatou sobre os "1,5 milhão de homens negros desaparecidos" nos Estados Unidos – "desaparecidos" porque mais de um em cada seis homens negros com idades entre 24 e 54 anos desapareceu da vida cívica, tendo morrido jovens ou sido enviados para a prisão.

A duração das nossas sentenças também distingue os Estados Unidos. Apenas 20% dos países têm sentenças de prisão perpétua sem livramento condicional; os Estados Unidos as têm até mesmo para delitos únicos e não violentos. Há cerca de 160 mil pessoas cumprindo prisão perpétua nos Estados Unidos, em comparação com cinquenta e nove na Austrália, quarenta e uma na Inglaterra e trinta e sete na Holanda. Em 2005, a Human Rights Watch contou mais de dois mil americanos cumprindo prisão perpétua sem livramento condicional por crimes cometidos quando menores; o resto do mundo inteiro só prendeu doze crianças sem possibilidade de soltura. Somos um de apenas nove países que punem via prisão perpétua e pena de morte.

Eu não conseguia tirar essas estatísticas da minha cabeça. E quando voltei para Nova York para trabalhar como professora de Inglês no John Jay College of Criminal Justice, uma faculdade da CUNY onde a maioria dos alunos está se preparando para carreiras em direito, serviços sociais e outras áreas da justiça – e onde eu daria aulas interdisciplinares sobre raça, crime e cultura – as questões filosóficas que me consumiam agora chegavam à minha sala de aula.

Ao mesmo tempo, cartas da prisão chegavam ao meu escritório. Escritas por pessoas que liam meus artigos ou assistiam aos meus filmes, as cartas eram longas e escritas à mão: vidas no papel, confissões não solicitadas, cartões artesanais intrincados. Uma delas veio do presidente do Latino en Progresso, uma organização administrada por prisioneiros na Shawangunk Correctional Facility, e continha um convite para ser a palestrante no seu almoço anual. Eu aceitei.

Eu já tinha estado numa sala de visitas de prisão antes, mas era a primeira vez que visitava uma prisão como voluntária, engajada num trabalho intelectual sério com seres humanos vivendo atrás das grades. Dei uma palestra sobre a construção social da raça, lendo excertos de James Baldwin e Ralph Ellison dentre outros. Então, coloquei minhas anotações de lado e abri o espaço para o diálogo. Os questionamentos vieram com força total, uma enxurrada de críticas ponderadas informadas por referências eruditas. As horas passaram voando, e muito rápido chegou a hora de os homens retornarem às suas celas e de eu sair dos portões da prisão para a liberdade.

Quando saí para o ar gelado do norte do Estado de Nova York, um fardo pesado vergou meu coração. Não fiquei surpresa de que alguns dos melhores e mais brilhantes dos Estados Unidos estivessem atrás das grades. Mas, pela primeira vez, senti-me irrevogavelmente magoada por essa realidade. Não sou ingênua; sei que muitos desses homens de uniforme verde cometeram atos horríveis. Mas ainda assim vi entre eles uma vasta possibilidade, uma coleção de potencialmente grandes contribuidores para a sociedade. Por que permitiríamos que nosso maior recurso, nossos próprios cidadãos brilhantes, definhassem em celas de prisão?

Na mesma época, eu viajava regularmente até uma outra unidade para visitar um amigo que passou toda a sua casa dos trinta na prisão. Ele praticava o judaísmo lá, e dediquei muitas horas a convencer os funcionários da prisão de que sim, xales de oração estão na lista de "itens permitidos". As salas de visita foram adicionadas à lista de coisas sobre a prisão com as quais eu não conseguia me acostumar. Aquela estrutura feia de arame farpado e blocos de concreto, cruelmente colocada no meio de uma paisagem campestre ao estilo Norman Rockwell. As famílias se alinhando mecanicamente para mostrar suas identidades em troca de tempo jogando palavras-cruzadas com seus pais ou maridos. O cheiro da sala de visita (sanduíches de presunto e *nachos* das máquinas de venda automática, aquecidos num micro-ondas antigo); o som da sala de visita (ecos abafados de troco sendo depositado, refrigerantes sendo abertos); a cena surreal que é a sala de visitas da prisão: cofres de emoções humanas, misturas completamente anormais do dolorosamente público e do apaixonadamente privado. Eu não conseguia superar a bizarrice da experiência toda.

Minha curiosidade inicial, meu instinto de que algo estava muito, muito errado com tudo isso, se transformou em certeza visceral. Comecei a pensar, ferozmente, sobre a instituição da prisão em si.

Meus alunos geralmente a tomavam como certa. "Cometa o crime, cumpra a pena", eles diziam. A prisão é apenas uma consequência normal de um delito, como perder a voz se você gritar com muita frequência. Mas, na verdade, as prisões são invenções relativamente novas. Tecnicamente, elas existem há séculos, mas até o século XIX eram celas de detenção de curto prazo para aqueles que aguardavam julgamento ou pessoas que enfrentavam acusações menores; o encarceramento era um caminho até a justiça, em vez de a justiça em si. O encarceramento em massa, entretanto, nasceu na década de 1970.

Durante meses na biblioteca John Jay, continuei a pesquisa que eu tinha começado enquanto trabalhava no documentário anos antes. Cada revelação me fazia balançar a cabeça com mais vigor. Como eu sabia tão pouco sobre a evolução de uma instituição social vital, sobre abordagens da justiça da era pré-prisão?

Descobri que os israelitas tinham uma *beth ha-asourim* (casa de correntes) para manter devedores e aqueles que aguardavam julgamento. Os antigos gregos e romanos chamavam isso de *carcer privitus*; durante a Idade Média, um *carcer* era a sala do mosteiro para o clérigo delinquente. As prisões icônicas erguidas na Europa – casas de correção em Amsterdã e Roma, a Bastilha de Paris, as *bridewells* de Londres – eram principalmente penitenciárias sem arquitetura prisional distintiva. A justiça vinha em outros pacotes, às vezes versões da abordagem bíblica do olho por olho. Em Atenas, isso significava confisco de propriedade, apedrejamento, amarração a uma estaca, entrega dos infratores aos deuses por meio de maldições rituais ou proibição de interação social. A África Subsaariana lidava com infratores da moralidade por meio de espancamentos, banimento, envenenamento ou reparações de propriedade, mas o foco era nas vítimas serem compensadas, não nos infratores serem punidos. Dentre os quicuios da África Oriental, por exemplo, nove ovelhas ou cabras eram o preço por cometer adultério ou estupro, enquanto cem ovelhas ou dez vacas eram o custo do homicídio. O banimento era um veículo de justiça centenário. Muitos africanos exilavam aqueles que ameaçavam o bem-estar de toda a comunidade, como bruxas acusadas ou infratores habituais. A Europa fazia uso de colônias penais em todo o globo. Na América colonial, os troncos e o pelourinho eram populares, assim como a cadeira de patinhar e as chicotadas públicas; todos refletiam um foco na vergonha pública como uma forma de justiça, como a famosa letra escarlate usada pela fictícia Hester Prynne de Nathaniel Hawthorne. A China, até o século III, empregava espancamentos e execuções, enquanto a França, até a década de 1970, submetia muitos de seus criminosos à guilhotina, que transformava a morte numa máquina bem lubrificada e as execuções em espetáculos extravagantes.

Durante o final do século XVIII, as coisas mudaram radicalmente. O capitalismo nasceu. Industrialização significava urbanização, o que significava pobreza e, portanto, mais crime. Graças à Revolução Americana, a Inglaterra perdeu uma colônia penal. Advogados, escritores e livres-pensadores, cheios de fé na capacidade da humanidade de projetar mudanças, imaginaram uma forma radicalmente diferente de punição, uma que fosse mais organizada, mais contida e mais racional – mais alinhada com a chamada Era da Razão. Eles usavam a linguagem da reforma hospitalar, também popular na época, falando do crime como um contágio que poderia ser curado de forma metódica e científica. Na década de 1750, o magistrado e romancista britânico Henry Fielding propôs a "correção da mente" em vez do corpo, argumentando que a solidão e o jejum trariam "os mais abandonados perdulários à razão e à ordem". Em 1790, o filósofo Jeremy Bentham apresentou uma visão de uma prisão eficiente chamada panóptico ao parlamento britânico. Ele descreveu um favo de mel circular e em camadas de celas abertas colocadas ao redor de uma torre através da qual os residentes são vigiados perpetuamente; tal arquitetura permitiria que aqueles que administram a prisão monitorassem constantemente as forças de trabalho. Como o filósofo francês Michel Foucault conclui no seu livro que é um marco, *Vigiar e punir: o nascimento da prisão*, o mundo mudou espetacularmente quando foi subitamente "civilizado" para aqueles que cometiam crimes pagarem em tempo e isolamento, não em dor física.

Essa coisa que agora chamamos de prisão era muito um produto da sua época. Assim como o templo do capitalismo, a fábrica industrial, ela exigia uma aparência arquitetônica distinta; o panóptico de Bentham foi de fato modelado a partir de uma fábrica que o seu irmão projetou para Catarina, a Grande, da Rússia. Assim como o capitalismo, o sistema prisional dependia da regulamentação do corpo e da estrita ordenação do tempo, que veio em incrementos semelhantes aos monetários, cominados para adequarem-se ao crime.

Recém-independentes, avidamente capitalistas e ansiosos por provar que eram mais progressistas do que o seu antigo colonizador, os Estados Unidos sorveram sofregamente essas ideias europeias radicais. E uma grande ironia nasceu. O nascimento da democracia estava intrinsecamente vinculado ao nascimento da prisão – liberdade e a falta dela em união paradoxal, nos novos Estados Unidos. O próprio Thomas Jefferson fez alguns dos primeiros desenhos da prisão.

Em nossas costas, a teoria foi rapidamente colocada em prática. Durante a década de 1820 a prisão moderna realmente nasceu quando dois modelos americanos concorrentes abriram suas portas. A Penitenciária Estadual do Leste, na Filadélfia, deu vida ao panóptico de Bentham e empregou um "sistema separado", o que significava que os prisioneiros estavam em confinamento solitário perpétuo. Na Prisão de Auburn, em Nova York, o "sistema silencioso" foi usado. Trabalhando em ambientes semelhantes a fábricas, os prisioneiros eram chicoteados se falassem, como se fossem escravizados. Eis outra ironia vil. A escravidão prisional estava prosperando enquanto o Norte lutava para acabar com a escravidão no Sul. Afinal, a Décima Terceira Emenda não proíbe a escravidão, mas sim a torna ilegal, *exceto como punição por crime*.

Tendo aperfeiçoado o seu modelo prisional, os Estados Unidos o exportaram. Os acadêmicos europeus do século XIX fizeram dos passeios prisionais uma parada vital em suas visitas ao outro lado do oceano. Frederico Guilherme IV da Prússia foi um desses turistas prisionais, seguido por governantes da Saxônia, da Rússia e da Holanda, e comissários da França, da Áustria, da Holanda, da Dinamarca e da Suécia. Alexis de Tocqueville e Charles Dickens foram os visitantes mais vocais das prisões dos Estados Unidos, transmitindo o horror do que viram lá. Dickens chamou o prisioneiro americano de "um homem enterrado vivo; para ser desenterrado no lento decorrer dos anos; e, nesse meio-tempo, morto para tudo, exceto para ansiedades torturantes e um horrível desespero".

E assim as prisões teceram seu caminho no tecido da cultura global, por toda a Europa e, por meio de suas colônias, ao redor do mundo, da Espanha à Colômbia, da China ao Japão e à Índia – todos imitando o modelo americano. O que nos leva à era moderna, facilmente encapsulada em duas palavras: encarceramento em massa. Entre 1990 e 2005, uma nova prisão foi aberta nos Estados Unidos a cada dez dias. Como essa mudança dramática aconteceu não é um grande mistério; os sociólogos o remontam à década de 1970 e à guerra contra as drogas. Em 1980, dezenove em cada mil pessoas presas por drogas foram enviadas para a prisão; em 1992, 104 delas o foram. O criminologista Todd Clear resume as três tendências que produziram e sustentaram o crescimento das prisões durante a década de 1980: redução no uso de sentenças alternativas não prisionais, aumento na duração das sentenças e aumento na taxa de retorno à prisão para aqueles sob supervisão comunitária. O crescimento ocorreu em três fases. A primeira fase envolvia o envio de mais pessoas para a prisão; a segunda fase, o aumento do tempo em que permaneciam lá; e a terceira fase, a garantia de que cumprissem integralmente a sua pena por meio do que é conhecido como legislação sobre a verdade na sentença. Idade, gênero, raça e local, Clear explica, eram fatores críticos. A "guerra às drogas" criminalizou as drogas associadas a comunidades de minorias pobres, especificamente jovens negros em bairros devastados, muito mais do que as drogas "brancas", como a cocaína. Portanto, essa "guerra" foi menos um ataque às substâncias do que um ataque violento ao progresso racial feito durante a era dos direitos civis, e uma maneira eficaz de desviar a atenção do público da crescente desigualdade de renda. Entre 1979 e 1996, afinal, 95% da riqueza foi para os 5% mais ricos.

A caminhada pela história da prisão foi uma expedição preocupante, que me deixou com a sensação de ter encontrado uma conspiração mundial insidiosa e muito cara. Os Estados Unidos gastam mais de US$ 50 bilhões em correções. Nas últimas duas décadas, o dinheiro gasto em prisões chegou a seis vezes a taxa de gastos com a educação superior; encarcerar um jovem custa US$ 88.000 por ano – mais de oito vezes os US$ 10.653 gastos para educá-lo. Os estados gastam mais de um milhão de dólares por ano encarcerando os moradores de certos quarteirões da cidade, apelidados de "quarteirões de um milhão de dólares". No final das contas, o dinheiro gasto no sistema correcional excede o produto interno bruto de 140 países estrangeiros e está constantemente levando vários estados à falência, que agora enfrentam mandatos governamentais para reduzirem suas populações carcerárias.

Sabendo de tudo isso, tornou-se impossível não fazer algo a respeito, mesmo que fosse algo muito pequeno. Como eu poderia saber e não agir? Então, conforme os convites para retornar à prisão na qual dei aquela primeira palestra continuavam chegando, eu continuava dizendo sim. E isso virou a minha implantação de um programa educacional não oficial lá. Eu dava aulas pontuais sempre que podia, convidando colegas interessados a fazerem o mesmo. Conheci Ramón, o chefe daquela organização latina da prisão, muito bem. Ele era um intelecto elegante e equilibrado da República Dominicana, e me disse num almoço que, quando entrou na prisão, aos 16 anos, não falava uma palavra em inglês. Isso me surpreendeu, considerando que eu tinha acabado de vê-lo, num pódio adornado por um pôster de Che Guevara, fazer um discurso deslumbrantemente fluente de vinte minutos sobre mudança, crescimento e revolução. Ramón também me disse que passou três anos numa solitária, algo que eu não conseguia começar a compreender.

Enquanto eu conversava com Ramón, lamentando internamente o fato de que, mais uma vez, eu me encontrava diante de um homem cujos tremendos dons a sociedade havia negado a si mesma, um superintendente da Otisville Correctional Facility se aproximou de mim.

"Por que John Jay não tem um programa universitário em nenhuma prisão?", ele perguntou. Levei a pergunta para casa e a fiz a Jeremy Travis, o presidente do John Jay College.

"Gostaria de começar um", eu lhe disse. Ele me concedeu permissão. Em 2011, nasceu o Prison-to-College Pipeline (P2CP) de John Jay. Ele fornece cursos universitários e serviços de planejamento de reinserção para homens detentos no prazo de cinco anos após a soltura. Esses homens começam seu percurso universitário atrás das grades e, ao retornarem para casa, têm uma vaga garantida na City University of New York, onde concluem seus cursos e abraçam uma nova comunidade. A ideia é fazer da faculdade a peça central de suas novas vidas do lado de fora, de modo a que possam se beneficiar de tudo o que um *campus* tem a oferecer, desde a educação até a construção de rede e serviços gratuitos de saúde, aconselhamento e tutoria.

Eu dou aulas de inglês no programa P2CP e atuo como sua diretora acadêmica. Quando comecei esse trabalho, tinha pouca ideia daquilo em que estava me metendo. Dar aulas na prisão era, em muitos aspectos, a parte fácil. Meus alunos estavam tão intelectualmente famintos que ser sua professora era nada menos que o paraíso pedagógico. Aquilo para o que eu não estava preparada era a montanha-russa psicológica que vem com esse trabalho; às vezes, os altos e baixos me atingiam com uma força que me deixava emocionalmente arrasada. Quando meus alunos tinham o livramento condicional negado, quando voltavam para casa e não tinham onde morar, quando eram presos novamente ou até mesmo baleados: esses eram eventos traumáticos. Mas ver um aluno no *campus* correndo para a aula, quando não muito tempo atrás ele tinha sido meu aluno num ambiente completamente diferente – não há alegria maior.

As prisões se alojaram no coração do meu universo emocional e intelectual. Ainda assim, muitas pessoas no mundo ao meu redor não pareciam perceber que, simplesmente, não há evidências de que elas funcionem. É simples assim: as populações prisionais nos Estados Unidos têm crescido constantemente desde 1973 e não se correlacionam de forma alguma com a taxa de criminalidade. E por que as prisões *deveriam* funcionar? Estudos em teoria da probabilidade e psicologia revelam que a dissuasão é uma ilusão. Poucas pessoas param de cometer crimes porque a prisão existe; a realidade da sua existência dificilmente influencia seu processo de pensamento enquanto atos criminosos estão ocorrendo. Quanto à incapacitação, as prisões são escolas de crime e, embora possam trancar as pessoas longe do público em geral, elas também as devolvem à comunidade ainda mais criminalizadas e/ou profundamente marginalizadas, social e economicamente. Essa é uma receita para um *aumento* na criminalidade, um fato que explica uma manchete da NPR de 2014 tão contraintuitiva que chega a ser deliciosa: "Crime cai enquanto os Estados Unidos prendem menos pessoas, diz o Procurador-geral Holder". De fato, entre 2007 e 2012, os estados com as maiores reduções nas taxas de prisão tiveram uma redução média de 12% na criminalidade. Isso se deve ao que Todd Clear e outros chamam de "consequências colaterais" do encarceramento nas comunidades urbanas. Clear escreve que a prisão "destruiu famílias, enfraqueceu a capacidade de controle social dos pais, corroeu a força econômica, azedou as atitudes em relação à sociedade e distorceu a política". Foi demonstrado que filhos de pessoas na prisão têm mais probabilidade de irem para a prisão. E o tempo na prisão prejudica profundamente o capital social e as redes sociais de uma pessoa. Podemos realmente esperar que a fabricação de tais cidadãos produza comunidades mais seguras?

E o que dizer da terceira justificativa, a palavra que todos exaltam, reabilitação? Em 1954, a American Prison Association mudou seu nome para American Correctional Association, e as prisões se tornaram instituições correcionais. Mas programas que "corrigem" se tornaram poucos e distantes entre si. Apenas 6% dos gastos com correções são usados para pagar pela programação prisional. Entre 60 e 80% da nossa população prisional tem um histórico de abuso de substâncias, mas as vagas para tratamento de drogas dentro da prisão diminuíram em mais da metade desde 1993; em 2012, a lista de espera para tratamento de abuso de drogas na prisão era de 51 mil candidatos. Entre 2004 e 2005, apenas cerca de um quarto das pessoas em prisões estaduais estavam envolvidas em programação educacional, menos de um terço estavam envolvidas em treinamento vocacional e cerca de dois terços tinham atribuições de trabalho. Programas de ensino superior como o meu, dramaticamente correlacionados com menores taxas de reincidência, foram dizimados em 1994, quando os alunos detentos foram tornados inelegíveis para auxílio financeiro federal e estadual. Os programas de faculdades prisionais, que antes eram cerca de 350, caíram para sete no intervalo de um único ano.

Eu sabia de tudo isso. Eu lamentava. No entanto, o problema da curiosidade é que, se você insistir nela por tempo demais, ela pode perder a força. Eu senti isso acontecendo. Parte da bizarrice da prisão havia começado a desaparecer. Eu estava tão rotineiramente lá e tão frequentemente imersa na análise de questões prisionais, que me preocupava que o meu pensamento tivesse se tornado obsoleto e que eu estivesse começando a perder a perspectiva. Durante uma conversa com um financiador, me peguei usando as palavras "em casa" para descrever como me sentia na sala de aula em Otisville. Isso me chocou. Eu realmente me sentia "em casa" num lugar que antes era tão estranho para mim?

Decidi que eu precisava de um choque no sistema, para desbancar verdades básicas, para perguntar a mim mesma o que costumavam me perguntar o tempo todo, antes que o meu mundo se tornasse esmagadoramente cheio de pessoas que compartilhavam minhas paixões e premissas.

Por que se importar tão apaixonadamente com os chamados malfeitores do mundo?

O plano se desenrolou na minha mente. Eu encontraria novas respostas para essa pergunta globalmente, vendo a prisão de uma nova forma ao vê-la ao redor do mundo. E vendo o mundo ao ver suas prisões. Invocando Dostoiévski, Nelson Mandela disse a famosa frase: "Ninguém realmente conhece uma nação até que tenha estado dentro de suas prisões. Uma nação não deve ser julgada pela forma como trata os seus cidadãos mais elevados, mas os mais baixos".

A viagem seria uma chance de repensar um dos experimentos nacionais e exportações globais mais impactantes dos Estados Unidos. Entre 2008 e 2011, a população carcerária cresceu em 78% de todos os países. Cerca de 10,3 milhões de pessoas em todo o mundo estão atrás das grades, muitas condenadas por nada, esperando anos para serem julgadas e sem acesso a assistência jurídica adequada. No entanto, a conversa pública raramente parecia passar da crise de encarceramento dos Estados Unidos para o problema global das prisões – algo que os Estados Unidos construíram e depois impuseram ao mundo.

A justiça deve ser ostensiva e altiva, um sistema transparente endossado por todos os cidadãos. No entanto, as prisões, a joia da coroa do sistema de justiça internacional de hoje, são tudo, menos transparentes. São espaços invisíveis, lugares que a maioria nunca vê, mas que vagamente aceita como reais e corretos. E como alguém poderia endossar o que não pode ser visto? Em um nível muito básico, senti uma necessidade de expor os lugares ocultos e as pessoas esquecidas que existem em todos os países, em todo o mundo. Eu esperava ser uma testemunha no mundo e tornar meus leitores testemunhas também. Tal viagem parecia, para mim e para meus leitores, um imperativo moral.

Desde o início, imaginei uma caminhada por histórias humanas. Histórias *humanas*. A linguagem das correções transforma as prisões em espaços clínicos e estéreis: lugares "carcerários", "instalações correcionais" ou "unidades de gestão comportamental" cheias de "presidiários" e "infratores" cumprindo "penas" sob "guardas". Tal linguagem faz com que seja fácil esquecer que não há nada fácil numa unidade. Que dentro dessas prisões – dia após dia, por anos, por décadas, por toda a vida – existem seres humanos vivos, que respiram. Eu queria que eu e outros os olhássemos, que não desviássemos o olhar, assim como não conseguimos desviar o olhar durante as crises em Abu Ghraib ou Guantánamo, aqueles raros momentos em que os *oubliettes* da nossa nação, para usar um termo francês do século XIV para masmorras prisionais – significa "esquecidos" – violentamente abriram caminho para a vista do público, exigindo que nos confrontássemos com os detritos humanos do nosso sistema de justiça.

Para minimizar a inevitável bisbilhotice antropológica, eu, quando possível, seria voluntária nas prisões, trabalhando e fazendo em vez de assistindo e escrevendo. Eu faria a maioria das viagens durante o meu sabático universitário de doze meses, e as financiaria por meio de bolsas acadêmicas e trabalhos de jornalismo. Os trabalhos que cobrem cultura e viagens ajudariam, em termos financeiros, mas também serviriam como estímulos para explorar a cultura de um país fora dos muros da prisão. E isso aprofundaria minha compreensão do quadro geral, porque os sistemas de justiça e as sociedades nas quais operam são ricamente interligados. As prisões são espelhos escuros, grandes sósias sociais, microcosmos profundos: a vida – destilada, caricaturada, intensificada.

Selecionei nove países que podem girar em torno de temas que desfamiliarizam conceitos fundamentais sobre justiça e prisão, conceitos que muitas vezes tomamos como garantidos. Afinal, em painéis e comícios, em editoriais de jornais e exposições, ouvi muitos apelos por reforma, muitos deles motivados por argumentos sobre economia e segurança pública. Essas são razões vitais. Mas e quanto aos argumentos *morais* fundamentais sobre a prisão como um conceito ético – onde estavam eles no discurso público? Era hora de voltar à prancheta teórica. Eu faria novamente as grandes perguntas sobre punição, redenção, perdão e segundas chances que me tornaram uma ativista prisional, para começar, e veria se poderia converter outros não apenas a se importarem com essas questões, mas – como cidadãos votantes e pensantes de uma democracia – a se tornarem potenciais agentes de mudança também.

Talvez eu pudesse tornar minha curiosidade zelosa contagiosa, para o bem maior.

Primeira parada: Ruanda.

1
VINGANÇA E RECONCILIAÇÃO: RUANDA

> Você não pode ter as duas coisas. Você não pode fazer amizade com aquele assassino e esperar ser nosso amigo também.
>
> *Vítima de crime para a irmã Helen Prejean, Dead Man Walking*

> Veja que flagelo repousa sobre o seu ódio
> Que os céus encontram meios de matar
> sua alegria com amor.
>
> Shakespeare, *Romeu e Julieta*

O voo 1027 da Brussels Airlines pousa suavemente na noite no Aeroporto Internacional de Kigali. A imigração é uma brisa e as filas são curtas; os americanos não precisam de visto para entrar em Ruanda. Minha mala está placidamente do lado de fora da alfândega. O homem com o cartaz GOLF HILLS RESIDENCE me espia imediatamente e logo estamos enfiando minha mala no porta-malas do seu Nissan Sunny 1991 e viajando por estradas notavelmente sem trânsito em direção à cidade.

Golf Hills fica no alto, acima da chamada terra das sete colinas em Nyarutirama, um bairro elegante de Kigali. Tem a atmosfera de um complexo de apartamentos de estilo suburbano, todo castanho e terracota. Como que para compensar a genericidade de todo o resto, a decoração africana abunda: girafas e estampas tribais forram os corredores, um chaveiro de couro com o formato da África guarda a chave do meu quarto pelas próximas seis semanas.

Pode-se supor que comecei minha viagem prisional em Ruanda porque as prisões da África estão em um estado terrível. Em vinte e sete países, elas estão em média 141% acima da capacidade. Mais de um terço da população carcerária do continente, que chega a pelo menos um milhão de seres humanos, é mantida em prisão preventiva; isso significa que em alguns países até 90% de pessoas potencialmente inocentes estão vivendo atrás das grades – onde, porquanto a maioria dos governos africanos gasta pouco com justiça, suborno, drogas, prostituição e estupro estão desenfreados. Em 1996, delegados de todo o mundo se reuniram em Uganda para redigir um relatório sobre as prisões africanas, que eram consideradas como tendo pouco efeito sobre o crime. O resultado foi a Declaração de Kampala sobre as Condições Prisionais na África, que declarou que as condições prisionais eram "desumanas" para os prisioneiros e "intoleráveis" para os funcionários. O uso excessivo das prisões, concluiu o relatório, "não serve aos interesses da justiça, nem protege o público, nem é um bom uso de recursos públicos escassos".

Mas não estou aqui para me deter no sensacional. Em vez disso, estou interessada em aprender como as rachaduras deixam entrar a luz. Em toda a África, sistemas de justiça quebrados produziram caminhos para reformas radicais. Crise pode ser sinônimo de possibilidade.

E escolhi Ruanda, em particular, porque uma palavra vem à mente quando o mundo ouve "Ruanda". *Genocídio.*

Os cem dias em 1994 durante os quais os hutus massacraram quase um milhão de tutsis, principalmente por meio de golpes ou espancamentos até a morte, ainda definem esse pequeno país da África Oriental. Eles o definem para além da sua reputação recém-adquirida de paz e prosperidade política, social e econômica. Com efeito, duas décadas após os assassinatos, Ruanda é um modelo da chamada nova África. Sob a liderança do Presidente Paul Kagame, Ruanda, o terceiro lugar mais competitivo da África para se fazer negócios, foi classificado como o segundo melhor reformador global no Relatório *Doing Business* do Banco Mundial por seis anos. Seu produto interno bruto cresceu a uma taxa anual de 7% desde 2001; as taxas de alfabetização não param de subir; e o sistema nacional de saúde oferece cobertura por menos de cem dólares por ano por pessoa.

Ruanda conseguiu isso, diz a narrativa, em parte porque promoveu a reconciliação em grande escala. Eu tinha lido sobre os tribunais *gacaca* pós-genocídio do país, reuniões comunitárias nas quais os vizinhos examinavam os massacres cometidos por vizinhos e, em vez de punição, determinavam um sistema de compensações. Eu tinha ouvido falar sobre a abordagem nacional da justiça supostamente retornando às suas raízes, pregando não a punição, mas o perdão e as reparações. O genocídio obrigou o país a repensar seus pilares fundamentais, seu sistema prisional – e a própria justiça.

Eis um país onde centenas de milhares de vítimas e seus agressores, as pessoas que mataram seus pais, mães e irmãs, vivem lado a lado, em algum tipo de estado reconciliatório. Fazia sentido começar minha viagem nesse país porque todas as conversas sobre crime deveriam começar não com aqueles que cometeram o ato maligno – embora seja assim que sempre falamos sobre justiça criminal, perguntando quem fez isso e como podemos puni-los – mas, em vez disso, com devoção àqueles inocentemente impactados por ele: as vítimas. A atenção ao infrator nunca deve eclipsar a atenção ao injustiçado. Então, antes de mergulhar na prisão, que é o território global do infrator, eu precisava mergulhar no pináculo do território do injustiçado. Daí, Ruanda.

Para determinar isso, pesquisei ONGs ruandesas, procurando por uma cujos programas me impressionassem e pudessem me permitir acesso à prisão. Essas ONGs são abundantes; paz, reconciliação e reconstrução são os mantras do país e os pontos de venda sem fins lucrativos. Examinando muitas declarações de missão, fiquei presa numa, uma ONG que trabalha com sobreviventes de genocídio em idade universitária, todos com menos de 25 anos, muitos deles órfãos. Alguns desses sobreviventes, logo descobri por meio de ligações pelo Skype e trocas de e-mail com os fundadores da ONG, querem visitar prisões – onde cerca de 80% dos prisioneiros cometeram o crime de genocídio. Os jovens falaram sobre iniciar algum tipo de programa de visita à prisão, me disseram, mas isso ainda não se tornou realidade. É aqui que eu posso me encaixar.

Assim cheguei em Kigali para trabalhar com esses estudantes, sobreviventes do genocídio que desejam visitar prisões cheias de perpetradores de genocídio. Em que consistirão essas visitas, o que me qualifica para ajudar a coordená-las, como superarei a barreira da língua – nada disso está claro. Mas cheguei, inspirada pelo nome da ONG que me impactou quando o vi. *Never Again Rwanda* (NAR) [Nunca mais Ruanda]. Se a minha infância tivesse duas palavras pairando sobre ela, se o judaísmo americano pós-Holocausto tivesse duas palavras pairando sobre ele, como um mantra, seriam estas duas, *Never Again* [Nunca mais]. Quase toda a minha linhagem ancestral foi dizimada no Holocausto judeu. Nessa conexão pode haver um ponto de entrada.

* * *

"Kacyiru. Na rotatória em frente à Embaixada dos Estados Unidos, pegue a primeira à direita." Apresento essas instruções a James, um ruandês robusto cujo inglês é tão bom quanto o seu quiniaruanda, o que o torna um dos taxistas mais cobiçados de Kigali.

A gerente do hotel coloca um guarda-chuva na minha mão antes de eu sair, o que é estranho, já que o céu está luminoso. "Confie em mim", ela diz.

James coloca seu CD. É Konshens, um artista de *dancehall* jamaicano de língua áspera.

"Amor demais", James ri. "Ruandeses gostam demais de canções de amor. Não consigo ouvir rádio de jeito nenhum".

Encontramos nosso destino com facilidade, em frente ao One Luv Saloon vermelho elétrico, que pode ser chamado de One Seat Saloon, pois é essencialmente uma caixa de concreto com um pano rendado como porta e ALL STAR ZONE pintado com *spray* na parede da frente. Passo pelo cartaz NEVER AGAIN RWANDA e atravesso o portão de zinco. Os escritórios são simples, com paredes bege desbotadas, uma ou duas mesas de madeira e vários computadores ultrapassados. Parece que não há ninguém por perto; tudo o que ouço é o eco fraco de Konshens, dessa vez saindo do One Luv Saloon. Vou até a sala dos fundos e encontro o diretor executivo Eric Mahoro curvado em sua mesa com uma camisa branca impecável e gravata. Ele se levanta para me oferecer um aperto de mão tímido e um hesitante "Seja bem-vinda".

"Você gostaria de conhecer o seu líder de projeto?" Eric pergunta, me levando de volta para o escritório da frente. Lá está Albert Dukuzumuremy, conhecido como Santos. Com mais de 1,80m de altura, 25 anos de idade e desengonçado, Santos tem um andar lânguido que contradiz seus olhos hiperalertas.

Sentamo-nos a uma mesa vazia e vamos direto ao assunto. É trabalhoso conversar. O inglês semifuncional de Santos e o meu francês semifuncional somam-se num diálogo moderadamente funcional. As escolas ruandesas começaram a incorporar o treinamento em inglês depois de 1994, de modo que os membros da geração pós-genocídio o falam em graus variados. Ironicamente, Ruanda é um dos poucos países linguisticamente unidos na África. Hutus e tutsis – diferentemente, digamos, das dezenas de grupos étnicos em conflito no vizinho Quênia – compartilham uma língua comum, o quiniaruanda.

Santos e eu discutimos o legado das prisões ruandesas. Os colonizadores alemães introduziram o confinamento no sistema de justiça aqui. Quando os belgas assumiram o poder em 1916, as casas de detenção proliferaram na forma de *cachots*, cabanas de detenção informais compostas por casas de hóspedes, quartos nos fundos e até cozinhas em casas particulares. Após a independência em 1962, o regime hutu usou *cachots* para aprisionar massas de tutsis, que estavam sujeitos a prisões constantes pelo crime de serem "vagabundos" ou "delinquentes".

Isso significava que, após o genocídio, não havia infraestrutura formal para lidar com o grande número de assassinos. Eles eram amontoados em qualquer espaço carcerário disponível e, em 1995, as prisões estavam com cinco vezes sua capacidade. A superlotação severa produzia condições horríveis. Milhares estavam morrendo de tuberculose e disenteria; camadas de prisioneiros eram literalmente empilhadas umas sobre as outras, apodrecendo de sede e fome. Nas últimas seis semanas de 1994, na Prisão Central de Kigali, 166 pessoas morreram. Em 1995 houve sete mortes por dia lá, e na Prisão de Gitarama, 900 mortes em oito meses. Os prisioneiros dormiam em banheiros e em turnos; um *komeza* (literalmente, "continuar") era alguém que não tinha onde dormir e era relegado a andar pela noite, vagando pela prisão como um golem.

A resposta do Presidente Kagame a essa crise foi incomum. Deixe-os ir, ele decretou. Primeiro os prisioneiros idosos, em 1998. Então, em 2003, uma soltura em massa de 24 mil prisioneiros, incluindo os doentes terminais, aqueles que participaram do programa de confissão do governo, aqueles com menos de 14 anos durante o genocídio. A segunda soltura em massa em 2005 soltou mais 22 mil – todos os quais, é claro, ainda tiveram de enfrentar suas acusações, esclarecidas por uma lei de 1996 delineando gradações de genocídio.

Como alguém pode sequer começar a fazer justiça perante tamanho horror? O Tribunal Penal Internacional para Ruanda, estabelecido pelo Conselho de Segurança da ONU, processou aqueles que tinham a maior responsabilidade. Ele concluiu seu trabalho em 2014, considerando 65 dos 75 réus culpados. O Sistema Judicial Nacional de Ruanda processou cerca de mais 10 mil suspeitos, 22 dos quais foram executados nos anos anteriores a 2007, quando a pena de morte foi abolida.

Os demais, a maioria, compareceram ao grande experimento ruandês, que foi na verdade um retorno às formas pré-coloniais de justiça ruandesa. *Gacaca* significa "grama", indicando que os julgamentos e a revelação da verdade ocorreram em grandes gramados, ao ar livre, supervisionados por juízes eleitos pela comunidade. É uma cena que acho quase impossível de imaginar, mesmo enquanto Santos a descreve para mim. Cerca de 12 mil *gacacas* julgaram mais de 1,2 milhão de casos entre 2006 e 2012, proferindo juízos e reduzindo sentenças para os arrependidos e aqueles que buscavam reconciliação com suas comunidades.

Na Ruanda pré-colonial, a justiça *gacaca* resultava num plano de restituição, que poderia ser pagamento material, espancamentos ou morte. Após o genocídio, as sentenças exigiam principalmente tempo em um dos cerca de quarenta campos itinerantes *Travaux d'Intérêts Généraux* (TIG), estabelecidos em 2005. Os *tigistes*, como eram conhecidos os cerca de 53 mil condenados a esses campos, fazem reparações por meio do trabalho, construindo estradas, escolas e casas para os desabrigados, incluindo sobreviventes do genocídio. Os *tigistes* trabalham três dias por semana, alguns se deslocando de casa, e são educados em habilidades de construção, educação cívica, alfabetização, história de Ruanda e política governamental. Os campos TIG permitiram que Ruanda economizasse milhões de dólares e reduziram a população carcerária em cerca de 53%, reduzindo-a para cerca de 58 mil. É um número relativamente baixo, mas ainda alto o suficiente para dar à Ruanda contemporânea a sétima maior população carcerária *per capita* do mundo. O Serviço Correcional de Ruanda, no entanto, continua sua tentativa de mudar isso e ousadamente visa reduzir de quatorze prisões para nove.

Aprendo tudo isso durante horas de intenso diálogo com Santos. Ele conta-me que uma equipe de jovens da NAR fez uma única visita aos campos TIG há cerca de um ano, o que nunca se tornou um programa completo. Mas as visitas à prisão, que ele e eu planejaremos juntos, devem ser incorporadas a um programa sustentável. Estudo a expressão determinada no seu rosto.

"Santos, por que você quer fazer isso?", eu deixo escapar.

"Parce que...", ele começa suavemente, em francês, depois muda para um inglês hesitante. "Eu quero ser a – como se diz? – a raiz da paz. Em Ruanda".

Se ele não o tivesse dito com tanta sinceridade, eu teria acreditado que uma resposta tão pungente fosse roteirizada.

Antes de voltar para Golf Hills naquele dia, peço a James para me levar ao Museu do Genocídio. "Seja forte", ele diz, sorrindo, enquanto me deixa. "Não chore" – ele está quase rindo enquanto diz isso.

Ah, como choro. "Ruanda é um país de colinas, montanhas, florestas, lagos, crianças rindo, mercados de pessoas ocupadas, tocadores de tambor, dançarinos, artesãos", diz o cartaz de abertura da exposição, antes de mergulhar em detalhes excruciantes sobre o pesadelo incompreensível que foi 1994. Não há nada da comoção à la Spielberg aqui, mas há uma precisão meticulosa. Na verdade, muitos genocídios precederam o massivo; em 1959, uma série de massacres de tutsis levou milhares ao exílio nos vizinhos Burundi, Congo e Uganda. Trinta e cinco anos depois, mulheres e bebês eram alvos, e as mães eram frequentemente estupradas e forçadas a matarem os seus próprios filhos. Seus órgãos sexuais eram mutilados com facões, água fervente e ácido; elas eram deliberadamente contaminadas com HIV. Um menino de 12 anos foi obrigado a estuprar a sua própria mãe na frente do marido dela. Eu olho para uma corrente que mantinha um par unido enquanto eles eram enterrados vivos. Caminhando por uma Sala das Crianças em memória "daqueles que deveriam ter sido nosso futuro", acho as causas de morte listadas revoltantes: "golpeado por facão nos braços da sua mãe".

Eu saio. A gerente do hotel estava certa; o sol se transformou numa chuva torrencial. Há um cartaz dizendo POR FAVOR, NÃO PISE NAS SEPULTURAS. Começo a soluçar. Um adolescente sorridente está varrendo a água do asfalto azul que cobre um dos locais de valas comuns.

"Olá! Você é casada?", ele me chama.

Perplexa, balanço a cabeça.

"De onde você é?", vem sua resposta, alegre enquanto varre distraidamente as sepulturas.

Nova York, murmuro.

"Estados Unidos! Vocês são ricos!", ele exclama. Descasca um canto do asfalto. "Olhe – veja sepulturas!" É necessária toda a minha força de vontade para não vomitar; o poço colossal está cheio até a borda de crânios. Dezenas de milhares de crânios, como bolas de beisebol. Antigas cabeças humanas. Vidas humanas.

Afasto-me atordoada. Minha mente faz o mesmo. Esse adolescente é hutu ou tutsi? É justo eu me perguntar isso acerca de todos que conheço? Com quem Santos mora?

Como diabos eu deveria encarar os homens responsáveis por tudo isso?

Talvez eles devessem apodrecer numa prisão ruandesa.

Na loja de presentes, compro um livro de frases em inglês-quiniaruanda-suaíli e um intitulado *We Survived Genocide in Rwanda: 28 Personal Testimonies* [Sobrevivemos ao genocídio em Ruanda: 28 testemunhos pessoais]. "Você está vestida de preto!", diz o homem sorridente que registra minhas compras. "Isso é estranho! Mulheres gostam de rosa."

Lá fora, James olha o meu livro. “Excelente!”, ele proclama. Então conta a sua história. Seus pais foram assassinados em 1994, mas ele fugiu para a África do Sul. Foi para a Faculdade de Medicina no Quênia e trabalhou num banco, mas a vida corporativa o entediava, então voltou para Ruanda e começou a dirigir um táxi. É difícil para mim entender a ideia de que esse homem jovial é um sobrevivente do genocídio. Claramente eu não precisava ter comprado o livro; depoimentos pessoais estão por toda parte.

* * *

No fim de semana, começo a fazer amigos. Por meio de uma conexão em Nova York, sou posta em contato com Eddy, um ator e ativista. Ele aparece em Golf Hills com *jeans* preto justo, jaqueta de couro e óculos escuros.

“Seja bem-vinda!”, vem a mão estendida. “Você me reconheceu, não é?”

“Reconhecer você?”

“Do filme!” Eddy faz uma pose, braços cruzados e um semblante sério. Então cai na gargalhada.

Ah, sim. Ele interpretou um guarda prisional no filme do meu amigo, *Kinyarwanda*, o primeiro longa sobre o genocídio filmado em Ruanda.

Entramos na cidade através de paisagens tricolores de terra laranja-elétrica, colinas esmeraldas e casas cor de creme. O ar está fresco com garoa. Ruas conservadas e sem trânsito estão repletas apenas de motos onipresentes – mototáxis, perigosamente ziguezagueando de um lado para o outro.

Eu acompanho Eddy nas rondas diárias. Visitamos uma organização de construção da paz, um grupo de jovens cujo logotipo diz PAZ, BOAS OBRAS E PATRIOTISMO, e uma escola, onde ele deixa livros doados.

“Você recebe um salário, Baz?”, ele pergunta no caminho de volta. Eddy tem o hábito desorientador de mudar de marcha emocional com zelo. Em um minuto ele está todo sorrisos e no outro, sério, olhos agressivos. Tenho sim, digo a ele.

“Eu não. Ganho a vida com doações. Doando. Também sou escritor, mas adoro atuar. Esse é o meu amor, além da minha esposa, que é o meu primeiro amor.” O nome do livro de Eddy, que ele também apresenta como poesia, é *Their Sin Is My Shame* [O pecado deles é a minha vergonha]. Eddy é hutu.

“Há muitos livros por e sobre os sobreviventes”, ele explica. “Mas não há voz para nós que fomos os perpetradores, que não matamos, mas estamos manchados pelo que o nosso povo fez, aqueles que mataram. A vergonha disso, isso é nossas vidas.”

É um ponto profundo, e me faz pensar no John Jay College, onde costumo mostrar aos meus alunos um documentário chamado *Beyond Conviction* [Além da condenação], sobre três vítimas de crimes que escolhem se encontrar e dialogar com os homens que as injustiçaram. Uma delas é uma mulher que foi estuprada pelo irmão, quando ele estava sob efeito de psicodélicos. O encontro deles é doloroso de assistir. Ela exibe cicatrizes emocionais debilitantes e ele convulsiona com soluços, tão dominado pela vergonha e autoaversão que não consegue sequer olhar para a irmã. Finalmente ele o faz, a pedido dela. Ela o abraça. E em meio às lágrimas, em uma das cenas de reconciliação mais poderosas e críveis que já vi, ela diz que o perdoa e que isso a ajudará a se curar e seguir em frente, mas ele também terá de aprender a se perdoar.

Faço aos meus alunos uma pergunta terrível e, em última análise, irrespondível: Quem vocês prefeririam ser naquela cena, a vítima ou o ofensor? O ofensor, é claro, todos dizem. Quem escolheria ser uma vítima? Eu os pressiono. Vocês têm certeza? Vocês preferem andar por aí pelo resto da vida carregando essa cruz, sabendo que cometeram um ato totalmente revoltante?

Reconhecer o próprio pecado e, assim, suportar para sempre o fardo daquele ato horrível – essa é a justiça natural, uma prisão mais verdadeira do que qualquer outra feita pelo homem. Ser uma vítima é um pesadelo, mas há pelo menos honra nesse pesadelo. Ser um ofensor sensível – nisso só há indignidade por toda a vida.

Trouxe uma cópia de *Beyond Conviction* comigo, juntamente com uma minibiblioteca de livros sobre o diálogo de reconciliação entre vítima e ofensor. Pensei que poderiam ser úteis durante as reuniões sobre as visitas à prisão. Dou todos eles a Eddy, enquanto ele me deixa.

* * *

Você quer falar sobre genocídio?

É a primeira pergunta na lista de pontos de discussão para a reunião de hoje com o grupo de visitantes da prisão. Outras incluem: Por que você está aqui e Como você se sente sobre punição? Estou nervosa. Como eu poderia não estar? Sou uma *mzungu*. Sim, tenho experiência trabalhando em prisões e trazendo jovens para dentro delas. Mas aquilo são os Estados Unidos. Isso é Ruanda, e isso é genocídio.

Quando apareço no escritório da Never Again Rwanda, os alunos ainda não chegaram, mas há uma secretária na recepção. Grace, 20 anos, trabalha na NAR três dias por semana. Tento envolvê-la num bate-papo, mas o YouTube se mostra mais envolvente. Até eu soltar a palavra certa.

"Você é uma escritora. Esse é o meu sonho!"

Logo concordamos que ela escreverá alguns artigos para mim, para praticar o seu inglês, e a sua primeira tarefa é definir a sua geração.

"Minha geração?", ela pergunta. Então, "Ah, você quer dizer o genocídio?" Ela diz isso casualmente, sem rodeios. "Eu, perdi meus pais."

Essas palavras caem instantânea e ferozmente no chão, mesmo quando proferidas friamente. Eu as ouço repetidas vezes dos quinze jovens membros do nosso grupo. Eles chegam aos poucos e apertam minha mão timidamente.

Eu me apresento, com um membro da equipe que faz as traduções. Parece haver cinco palavras em quiniaruanda para uma única em inglês, o que me faz sentir como se estivesse perdendo metade da conversa. Conto a eles sobre John Jay e o Prison-to-College Pipeline. Como parte disso, acompanho alunos de graduação à prisão uma vez por mês para assistir às aulas junto com os alunos detentos. Essas trocas de aprendizagem, como as chamamos, têm um impacto profundo em ambos os grupos de alunos; os detentos são inspirados a vivenciar uma sala de aula universitária "normal", enquanto os de fora geralmente ficam surpresos ao descobrirem que seus colegas "de dentro" são muito mais parecidos com eles do que imaginavam. Os ouvidos dos alunos ruandeses se animam. *Queremos conhecê-los*, eles me dizem. *Vamos criar uma conta conjunta no Facebook.*

Pergunto aos alunos o que querem fazer durante suas visitas à prisão. Eles me olham em silêncio. Santos intervém e explica que, atrás das grades, ele não quer falar sobre genocídio. Estamos cansados de falar sobre isso. Não queremos abordar o crime, mas vir como um gesto de paz e reconciliação. Essa é a explicação que lentamente surge. Então, o que exatamente eles querem fazer? Mais silêncio. Escrevam, eu digo. Em qualquer idioma.

Isso funciona. Eles escrevem, produzindo uma lista de sugestões: Jogar futebol. Cantar. Dançar. Ter debates. Assistir filmes. Comédia. Na nossa próxima reunião, votaremos em quais atividades fazem sentido para as visitas mensais. Escolhemos um nome para o programa: *Never Again Rwanda's Prison Visiting Project* [Projeto de visitas às prisões do Nunca mais Ruanda], também conhecido como PVP do NAR. Essa é a terra dos grupos de jovens e organizações de pacificação, todos usando siglas.

* * *

Santos, recém-saído da igreja, está com a sua melhor roupa de domingo. Estou vestindo *jeans* e tênis. Antes da nossa reunião de domingo com o grupo PVP, nos sentamos para discutir o processo de seleção dos prisioneiros que participarão das visitas. Escrevo "reinserção", uma palavra da moda na prisão usada para resumir o processo pelo qual as pessoas na prisão retornam para casa depois de cumprirem sua pena. Santos concorda animadamente.

"Sim, Baz. Podemos selecionar aqueles que logo voltarão para casa." Ele me olha, timidamente. "Baz, posso lhe perguntar uma coisa?"

"Claro", eu digo.

"Baz, o que é o nome – 'Baz'?" Eu explico que é um apelido que me foi dado pelas minhas irmãs quando eu era bebê. O meu nome verdadeiro, que ninguém nunca usa, é Bathsheba [Betsabé], da Bíblia.

"Essa é uma rainha!", declara Santos.

O Rei Davi, eu brinco, sempre rouba os holofotes – todo mundo sabe o seu nome, mas não o da sua esposa, mãe de Salomão. "Em hebraico, na verdade significa 'filha de sete' ou 'filha da boa fortuna'", eu lhe digo.

Santos gosta disso. Ele pega meu caderno e, em letras maiúsculas, lentamente escreve uma palavra, UMUNYAMAHIRWE.

"Esse é o seu nome quiniaruanda", ele diz. "Filha da boa fortuna."

O grupo chega aos poucos, todos também em trajes de igreja. Eugene, que fala o melhor inglês do grupo e é o menos tímido, me conta que sua mãe trabalha em Shalom Village, um orfanato considerável a duas horas de Kigali. No canto estão sentados Jean e Nathalie, juntos e rindo; como muitos outros, Nathalie é uma estudante de administração de empresas e economia na Universidade de Kigali.

Os alunos estão novamente reticentes, e a tradução, de Santos e Eugene, vem hesitante. Ainda estamos debatendo a estratégia de atividades para as visitas à prisão, e logo sou completamente deixada de fora; o processo democrático assume o controle e todos estão deliberando vigorosamente. De vez em quando, Santos me conta o que está sendo acordado. Uma parte da visita envolverá grupos de discussão sobre eventos atuais. Eles gostam da minha sugestão de nos dividirmos em grupos menores que misturem os detentos com os não detentos, uma abordagem que uso no meu programa americano.

De repente, as coisas ficam animadas. Os alunos estão listando tópicos para os grupos de discussão, e Santos propôs "Como manter o país em paz". Matthew, que liderou a visita do ano passado ao acampamento TIG, está olhando para Santos, com os olhos semicerrados. Ele não veio a nenhuma das nossas reuniões até hoje, e falou pouco até agora. Finalmente, ele despeja uma pergunta em inglês, dirigida a mim: "Como posso perguntar a esses criminosos, esses *génocidaires*, sobre como manter o país em paz?"

O elefante pousa, com um baque, no centro da sala.

Criminosos. Génocidaires. Palavras que até agora tinham sido abafadas por outras mais bonitas. *Paz. Perdão.*

Felizmente, Santos intervém, em quiniaruanda, e a discussão flui. Nós elaboramos uma pauta. Mais tarde, Santos me conta o que disse a Matthew para acalmar a tempestade.

"Baz, eu contei a ele, eu disse, 'Estamos visitando – porque queremos superar o que aconteceu, dar a eles uma segunda chance'. Porque eles sairão da prisão um dia. Queremos que eles fiquem bravos e cheios de *haine*? Eles viverão *avec nous*, juntos em nossas aldeias conosco. Como você disse, *reinserção.*"

Mais uma vez, preciso me convencer: Será que o Santos é fruto da minha imaginação liberal?

* * *

Os dias passam e eu me acomodo em Kigalife. "O mundo vem para Kigali", diz o *outdoor* da Heineken na estrada de Golf Hills. É verdade. E eles vêm, principalmente, como voluntários. Eu os encontro em Golf Hills e em pontos de encontro locais: o médico de Nova York, aqui para treinar ruandeses no uso de ultrassonografia; minha nova amiga da Holanda, que trabalha num projeto de microfinanciamento envolvendo mulheres locais; o médico canadense-somaliano buscando oportunidades imobiliárias.

Passo minhas tardes no NAR, a maioria das noites com amigos, e as minhas manhãs na varanda em Golf Hills, onde me acostumei a ficar com o meu *laptop*, tomando café ruandês pungente e lendo o jornal local. Há pelo menos uma história relacionada ao genocídio por dia, seja sobre emendas propostas à lei contra a ideologia do genocídio ou o julgamento de Jean Uwinkindi, um ex-pastor responsável pela morte de milhares. É como se 1994 fosse ontem.

Entre as visitas à NAR, tento entender a vida cultural aqui procurando músicos e falando sobre música com todos que encontro, para uma história da NPR. O que se mostra mais uma maneira de falar sobre paz e reconciliação. Repetidamente, músicos na faixa dos 20 anos descrevem suas músicas como perpetuamente positivas, sem falar de política, genocídio ou qualquer coisa muito solene.

"Amor. Nós cantamos sobre o amor", diz Kamichi, um astro afrobeat suavemente bonito e de fala mansa. "Eu estava lá, sobrevivi – vi tudo. Por que eu iria querer cantar sobre isso? Eu ficaria louco se o fizesse. E quem quer ser sempre lembrado?"

Até mesmo os *rappers* com quem falo, atuando em um gênero conhecido por expressar o que ninguém mais quer dizer, argumentam que preferem não falar liricamente sobre política. Nenhum país conhece o valor do silêncio como Ruanda, onde falar da maneira errada sobre grupos étnicos é um crime, porque, não muito tempo atrás, falar da maneira errada sobre grupos étnicos produziu o indizível.

"A liberdade de expressão pode ser superestimada", declara Kamichi. "Antes do genocídio, as pessoas diziam o que queriam – e quase um milhão foram massacradas por causa disso. Então, você sabe, nem tudo precisa ser dito". De fato, músicos renomados foram processados por suas odiosas letras antitutsi, e mesmo hoje, as pessoas tomam cuidado para não desrespeitar as leis contra a ideologia do genocídio. Após o genocídio, a Comissão Nacional de Unidade e Reconciliação criou o *ingando*, campos de solidariedade nacional. Prisioneiros soltos passavam meses aí antes do *gacaca*, sendo doutrinados nos ideais ruandeses de paz, unidade, reconciliação e antivingança. Hoje em dia, o governo incentiva e às vezes exige que cidadãos ruandeses de diversas esferas da vida – estudantes, políticos, líderes religiosos, prostitutas, ex-soldados, ex-combatentes, *génocidaires*, juízes do *gacaca* – participem do *ingando* por períodos que variam de dias a meses.

Alguns têm chamado isso de lavagem cerebral ou propaganda política. Eu tento o meu melhor para colocar o meu chapéu de cética e ver as coisas desse ângulo, para reunir o meu eu americano de liberdade de expressão. Vasculho cada conversa em busca do que não está sendo dito, em busca de momentos de programação mental; mas, no contexto do genocídio, "lavagem cerebral" perde um pouco da sua conotação negativa. A linha entre educação e doutrinação pode ser tênue. Se Ruanda criou uma narrativa nacional de amor pela paz ao se envolver em censura e interferir só um pouco na liberdade de expressão – dadas as circunstâncias, e o fim milagrosamente harmonioso, será que tudo isso é realmente tão ruim?

Finalmente, as grandes notícias vêm de Eric no Never Again Rwanda. Ele e Santos têm uma reunião no Serviço Correcional amanhã e terão em mãos a proposta e a carta que redigi.

"Mas é melhor que você não venha conosco", ele diz. "Se eles virem você, eles podem crescer..." Ele faz uma pausa. "Talvez preocupados. Quem é essa professora americana e o que ela quer?" Assinto com a cabeça. Mantenha-me informada, digo. Aguardarei ansiosamente por notícias.

Enquanto isso, no Bourbon Coffee, o Starbucks de Ruanda, converso com o melhor amigo de Eddy, Ishmael. Assim como Eddy, ele é artista, um cineasta que trabalha num filme chamado *The Divorce*, sobre a ruptura entre a sua geração e a dos seus pais. Ao contrário de Eddy, porém, ele é muçulmano e um sobrevivente.

"Você realmente vai entrar na prisão?", ele me pergunta, enquanto eu explico por que estou aqui.

"Gosto disso", ele diz com um aceno de cabeça, seus olhos ternos franjados por longos cílios. "Eu não quero entrar, se eu fosse à prisão, e ver pessoas raivosas e miseráveis. Elas voltarão para casa e então estarão raivosas e miseráveis em nossas comunidades". Ishmael foi inspirado a fazer seu filme, ele explica, porque sentiu que o genocídio era algo que a sua geração não deveria remoer, como a geração mais velha faz.

Enquanto Ishmael reflete sobre a sua infância, eu tenho os meus próprios *flashbacks.* Tenho 11 anos. É a noite anterior ao Yom HaShoah, o Dia da Memória do Holocausto. Isso significa um grande dia pela frente, na escola hebraica amanhã. O código de vestimenta é todo preto. Sem aulas regulares, apenas *workshops* e filmes com temas relacionados ao Holocausto. A cada hora, as atividades serão interrompidas e, no alto-falante, o diretor lerá uma ladainha de nomes, membros das famílias dos alunos que foram assassinados e os campos de concentração nos quais pereceram. Compilando nossa lista, meus pais estão discutindo sobre quem foi massacrado e onde.

"Não, não. Rachel Surah estava em Auschwitz, não Buchenwald", insiste minha mãe.

"Vou ficar em casa", anuncio.

Meu pai se vira para me encarar.

"Não tenho nada preto para vestir", protesto.

"Você não tem *nada para vestir?*", grita meu pai. "Você sabe quanto do seu sangue foi derramado, quantos foram massacrados e você *não tem nada para vestir?*"

Eu sabia quantos, muito bem. Seis milhões de fantasmas ocupavam nossa casa. Os pesadelos de Auschwitz eram uma parte regular da minha vida adormecida. Eu havia crescido numa casa onde minha mãe tocava regularmente a trilha sonora de *A Lista de Schindler* na sala de estar. Onde *Zayde*, meu avô onipresente, que perdeu a família inteira no Holocausto, nos instruiu a nunca, jamais, pisar na Hungria porque os húngaros eram piores do que os nazistas – *A terra está encharcada com seu sangue*, ele disse. Posso contar as vezes em que vi *Zayde* sorrir, e as vezes em que ele me abraçou; não posso contar as vezes em que ele discutiu violentamente em iídiche com o meu pai, uivando na mesa do Shabat, ou nos contou a história dos simpatizantes nazistas húngaros que arrastaram seu pai para fora da yeshivá e literalmente o espancaram até a morte na rua. A prima de *Zayde* foi a única da família a sobreviver aos campos, e ela cresceu na casa do meu pai; eu sabia a história de como o seu irmão gêmeo não conseguiu, mas ela, com a combinação certa de astúcia e sorte, conseguiu. Quando fui para a Europa, menti para os meus pais sobre ir para a Alemanha. Ainda sinto o gosto da culpa que percorreu minha espinha durante aquela viagem de trem pela fronteira.

Eu estava cansada do Holocausto.

Não cansada – exausta. Assombrada. Escravizada. Ele pairava como uma nuvem sinistra de doença mental sobre a minha família.

Compartilho o meu *flashback* com Ishmael. O olhar em seus olhos me diz que ele sabe muito, muito melhor do que eu como é isso.

"Muitas vezes digo que prefiro ser uma vítima a um sobrevivente", ele admite. "Sou um sobrevivente, sei disso, mas não quero ser um sobrevivente para o resto da vida. Sou um sobrevivente da minha história, mas não da vida. Então, deixe-me aproveitar a vida, deixe-me segurar a minha vida nas minhas mãos". Ele continua, a voz lenta e trêmula. "Membros da família não podem ser substituídos. Nunca encontrarei alguém para substituir a minha mãe. Nunca encontrarei alguém para substituir o meu pai. Nunca. Mas eu não os tenho agora. Quem é minha mãe, quem é meu pai? Meu país. Então, deixe-me aproveitar meu país – deixe-me aproveitar o que está lá. Não quero esquecer essa pessoa, mas não quero ficar sempre sentado numa sala chorando. Preciso *viver*".

Na manhã seguinte, enquanto coloco meu *iPod,* começo minha corrida diária e me maravilho com a perfeição pictórica da minha rota – solo laranja incrivelmente rico, mulheres vendendo cerâmica de barro e esculturas de guerrilha na beira da estrada, anúncios extravagantes de cerveja Skol – não consigo banir Ishmael dos meus pensamentos.

Ishmael e meu *Zayde*. Sobreviventes, vítimas. Corro. Lágrimas escorrem pelo meu rosto. É a primeira vez que sinto empatia visceral por *Zayde*, lamentando sua – nossa – perda. Ishmael e meu avô: ambos sobreviventes, mas espíritos tão radicalmente diferentes.

"Man to man is so unjust" [Os homens são tão injustos uns para com os outros], canta Bob Marley no meu ouvido.

Tenho outro *flashback* da infância, do feriado de Purim, que celebra a época em que os judeus escaparam do potencial plano genocida do maligno Hamã, conselheiro do Rei Assuero. Nossa casa está congestionada com *shalach manot*, cestas de presentes comemorativas da comunidade, transbordando de comida, vinho e suco de uva. Meu pai está fazendo uma leitura pública em nossa sala de estar do Livro de Ester. Cada vez que o nome de Hamã é lido, sacudimos nossas matracas como se o xingássemos, segundo a tradição judaica. E quando meu pai chega à parte em que Hamã é finalmente capturado e enforcado, junto com seus dez filhos, ele lê em voz alta e de um fôlego outra tradição que visa ressaltar o triunfo da vingança.

Mas hoje eu hesito. A vingança é um triunfo? Ferir alguém que o prejudicou, será que isso não é hipocrisia, perpetuar uma cadeia miserável de transgressões? Justificamos a violência legal com a palavra "dissuasão", mas seria difícil argumentar que ela seja eficaz, considerando o fato de que colocar 2,3 milhões atrás das grades dificilmente erradicou o crime. Essa abordagem utilitária da justiça, usando as vidas dos infratores como um meio para o nosso fim – segurança – é, como argumenta a criminologista Deirdre Golash, vastamente imoral. "Podemos exigir que os infratores compensem suas vítimas pelos danos que causaram", ela escreve, "mas não podemos prejudicá-los a fim de prevenir danos futuros por outros".

Tenho sido absorvida pelo trabalho de Golash ultimamente, em minha busca para desvendar o dilema da punição. Desligando meu *iPod*, sentando-me na beira da estrada, começo a escanear minha biblioteca mental, sobrecarregada com as palavras daqueles que lutam com o chamado problema da punição. É um problema porque, como o sociólogo Daniel Boonin acertadamente o coloca, "Como o fato de uma pessoa ter quebrado uma lei justa e razoável pode tornar moralmente permissível para o Estado tratá-la de maneiras que de outra forma seriam inadmissíveis?" Prisões, veja, são vingança em grande escala. E embora a *correção* faça sentido, será que a retribuição é um objetivo justificável? Entra Sêneca, outro pensador que povoa a minha biblioteca sobre "punição". "'Retribuição' – uma palavra desumana e, o que é mais, aceita como certa – não é muito diferente de transgressão, exceto na ordem dos eventos", diz ele. "Aquele que paga dor com dor está fazendo errado; só que ele é mais prontamente desculpado por isso." Finalmente, entra o psicólogo James Gilligan, que fala da punição como "aquela violência coletiva que qualquer sociedade define como legal, assim como o crime é a violência individual que definimos como ilegal". A punição, ele continua, "não previne ou inibe mais violência, apenas a estimula".

Em última análise, a vingança não pode desfazer; ela meramente faz de novo. Ela surge de um sentimento de desamparo, da necessidade de recriar uma situação dolorosa com papéis invertidos. Ela acolhe os malfeitores em nossas órbitas e lhes confere um tremendo poder sobre nossas almas e espíritos. A punição é retrospectiva. O perdão, por outro lado, é prospectivo, libertando-nos de um ciclo violento e daquele que nos prejudicou. Aquele que perdoa, diz o provérbio, acaba com a querela.

Eu me levanto, me viro e corro de volta colina acima.

Ishmael e meu *Zayde*. Um exala a liberdade e a serenidade que vêm de deixar ir; o outro, as consequências prejudiciais e contagiosas de se agarrar amargamente. Eu tinha lido uma multidão de estudos sobre o valor do perdão para a saúde humana e os danos causados pela implacabilidade vingativa. Mas aqui estavam estudos de caso ao vivo.

* * *

Mais tarde naquela semana, ainda esperando notícias da Never Again Rwanda sobre as permissões da prisão, aguardo ansiosamente outro resultado, das eleições presidenciais dos Estados Unidos. No restaurante Car Wash, minha amiga Noreen e eu participamos de uma festa eleitoral que dura a noite toda. Eu a conheci na minha segunda noite aqui, saindo com uma equipe de expatriados que trabalha para colocar a companhia aérea nacional de pé e morando em Golf Hills. Ela parecia uma miragem, essa moradora de Kigali de 24 anos em imponentes saltos altos e vestido de verão chique, aparecendo na noite fresca.

Essa noite, Noreen bebe demais e começa a compartilhar sua história pessoal. Sua família é pentecostal. Eles a deixaram ler apenas a Bíblia e proibiram toda música secular em casa. Sua família também é tutsi, uma das muitas que fugiram para Uganda durante os genocídios anteriores a 1994, mudaram seu nome a fim de se passarem por hutus e então retornaram anos mais tarde, juntamente com quase meio milhão de outros exilados, para encontrar linhagens familiares inteiras demolidas.

Noreen fala da sua infância como se estivesse contando sobre pena cumprida: horas trancada no quarto chorando, desejando uma vida normal de adolescente. Ela finalmente ganhou uma bolsa de estudos numa faculdade na zona rural do Canadá e ficou imensamente feliz por deixar o país, mas então descobriu, ao chegar, que era a única pessoa negra em quilômetros. Alienada e sozinha, ela caiu numa depressão profunda e se automedicou com drogas e álcool. Ela finalmente desistiu e voltou para casa, mas se recusou a voltar para a casa dos pais e agora está terminando seu curso numa universidade local.

Enquanto Noreen se abre para mim, contemplo a palavra "vítima" – tão enganosa, tão minimizadora. Ela implica que os crimes têm um impacto singular, quando na verdade seus danos irradiam para fora, envenenando indivíduos, famílias, comunidades, toda uma rede de feridos de inúmeras maneiras pelos efeitos colaterais do trauma.

"Por tanto tempo eu quis matar todos os Hutus", Noreen admite. Ela ainda sente raiva com frequência. Às vezes, nem sabe o porquê. Houve a noite na qual teve de ser escoltada para fora do clube após ficar bêbada e chamar alguém que pisou no seu pé de "maldito hutu". Claramente, o processo de cura ainda é em grande medida um trabalho em andamento.

Acordo com boas e más notícias. A CNN me informa que Obama ainda é meu presidente. As notícias de Eric são muito menos promissoras. "O Serviço Correcional de Ruanda disse –

eles disseram não, não é possível, nosso projeto", ele me conta. O procedimento nos arruinou. Os agentes prisionais se sentiram menosprezados pela nossa abordagem. Não é nossa função dizer a eles o que deve ser feito. Eles são os árbitros disso. Deveríamos ter ido até eles perguntando, não dizendo. Estou arrasada. Eric me havia garantido, antes de eu chegar em Ruanda, que a permissão seria resolvida, mas sabíamos que não havia garantia.

"Será que eu posso me encontrar com Mary?", imploro. Mary é a chefe da penitenciária. Eric diz que tentará organizar uma reunião para essa tarde.

Fechando meu *laptop*, pego minha bolsa para uma excursão com Jean de Dieu, "Jean de Deus". Sua organização? Shalom: Educar para a Paz – mais uma conexão hebraica. Eu estava pesquisando grupos que fazem trabalho prisional aqui, porque estava preocupada precisamente com as notícias decepcionantes que recebi hoje. Jean e eu almoçamos num dos onipresentes bufês de Ruanda e, entre sorrisos desdentados, ele me contou sua história. Como inúmeros outros, estava ganhando a vida fazendo a paz, ou pelo menos tentando. Havia concluído seu doutorado na África do Sul, onde estudou a relação entre justiça, paz e esforços anticorrupção, e a Shalom educa jovens sobre essas questões. Não lhe perguntei diretamente, mas depois descobri que Jean é "mestiço" – sua mãe é tutsi e seu pai hutu. Sua esposa, que perdeu a mãe em 1994, cujos irmãos sobreviveram se escondendo num porão por semanas, também é mestiça.

"Você gostaria de ver uma vila da paz?", Jean perguntou. Eu disse que sim, sem ter ideia do que era tal coisa.

Essa manhã, Jean me pega num Toyota 1981 que parece e soa como se mal conseguisse subir a colina, muito menos chegar a Rulindo, a duas horas de Kigali. Com certeza, depois que pegamos Tarsis, um político responsável pela boa governança do distrito de Rulindo, o carro para bruscamente. Está tudo bem, dizem Tarsis e Jean. Vamos deixar o carro aqui e pegar o ônibus. Uma gota de suor escorre pela minha espinha. Você definitivamente voltará a tempo para sua reunião com Mary na RCS, eles me garantem.

Nós nos amontoamos num micro-ônibus enfeitado com um logotipo do Che Guevara, onde me encontro praticamente sentada no colo do meu vizinho. O passeio é de cair o queixo, nos levando pelo Monte Kigali, subindo, subindo e subindo em direção à vegetação exuberante, ascendendo ao que certamente é a colina mais resplandecente na terra das mil colinas. O ônibus entra numa clareira na floresta, cercada por pinheiros esguios, e o ritmo dos tambores nos saúda.

Cerca de trezentas pessoas estão reunidas, sentadas no chão, vestindo camisetas volumosas e roupas coloridas. Em cadeiras na frente delas estão sentados três homens em ternos largos e chapéus de *cowboy*. A vila está esperando nossa chegada; cantos e palmas começam. Eu também bato palmas e decifro a palavra *amahoro*, que significa paz. Jean se inclina com uma tradução. “Tenham paz, união, reconciliação. A ideologia do genocídio, a arranquem e a queimem.”

“Esta é uma reunião da vila”, Jean sussurra. “Eles estão planejando atividades para a semana oficial de reconciliação, no final deste mês. Tarsis está aqui para supervisionar.” Eu assinto com a cabeça.

“Ele” – Jean aponta para o velho aldeão falando – “está descrevendo o que a vila planejou. Plantar árvores. Comida e bebida. Celebração”. Tarsis, tomando a palavra, enfatiza o valor da boa governança. Ele continua. E continua. Jean revira os olhos. “Políticos”, ele murmura.

De repente, uma dúzia de aldeões se levanta. Os outros aplaudem. Eles se sentam.

“Essas pessoas agora foram perdoadas, oficialmente”, Jean explica. “Eles pagaram suas dívidas. Eles foram perdoados e totalmente recebidos de volta na comunidade.”

Estou atordoada. Dezenove anos atrás, esta vila era um matadouro; essas pessoas, hutus e tutsis, estavam assassinando seus vizinhos. Agora, graças à confissão, restituição e esforços vigilantes para promover a paz como um grampo da comunidade, eles vivem juntos em harmonia.

"Você falará em seguida", Jean sussurra para mim. Eu falarei? "É uma tradição. Um estrangeiro vem à vila, ele deve falar."

O que se diz sobre um milagre vivo? Primeiro, solte um *murakoze*, uma expressão de agradecimento.

"Ela é a Joan?", um dos aldeões grita. Não, Jean explica. Joan era outra *mzungu*, mês passado.

Eu evoco *Zayde*, dando boas-vindas ao seu espírito neste espaço sagrado. Eu reivindico um *status* que nunca reivindiquei antes, dizendo aos aldeões que eu sou, de alguma forma muito pequena e distante, também uma vítima, uma sobrevivente. E através de Ruanda eu adquiri uma empatia sem precedentes pelos meus ancestrais. Mas a sobrevivência com a qual cresci não parecia com a deste lugar. Indulgente. Pacífica. Benévola. Havia amor, sim, mas muita amargura e dor na minha sala de estar. Cicatrizes herdadas permaneceram em carne viva. Ninguém se levantou e se sentou, como fazem hoje. Eu queria que o tivessem feito.

Também queria que o meu país fosse tão misericordioso quanto esta aldeia. Nos Estados Unidos, preferimos punição. Nossos rancores assumem a forma de milhões de celas de prisão, uma cultura de encarceramento que Alexis de Tocqueville e Gustave Beaumont, que visitaram os Estados Unidos em 1831 e se maravilharam com nossa população carcerária, chamaram de um ritual nacional que os americanos veem como "um remédio para todos os males da sociedade". É verdade que, como o coloca o filósofo Emmanuel Levinas, "um mundo onde o perdão é todo-poderoso se torna desumano", mas um mundo onde a punição é todo-poderosa se torna bárbaro. Nos Estados Unidos, não fazemos lavagem cerebral em paz; nós principalmente fazemos da justiça um sinônimo de vingança.

Infelizmente, os pilares deste lugar não são os pilares do lugar que chamo de lar. Esses pilares são literais. Descobri isso depois que a reunião acabou, enquanto Jean e eu posamos para fotos no poste da paz da vila, plantado no coração do círculo onde as reuniões da vila acontecem. *Amahoro N'aganze Kw'isi Hose*, diz o pilar. *Que a paz prevaleça na Terra.*

A viagem de volta é pegajosa e empoeirada. Junto-me a Tarsis e Jean para um almoço tipo bufê perto da estação de ônibus e, antes de correr para minha reunião com o RCS, Tarsis anota algo no meu caderno: *Umugabo mbwa aseka umbohe.*

"É uma expressão ruandesa", ele explica. "Significa: 'Um homem tolo ri das prisões'. Você tem um trabalho sério a fazer".

O relógio está correndo quando encontro Santos na NAR. Outra viagem de minivan lotada depois, estamos atrasados, subindo as escadas de uma laje de concreto de um prédio. "Justiça, Correções, Conhecimento e Produção", diz o lema do RCS, que me parece impressionantemente progressista, voltado para a eficiência – em outras palavras, classicamente ruandês. As "prisões movidas a cocô" de Ruanda, como a BBC News as apelidou, são um excelente exemplo desse pensamento esclarecido: algumas são 75% movidas a dejetos humanos.

"Sem identificação, sem entrada", proclama a mulher severa e impassível na porta.

"Mas, por favor, temos um compromisso", imploro. Santos gentilmente deixa brotar uma fonte de quiniaruanda. Sorrio docemente e me curvo mentalmente diante dessa mulher.

Ela cede. Subimos o próximo lance de escadas e esperamos Mary, cujo escritório é adornado por um retrato gigante do Presidente Kagame.

"Não é assim que as coisas são feitas aqui", vem o pronunciamento de Mary, depois que explico o que já foi dito na carta sobre nossas intenções.

"Sua permissão foi negada." Ela diz isso com firmeza.

Santos se inclina para responder; eu o interrompo.

"Sim, você está certa", concordo. Santos olha para mim, confuso. "Temos feito errado. Você tem um procedimento; nós o violamos. Lamentamos muito por isso." Pego meu cartão de visita do John Jay College e o coloco na mesa de centro de vidro entre nós. "Mas espero que, quando você vier a Nova York, visite minha universidade e dê uma palestra para nosso corpo docente sobre o trabalho progressista que você faz aqui. Você é uma líder na área."

Mary pega meu cartão e o inspeciona. "John Jay", ela diz para si mesma calmamente. Para mim, ela diz: "Essa é uma escola de prestígio, sim?"

"Um dos principais programas de justiça criminal do país. Espero que você esteja em Nova York em breve".

"John Jay", Mary repete.

Eu já lhe havia dito de qual universidade eu era antes, e isso também estava declarado na nossa carta de solicitação, mas visivelmente a ficha está caindo neste momento, cartão na mão. Pausa. Então, milagre.

"Deixa a professora entrar", ela declara para o seu assistente. "Não se trata de vítima e ofensor, não se trata de uma única pessoa, mas de uma comunidade inteira prejudicada, e uma comunidade inteira que precisa ser reconstruída", ela diz. Os olhos de Santos se arregalam.

"Seu programa é necessário porque se trata de restaurar comunidades. Sim, deixaremos a professora e os alunos entrarem. Sexta-feira."

"Na verdade, será que amanhã seria possível?", eu imploro. "Infelizmente, vou embora na sexta-feira".

Sim, é possível. Mary e sua assistente saem da sala e vão para a porta ao lado. Santos me lança um olhar que oscila entre confusão e espanto.

"Estou tão feliz agora, Baz. Meu coração está – está – muito cheio. Não sei como é – como você fez isso".

Eu também não sei como. Mas por mais emocionada que eu esteja com a permissão concedida, estou triste com a forma como aconteceu. Decisões de prisão – decisões de vida ou morte – podem ser tão arbitrárias quanto essa. Eu vi isso no meu país, repetidamente, decisões de livramento condicional segurando o futuro dos meus alunos nas mãos, feitas sem nenhuma razão aparente ou justificativa explícita. Além da força do meu *status*, não tem pé nem cabeça aqui em Ruanda hoje, assim como não tem pé nem cabeça que o Theo de Nova York, que cumpriu vinte e dois anos com comportamento perfeito, que tem um emprego e uma estratégia universitária preparada para a soltura, que tem três filhos esperando o pai voltar para casa, tenha seu livramento condicional negado, enquanto ao Steven, que carrega a mesma ficha criminal, tenha sido concedido. "Natureza do crime", carimba o conselho de livramento condicional, com frio caráter definitivo.

Mary retorna com uma carta oficial no papel timbrado do comissário geral.

É feita referência à carta datada de 5 de novembro de 2012 do escritório do Never Again Rwanda, solicitando ao Serviço Correcional de Ruanda que facilite sua equipe de onze pessoas a visitarem a Prisão de Gasabo com o propósito de impacto reabilitativo na população carcerária em todo o país. Gostaria de informá-lo que você recebeu permissão para visitar a Prisão de Gasabo durante o horário normal de visita.

* * *

Há uma agenda. Santos a imprimiu, descobri ao chegar à NAR no dia seguinte. Os alunos, rindo e brincando, carregam caixas de água na van.

"Este é *le jour* – o dia", ele me cumprimenta. Veste uma camisa polo branca com um logotipo da NAR que diz, nas costas, EMPODERANDO JOVENS COM OPORTUNIDADES DE SE TORNAREM CIDADÃOS ATIVOS.

Quarenta minutos depois, chegamos. A Prisão de Gasabo é uma imponente estrutura de tijolos laranja, cercada por arame farpado e coroada por uma torre de guarda em forma de torre, erguendo-se do beco de um bairro suburbano de Kigali. Parece medieval, muito parecida com as prisões do interior de Nova York. Isso não é por acaso. As prisões africanas são imposições ocidentais com raízes em várias fontes coloniais: "prisões" instaladas em fortes e guarnições costeiras por comerciantes europeus no século XVI, dispositivos de contenção corporal e confinamento usados no comércio de escravizados, prisões militares usadas em conquistas imperiais desde a década de 1880. A construção de prisões do início do século XX em todo o continente representava os esforços coloniais para exercer controle e reforçar hierarquias da forma mais literal, criando espaços dramáticos e segregados nos quais corpos negros eram contidos, subjugados e humilhados. A própria aparência das prisões falava mil palavras. Edifícios ordeiros e de aparência ocidental buscavam impor ordem àqueles nativos indisciplinados, reunidos em celas coletivas. Esse edifício que estou olhando, então, é um exemplo clássico de prisão como imposição ocidental brutal, deixado para apodrecer mesmo depois que os senhores coloniais se despediram, recusando-se a limpar a bagunça carcerária que fizeram.

Nosso passeio pelos portões é tranquilo e casual. Temos autorização para usar câmeras e celulares e somos conduzidos ao escritório do superintendente para aguardar instruções. Os alunos conversam animadamente, sem se perturbarem. Na parede há um retrato emoldurado do Presidente Kagame, um mapa de Ruanda com as localizações de suas prisões marcadas, um gráfico detalhando a cadeia de comando aqui e um quadro-negro listando uma série de números. Enquanto Eric e Santos conversam com os oficiais, eu escolho as palavras em inglês "nunca mais", "genocídio" e "construção da paz".

A superintendente, uma mulher vigorosa, entra e sorri ao dizer: "Professora Baz, seja bem-vinda". Mãos estendidas. Ela aponta para um número no quadro-negro, 4.528, e explica que ele representa a população de Gasabo de hoje.

A superintendente leva-nos para fora do escritório, através da prisão, para um espaço semelhante a um armazém anexado ao lado, como uma garagem. Enquanto caminhamos, multidões de prisioneiros passeiam, mal lançando um olhar em nossa direção. Eles usam uniformes cor de doce, laranja-tangerina para aqueles que foram condenados e rosa algodão-doce para aqueles que aguardam julgamento. O lugar parece calmo e controlado. Não sinto nada da tensão que espreita em corredores de olhos furtivos atrás dos muros das prisões americanas.

Dentro do anexo, quase cem prisioneiros sentam-se serenamente em longos bancos de madeira, alguns parecendo ter apenas 20 anos e outros bem passados da meia-idade. Sentamo-nos em bancos diretamente de frente para eles. Eric pega o microfone e oferece uma saudação cheia de *murakozes*. Em seguida, vem cantando e batendo palmas. Um agente penitenciário de cabelos cacheados e rosto doce, bonito em seu uniforme cáqui, se apresenta a mim como Rolfe e se identifica como meu tradutor. Ele murmura em meu ouvido.

"Viemos por amor", anuncia Santos. Aplausos. "Hoje falaremos com vocês sobre eventos atuais. Discutiremos o tema do gênero. Qual é o significado de direitos iguais?"

A partir daí, um animado diálogo irrompe. Os alunos se revezam no microfone, mas Santos é claramente o líder, estando totalmente à vontade. Fico maravilhada com a maneira como ele se transforma abruptamente de tímido e desajeitado em animado e tagarela – um professor e um líder.

"Será que a nação deve ser governada por uma mulher?", pergunta Santos.

"Nunca!", grita um prisioneiro. "Nossa prisão costumava ser governada por uma mulher. Agora é governada por um homem e é muito melhor."

"As mulheres são muito sujeitas a humores para governar um país", grita outro prisioneiro.

Uivos de desacordo irrompem de todos os lados.

"Isso é uma mentira completa. Tanto as mulheres quanto os homens estão sujeitos a humores", diz um prisioneiro à minha esquerda, com o dedo no ar. Todos estão animados, acalorados e em casa. Estou feliz em sentar-me onde pertenço, nas laterais. Os alunos e prisioneiros se dividem em grupos para continuarem a debater a questão.

"Onde está sua arma?", pergunto a Rolfe, o agente penitenciário.

"Nós não carregamos armas", vem a resposta. Quase não há violência aqui. A ordem é mantida por meio de um governo administrado por prisioneiros, liderado por um *capita general* e uma série de *capitas* sob seu comando, que governam blocos individuais. Rolfe ri enquanto me conta que uma prisão tem um "Bloco Texas", assim chamado porque é ocupado por prisioneiros mais ricos. O *capita* encarregado da segurança é chamado de *commissaire*, e há pouca necessidade de os agentes penitenciários entrarem na prisão. As eleições são realizadas regularmente. A maioria dos *capitas* é de *génocidaires* e altamente educados. A maioria dos *génocidaires*, afinal, era altamente educada.

Não posso mentir. Olho para os homens em uniformes de prisão e penso, *caveiras*. Quase um milhão delas. Cadáveres. Estupro. Facões. Assassinato. *Esses homens fizeram tudo isso.* E ainda assim aqui estão eles, parecendo – *seres humanos*. Sendo calorosos e gregários com os sobreviventes de suas atrocidades, que por sua vez são gentis e graciosos além da medida. Será que isso é realmente possível? Minha mente gira, e meu coração também.

"As prisões americanas são duras, não é?", Rolfe pergunta. Faço que sim com a cabeça. "E ouvi dizer que eles não têm conexão com a internet, certo? Como é possível?"

Não sei como é possível, Rolfe, mas de fato é. Rolfe fica boquiaberto com isso. Ele explica que há uma economia prisional na qual serviços como lavanderia e produtos estão à venda. A maioria dos prisioneiros tem empregos do lado de fora e fica com 10% do pagamento.

"Eles têm permissão para tirar licença do trabalho?", pergunto, surpresa.

"Claro." Rolfe me dá um olhar "*mzungu* bobo".

"Aqui, jogamos futebol com eles. Não há diferença entre esses prisioneiros e nós. A única diferença é – como se diz?" Ele toca seu uniforme. "O pano."

"Mas", não resisto a perguntar, "alguns agentes penitenciários não são sobreviventes? Não é difícil para eles estarem aqui, sabe, jogar futebol com os *génocidaires*?"

Um segundo olhar. "Não", diz Rolfe com firmeza. "Existe uma palavra chamada – como se diz? – *perdão*".

Que *mzungu* boba eu sou.

Não me tome por ingênua. A nova-iorquina cínica em mim procurou muito pelas falhas nessa fachada ruandesa, procurou por motivos gananciosos e egoístas espreitando por baixo da agenda de paz. Eu me esforcei para encontrá-los. *Existe uma palavra chamada perdão.* De fato. Mesmo que houvesse rachaduras na fachada, mesmo que existissem divisões sociais persistentes, maneiras pelas quais o sistema *gacaca* falhou e censura excessiva do governo, a facilidade com que esse mantra, *perdão*, sai da língua de todos os ruandeses, a maneira como se estabeleceu firmemente como a joia da coroa da narrativa nacional desse país – isso foi impressionante. O discurso da boca para fora tem valor. Diga "perdão" com frequência suficiente e, eventualmente, a psicologia comportamental entra em ação e as ações divinas se seguem; pregue a punição e observe o inferno sangrento irromper.

Os prisioneiros e estudantes se reúnem novamente para apresentar as descobertas do seu grupo. Há mais discursos, apertos de mão e risadas. Estamos sem tempo antes que eu perceba.

"Temos muito a aprender com vocês", Rolfe declara enquanto nos despedimos, murmurando algo sobre medidas de segurança de alta tecnologia e procedimentos oficiais da prisão. "Mas espero que vocês também tenham algo a aprender conosco." É uma grande minimização.

Ao sairmos da prisão, em meio a multidões de homens uniformizados que passam por nós sem se perturbar, uma aluna me abraça e passa o braço pelo meu. Ela está tonta; a visita foi melhor do que o esperado e ela mal pode esperar pela próxima. Ela gostaria de ter tido mais tempo com os homens presos, que eram tão brilhantes e interessantes, com muitas boas ideias.

"A visita foi, tipo, incrível", diz outra aluna, radiante, durante a viagem de volta. "Quando conhecemos aqueles caras, eles ficaram muito, muito felizes. Enquanto discutíamos em grupos, suas ideias eram realmente incríveis. Eles são brilhantes. Estou muito animada por conhecer esses caras. Eles nos mostram que têm coisas novas para nos ensinar". Santos acrescenta, quando chegamos ao escritório: "Temos que fazer um mundo melhor. Isso faz parte da construção da paz – garantir que esses caras que estão na prisão sejam seres humanos como os outros. Eles voltarão para casa e todos nós viveremos em paz".

Santos é real. Todos esses alunos são reais. São sobreviventes de genocídio. Eles acabaram de retornar de uma visita dinâmica a uma prisão que abriga tipos de pessoas que massacraram seus pais – talvez até mesmo as próprias pessoas que massacraram seus pais. E eles retornam tontos de alegria, impressionados com a descoberta de que "eles" são na verdade "nós", que os homens lá dentro cometeram monstruosidades, mas não são monstros, que, como Rolfe o coloca, é o pano que divide.

Como posso dizer uma coisa dessas? Como posso equiparar os crânios naqueles fossos com as pessoas cuja crueldade insondável os criou? Infelizmente, só o século XX, no qual mais de 50 milhões de pessoas foram assassinadas por decretos governamentais "civilizados" – durante a Alemanha nazista, o genocídio armênio, o regime soviético e assim por diante – provou o quão fácil é para pessoas boas se tornarem assassinos em massa. Essa é a era de Abu Ghraib, onde prisioneiros nus eram empilhados numa pirâmide para que os soldados americanos pudessem se fotografar sorrindo sobre sua pilha humana. E mais prisioneiros nus eram colocados em coleiras de cachorro e obrigados a praticar atos de sexo oral enquanto esses mesmos soldados cumprimentavam-se tocando as palmas das mãos uns dos outros.

Essa realidade – a capacidade humana, nossa capacidade, para o mal – não deve nos distanciar daqueles que cometem atrocidades. Muito pelo contrário, deve lembrar-nos de uma linha tênue: senão por alguma graça, lá vamos nós.

Eu me despeço dos alunos, sabendo que o Projeto de Visitas à Prisão está em boas mãos. As visitas continuarão agora que a estrutura está pronta, a permissão oficial foi concedida e um patrocinador foi encontrado. Santos me conta que futuras visitas a prisões por todo o país serão mais longas e incluirão filmes, esportes e cultura. O programa florescerá e crescerá, ele tem certeza.

* * *

Dentro do Bourbon Coffee no Aeroporto Internacional de Kigali, aguardando um voo atrasado, pego meu livro, *No Future*

Without Forgiveness [Não há futuro sem perdão], de Desmond Tutu. "Perdoar não significa tolerar o que foi feito", escreve Tutu. "Significa levar o que aconteceu a sério e não o minimizar; extrair da memória o ferrão que ameaça envenenar toda a nossa existência. Envolve tentar entender os perpetradores e, assim, ter empatia, tentar se colocar no lugar deles e compreender o tipo de pressões e influências que podem tê-los condicionado."

Em Ruanda, vi as palavras de Tutu ganharem vida, juntamente com as de todos os acadêmicos e pensadores que consultei no caminho para esta viagem. Vi empatia, restituição e reconciliação em doses insondáveis. Agora tenho o direito de testemunhar, de dizer: *Não acredite na minha palavra – acredite na palavra deles.*

No final, passei apenas um dia na prisão em Ruanda. Mas, na verdade, fiquei na prisão o tempo todo em que estive aqui. A maior parte do país é uma prisão liquidada; aqueles que não passaram pelos portões abertos para a liberdade foram vítimas daqueles que passaram. Ruanda é um grande tribunal que coloca a justiça à prova e destrói os próprios alicerces do conceito que chamamos de prisão. A maioria imagina que depois do dano deve vir a punição. Mas aqui vive um paradigma radicalmente diferente que envolve cura, restituição e aquele pináculo da humanidade chamado perdão. Ruanda tem sido um julgamento. Testemunhei algumas das piores atrocidades imagináveis e saí mantendo minha crença de que, num mundo sem prisões, a dor das vítimas e sobreviventes pode ser tratada de maneiras radicalmente reinventadas.

Ruanda também me permitiu iniciar minha viagem da maneira como qualquer reavaliação da justiça deve começar: passando a maior parte do meu tempo com sobreviventes e vítimas – aqueles que devem ser nosso foco quando pensamos sobre crime. Agora é hora de fazer uma entrada no mundo dos chamados infratores: a Prisão de Pollsmoor, na África do Sul.

2
PERDÃO: ÁFRICA DO SUL

> Quando um homem peca contra outro, a parte lesada não deve odiar o ofensor e se manter em silêncio. É seu dever informar o ofensor e dizer a ele: "Por que você fez isso comigo? Por que você pecou contra mim nessa matéria?" E assim é dito: "Você deve certamente repreender o seu próximo". Se o ofensor se arrepender e implorar por perdão, ele deve ser perdoado. O perdoador não deve ser obstinado.
>
> *Maimônides*

Aterrisso nas páginas de um romance de Jane Austen. Pelo menos é o que parece, especialmente vindo de Ruanda. Vejo um solar do século XVIII e um cenário de montanhas cobertas de nuvens, com galinhas-d'angola posicionadas pitorescamente no gramado. Meu quarto no Steenberg Hotel parece uma casa de carruagens real, com mogno rangendo e uma cama de dossel. O ar está *al dente*; o sol poente lança luz carmesim sobre as mesas requintadas que circundam a Cidade do Cabo, África do Sul, como fortalezas beatíficas.

Ajudando a financiar minha estadia aqui está o artigo de viagem que escreverei sobre Constantia, um subúrbio elegante da Cidade do Cabo e região vinícola que por acaso fica a poucos passos da Prisão de Segurança Máxima de Pollsmoor, uma das maiores prisões da África, lar de cerca de 7.500 homens, mulheres e crianças – incluindo, de 1982 a 1988, Nelson Mandela.

Em outras palavras, quando não estiver na prisão, estarei imersa em luxo. É uma maneira ironicamente desconfortável, mas também adequada, de vivenciar uma das sociedades mais desiguais do mundo, não simplesmente nos contrastes gritantes de riqueza preta e branca, mas também no equilíbrio enviesado entre as massas e uma superclasse empreendedora em ascensão. Minha experiência sul-africana me levará de uma ponta do espectro racial, social e econômico à outra, e prevejo que será pertinentemente desconcertante.

Esses extremos são o legado do colonialismo e do *apartheid*; séculos de grande desigualdade deixaram um mar de pobreza e crime em seu rastro. As estatísticas são impressionantes. A taxa de morte violenta de homens na África do Sul – em 2012, cerca de 16 mil casos de homicídio foram relatados – é oito vezes a média global, enquanto a taxa de homicídio feminino é seis vezes maior. Mais de 40% dos homens relatam terem sido fisicamente violentos com uma parceira e mais de um em cada quatro relata ter perpetrado estupro, três quartos deles antes dos 20 anos. Em 2012, 64 mil casos de estupro foram relatados à polícia; até mesmo o presidente do país, Jacob Zuma, um homem com quatro esposas e pelo menos vinte filhos de uma série de mulheres, já enfrentou essa acusação. Mais pessoas são supostamente esfaqueadas até a morte nas *townships* da Cidade do Cabo do que em qualquer outra área metropolitana.

Mas, assim como em Ruanda, comecei a me engajar num trabalho inovador, dessa vez para explorar mais a fundo a justiça restaurativa. É um paradigma alternativo para pensar sobre o crime, não como uma ofensa contra o Estado que exige punição, mas como uma lesão feita a outrem que requer cura e restauração. Se Ruanda tem a ver com perdão e reconciliação em grande escala, a África do Sul, onde passarei uma semana observando um programa de justiça restaurativa de longa data dentro de Pollsmoor, oferece um vislumbre dessas coisas num âmbito pessoa a pessoa – "desculpas" individuais, não coletivas. Aqui espero examinar, com uma lente próxima e crítica, a entidade no coração de quase todas as minhas interações em Ruanda, aquela força estranha e poderosa conhecida como perdão.

* * *

Meu plano era caminhar até Pollsmoor pela manhã. Fica a poucos metros da entrada do meu hotel, situada numa terra que já foi propriedade de ricos fazendeiros africâneres, depois vendida ao Comando do Cabo para uso como base militar da Segunda Guerra Mundial, antes de finalmente se tornar uma prisão. Mas o *concierge* insiste que eu seja conduzida por um motorista numa limusine Mercedes com o logotipo do hotel.

"Aposto que sou a primeira hóspede que você levou para Pollsmoor", digo a Wilbert, o motorista do hotel, que ainda não saiu nem por um segundo do jugo de uma formalidade de alto nível.

"Sim, senhora, a senhora é a primeira", ele responde, sem se abalar.

BEM-VINDO À UNIDADE CORRECIONAL DE POLLSMOOR: UM LUGAR DE NOVOS COMEÇOS, diz a placa. Paramos no portão, onde os policiais lançam um olhar indiferente na minha direção e acenam para que entremos. Estou adiantada, de modo que nenhum dos outros que devo encontrar chegou.

"Tem certeza de que vai ficar bem, senhora?" Wilbert pergunta com um olhar preocupado. Pollsmoor tem uma reputação descomunal de violência cruel, principalmente devido às suas gangues altamente ritualizadas, conhecidas como os Números. Dizem que os 26 são responsáveis por jogos de azar, contrabando e acumulação de riqueza; os 28 são organizados em torno da manutenção de parceiros sexuais, ou "wyfies", e lutam em nome de todos os três grupos; e os 27 são os mantenedores da paz e guardiões da lei das gangues. Disseram-me que esfaqueamentos em Pollsmoor são praticamente uma ocorrência diária; em 2011, houve quarenta e sete suicídios e assassinatos atrás das grades sul-africanas, e o departamento correcional devia bilhões em danos a prisioneiros e ex-prisioneiros, principalmente por agressão e estupro. O governo não tem nenhuma política sobre a prevenção de violência sexual nas prisões, e infectar um prisioneiro com HIV é considerado uma forma de punição de gangue. O risco de transmissão de tuberculose é de 90%, e 32% das prisões não têm médico ou enfermeiro.

Garantindo a Wilbert que ficarei bem, sento-me num banco de plástico ao lado da cabine de segurança principal. Inspeciono a área. Construída para 4.500 pessoas, mas lar de quase o dobro disso, Pollsmoor ainda se assemelha a um enorme complexo militar, um compêndio de bastiões e arame farpado. Há até um renomado restaurante no local, cujos funcionários são presidiários, onde civis curiosos podem pedir frango *cordon bleu* e bife *schnitzel*. O cenário de requintadas cadeias de montanhas é impressionante: a prisão inteira lembra lixo descartado no meio do Éden.

Outro voluntário americano chega. Ele é da Califórnia e empunha uma Bíblia. "Deus me chamou aqui", ele explica, como se dissesse "passei a noite viajando". Nós dois fazemos uma caminhada de dez minutos ao longo das bordas do arame farpado em direção ao Meio B, nossa base durante a semana. A porta fica no final de um beco estreito e cercado. Não há detector de metais ou código de vestimenta para nós, voluntários, e ninguém confisca meu celular. Entramos numa sala parecida com um refeitório, onde meu nariz reage ao ar mofado, espesso e levemente podre. Uma faixa diz JUSTIÇA RESTAURATIVA: TRABALHANDO PELA RECONCILIAÇÃO E A REINTEGRAÇÃO.

Coloco os olhos em algo deprimentemente familiar das prisões americanas: um mar de rostos negros e pardos acima dos uniformes – menos de 10% da população carcerária da África do Sul é branca. Os uniformes são laranja-tangerina, estampados com CORREÇÕES num *design* circular. Muitos uniformes foram estilizados, adaptados em coletes e *blazers* descolados, com zíperes e botões; um homem costurou um *swoosh* da Nike. A maioria dos homens está coberta de tatuagens e muitos não têm os dentes da frente, um estilo preferido pelos membros da gangue dos Números. Eles correm para apertar nossas mãos vigorosamente. Isso também é familiar. É uma confraternização entre prisioneiros e voluntários, simpatia fundida com otimismo sem limite sobre algo a ser ganho com o encontro. Há camaradagem com os guardas, sorrisos, piadas, provocações. Suspeito que tudo isso desmente a angústia no cerne deste lugar.

Sete mesas estão cobertas com toalhas de mesa florais e etiquetadas com nomes escritos em três línguas – inglês, africâner e xhosa, a língua de um grupo étnico bantu do sul da África. De um lado, espio RESPONSABILIZAÇÃO, CONFISSÃO, RESPONSABILIDADE e ARREPENDIMENTO; do outro lado, REESTRUTURAÇÃO, PERDÃO e INTEGRIDADE.

Um prisioneiro magro como um trilho, com 60 e poucos anos, com um bigode grisalho e desgrenhado me cumprimenta calorosamente. Décadas atrás, ele cumpriu pena em Robben Island, ele me conta, porque era um lutador pela liberdade. Após o *apartheid*, ele retornou à sua *township* e descobriu que pouca coisa havia mudado; não havia empregos, mas muitas drogas. Então ele recorreu ao crime e acabou recebendo uma sentença de quinze anos.

O pastor Jonathan Clayton assume o centro do palco, e o resto de nós, nossos assentos. O meu é no fundo da sala, numa mesa para observadores não participantes.

"Pedimos desculpas pelo atraso!", vêm as boas-vindas de Jonathan, em tons estrondosos.

"Houve uma fuga ontem, então a segurança para os prisioneiros está pesada hoje. Mas" – ele passa a mão pelo cabelo penteado para trás, preto azeviche e levemente pontilhado de cinza – "estamos aqui agora e estamos felizes por estarmos aqui!"

Com uma camisa Hugo Boss azul impecável, gravata marfim e calças bonitas, Jonathan chama a atenção pelo estilo. Os americanos podem chamá-lo de "indiano", mas na Cidade do Cabo ele é conhecido simplesmente como "de cor", um termo que irrita a minha mente americana. Como a categoria abrangente para qualquer um que desminta o preto ou branco fácil, inclui indivíduos mestiços, bem como aqueles com raízes na Índia, na Malásia, em Madagascar e outros lugares.

Bem-vindo é repetido num africâner sonoro.

"Nós falamos três línguas nesta sala", explica Jonathan. "Eu falarei inglês e africâner. Peter" – ele aponta para um homem branco com uma barba estilo Papai Noel sentado na mesa Responsabilização, cercado por homens negros – "traduzirá para o xhosa para aqueles que precisarem de xhosa. Vocês entenderão esse processo. Vocês entenderão na sua própria língua, certo? E temos outras regras básicas. Todos estão aqui voluntariamente?" Pausa.

"Não podemos permitir que você participe desta semana de justiça restaurativa se você foi forçado a estar aqui." Ninguém protesta, então Jonathan continua.

"Este programa é baseado em princípios cristãos, mas aceitamos qualquer religião. Se você é muçulmano, muito bem. Se você não tem nenhuma religião – está tudo bem, *ok*?

"Você tem plena e total confidencialidade nesta sala. Você pode estar livre para falar o que pensa e suas verdades o tempo todo, está bem? Total confidencialidade. Mas se você confessar um assassinato, e nessa confissão nos contar coisas, detalhes, como a localização do corpo, teremos que investigar com o que você nos disse. Devemos fazer isso para ajudar você e as vítimas a serem curados, devido às coisas más que aconteceram a elas e seus entes queridos. Certo?" Jonathan oferece uma tradução disso em africâner e depois prossegue.

"Esse processo é muito confrontacional. Vocês estão preparados para esse confronto? Alguém não está preparado para esse confronto? Você pode falar agora e nós o acompanharemos até a saída, sem perguntas. Lembre-se, esse processo deve ser voluntário e livre – nenhuma coerção aqui." Ele examina a sala, que não se move.

"Última regra desta semana de justiça restaurativa." Sua voz está crescendo agora. "Você não é um infrator. Um prisioneiro. Um criminoso. Você é uma *pessoa*, amada por Deus. Você não é um *detento* – você é um *cliente* do *Departamento de Serviços Correcionais*."

E com isso o programa começa oficialmente.

"Declaro aberta esta semana de justiça restaurativa!" Jonathan soa, como se os cavalos estivessem no portão. O canto começa.

> Por meio de você, os cegos verão,
> Por meio de você, os mudos cantarão.
> Por meio de você, os mortos ressuscitarão,
> Por meio de você, todos os corações louvarão.
> Por meio de você, a escuridão foge,
> Por meio de você, meu coração grita,
> Eu sou livre, sim, eu sou livre.

Jonathan está no comando novamente, distribuindo a ficha de trabalho de hoje. *Descubra você*, diz o título. *Examine os efeitos de sua mágoa, dor e raiva: Quem sou eu? Por que estou aqui? Quem me machucou? Quem é responsável pela minha mágoa/dor?*

"Quem quer falar sobre família agora?", Jonathan pergunta à sala.

"Eu não falo com a minha família", grita um homem. Outros concordam, assentindo.

"Por que você não fala com a sua família?"

"Eles não querem ouvir", diz uma voz.

"Eu não tenho família", diz outra voz.

"Estou envergonhado", diz outra.

"Amanhã telefonaremos para suas famílias", diz Jonathan. "Quem nos dá permissão para fazer isso? Amanhã vocês ouvirão como sua família está machucada. Quem dá permissão? Fiquem de pé no banco os que o fizerem e digam seu nome. Por favor."

Jerome praticamente pula no banco, todo *hip-hop* com suas botas Timberland marrons. Ele parece ter 20 e poucos anos e veste seu uniforme desabotoado até a cintura, com uma camiseta branca visível por baixo. Na mesa Confissão, Gerswin se levanta; AL CAPONE está tatuado em letras góticas na parte de trás do seu crânio. Finalmente, Yahiya, de 20 e poucos anos, da Responsabilidade, sobe em sua cadeira e ajusta seu *takiya* [*taqiyah*] branco, no qual ele colocou um par de Ray-Bans.

"Vocês são corajosos. Teremos notícias de suas famílias amanhã. Obrigado, cavalheiros. Podem se sentar novamente." Jonathan faz uma leve reverência.

"Digam-me", ele pergunta. "O que vocês querem obter do processo esta semana?"

As respostas jorram. *Cura. Mudança. Ser uma pessoa melhor. Assumir responsabilidade. Paz com a minha vítima. Ser parte da minha comunidade novamente.*

Quero ser um pai para os meus filhos: isso de um homem solene, pequeno e idoso, com tatuagens cobrindo cada centímetro do seu rosto enrugado. Uma lágrima está impressa em sua bochecha.

"Contem-me seus medos!", Jonathan troveja.

Eles fluem adiante. *Meus filhos não me reconhecerão. Meus filhos acabarão na prisão como eu.*

O pastor Jonathan Clayton se transforma no Professor Clayton, esmiuçando os princípios da justiça restaurativa, valendo-se de uma apresentação em PowerPoint e citações de Howard Zehr, o pai do movimento baseado em Minnesota. Crime é desrespeito e irresponsabilidade, diz a lição. Não precisamos de mais punição; precisamos lidar com relacionamentos rompidos. Ele distribui um pequeno poema sobre a falta de lógica de um sistema de justiça baseado na prisão.

> Queremos que eles sejam responsáveis,
> Então tiramos todas as responsabilidades.
> Queremos que eles sejam positivos e construtivos.
> Então os degradamos e os tornamos inúteis.
> Queremos que eles sejam não violentos,
> Então os colocamos onde há violência ao redor deles.
> Queremos que eles parem de ser o cara durão,
> Então os colocamos onde o cara durão é respeitado.

Em vez de perguntar, como a justiça criminal tradicional o faz, quais leis foram infringidas, quem infringiu essas leis e como podemos punir aqueles que as infringiram, a justiça restaurativa – a filosofia por trás de organizações americanas como a Bridges to Life [Pontes para a vida], no Texas, e a Common Justice [Justiça comum], em Nova York – faz perguntas completamente diferentes. Quem foi ferido? Quais são suas necessidades? Como podemos suprir essas necessidades? Alguns programas de justiça restaurativa operam como tribunais comunitários, que um estudo de 2007 da Universidade da Pensilvânia descobriu serem mais eficazes do que a prisão na redução da reincidência. A maioria envolve "círculos", nos quais vítimas e infratores se encontram e dialogam sobre o crime; muitos são cristãos. Para todos, o objetivo é um empoderamento da vítima do tipo que os sistemas tradicionais de justiça criminal deixam de lado. Estudo após estudo mostrou que os julgamentos, embora sejam rituais públicos, raramente são terapêuticos para as vítimas. Muito pelo contrário, eles prolongam a vida de feridas traumáticas.

Jonathan se aproxima para perguntar se eu vou me sentar à mesa de confissão e ajudar Gerswin a preencher seu formulário de autoavaliação. Como muitos nesta sala, ele é analfabeto.

Sento-me ao lado de Gerswin e ofereço um aperto de mão. Ele me dá uma olhada rápida. Percebo uma estrela tatuada entre os olhos.

"Você já experimentou o seguinte", li em voz alta do formulário. "Raiva?"

"Sim", vem a resposta de Gerswin.

Gangsterismo? Sim. Abuso na infância? Sim. Dependência de drogas? Sim. Depressão? Sim. Quantos anos você tem? 26. Você conheceu seu pai?

"Não. Só uma vez, quando eu era adolescente. Ele era um bêbado e minha mãe o expulsou. Ele batia nela, toda ensanguentada. Eu limpava o sangue dela." Escrevo isso.

"O que aconteceu quando você conheceu o seu pai?"

"Eu..." Gerswin faz uma pausa. "Eu queria matá-lo. Quase matei." Continuo escrevendo.

"Quando foi a última vez que você falou com a sua família?"

"Três anos atrás." Gerswin dá todas as suas respostas de forma impassível. Ele é apenas mais um garoto de *township*, três ferimentos a bala para provar. Agora ele é apenas mais um membro da gangue Números de Pollsmoor. Sua narrativa não é excepcional e, claramente, ele sabe disso.

Terminamos de preencher o formulário. Esperando que os outros façam o mesmo, estudamos uns aos outros sem jeito. O almoço, salsicha salgada num pão velho, é distribuído. Recorro ao meu quebra-gelo de sempre.

"Você ouve *hip-hop*?" Isso provoca um sorriso.

"Sim, *hip-hop*. *Hip-hop* americano." Gerswin levanta a camisa para revelar uma tatuagem nada surpreendente: THUG LIFE na barriga, à la Tupac Shakur. Digo a ele que nunca conheci

Tupac, mas que participei de uma turnê com Snoop Dogg para um artigo uma vez. Seu rosto inteiro se ilumina. De repente, ele é um fã infantil.

"Você já" – ele se inclina, olhos brilhando, boca cheia de salsicha – "encontrou o Lil Wayne?"

Somos interrompidos pelo pastor Ron, o facilitador corpulento e sonolento em nossa mesa. "Preciso sair à tarde", ele anuncia abruptamente, dobrando seus óculos e sua lancheira. "Você pode assumir", ele me diz.

E então recebo uma nova função para a semana: facilitadora de meio período na mesa Confissão. Lar do Gerswin, do Ebrahim e do Anthony. E, quando sentem vontade de aparecer, do pastor Ron e do ajudante Dennis, que fica em silêncio como uma pedra, sua função desconhecida. Todos os três homens detentos à minha mesa são *gangsters* confessos que pertencem a diferentes gerações da Cidade do Cabo. Gerswin é um membro da gangue 28. Ebrahim, na casa dos trinta, com olhos verdes penetrantes, maçãs do rosto estreitas e bigode fino como um lápis, pertence aos 27. Anthony está na casa dos 50; já foi membro dos Americans, uma gangue notória da Cidade do Cabo, mas agora é um cristão renascido.

Todos os facilitadores são, com duas exceções, brancos. Essa realidade me lembra da dinâmica infeliz e muito familiar dos salvadores brancos de almas negras, mas durante a semana não tenho escolha a não ser engolir isso.

"Tenho quatro filhos", Anthony lê em sua folha. "Enterrei um deles há vários anos. Uma das minhas filhas está aqui, em Pollsmoor. Ela foi pega com as drogas do namorado. Eu a vi uma vez, foi assim que soube que ela estava aqui." Então a bomba caiu: "Eu estuprei minha enteada. Eu estava tão chapado de drogas que não sabia o que estava fazendo ou quem ela era".

E nas horas restantes do dia a sala irrompe com narrativas de dor. Ela se torna um espelho auditivo de casa de diversões, no qual histórias ecoam e reverberam. *Minha mãe vivia chapada de drogas e álcool quando eu era bebê. Atiraram em mim sete vezes. Vi* gangsters *matarem meu pai. Meu pai morreu de AIDS.* As histórias de pobreza e crime, tiros, dependência de drogas e abuso podem muito bem ser ambientadas no Brooklyn, em Nova York ou no Lado Sul de Chicago. Só que aqui elas são monstruosamente exageradas, tudo o que vive nas narrativas de prisões americanas, mas *mais* – mais violência, mais drogas, mais abuso, mais feridas. *Eu matei meu padrasto. Ele abusou de mim e da minha mãe muitas vezes, então eu o esfaqueei.* Isso de Peter-John, também conhecido como PJ, um facilitador ex-presidiário.

Jonathan está fazendo os homens se verem como vítimas em círculos viciosos de violência, o que é crítico. As pessoas geralmente esquecem que, em todo o mundo, a maioria dos criminosos também é vítima. O Boston Reentry Study de 2015, por exemplo, encontrou uma incidência surpreendentemente alta de traumas na infância entre pessoas que retornavam da prisão, com mais de 40% tendo testemunhado um homicídio e metade tendo sido abusada fisicamente pelos pais. Mas ainda assim tenho meus momentos de ceticismo, durante os quais me pergunto sobre, digamos, o homem que declara em lágrimas que negociou diamantes ilegais não porque queria dinheiro, mas porque estava desesperado pelo amor do seu pai. Sério?

"Passamos o dia", conclui Jonathan, "tentando fazer com que vocês percebam que são vítimas de mágoa. Vocês não são apenas criminosos. Vocês são vítimas. Vocês foram profundamente magoados."

E com isso, o primeiro dia é encerrado. Digo adeus ao Gerswin, ao Anthony e ao Ebrahim e saio do Meio B. Do lado de fora do arame farpado, uma limusine Steenberg aguarda. Ao entrar, sinto uma vergonha tremenda.

Isso é trabalho, digo a mim mesma. Esta limusine não é minha – pertence à minha tarefa. Uma tarefa que tenho o privilégio de ter. O privilégio não pode ser descartado quando conveniente, por mais cercas de arame farpado que se cruze. Na verdade, a negação do privilégio é a sua marca máxima.

Repito esse mantra enquanto a noite cai e observo as ruas ladeadas de carvalhos e as mansões coloniais de Constantia. Em um jantar suntuoso, olho ao meu redor. Brancura. Por toda parte, exceto meu garçom. Se esta é a Cidade do Cabo pós-*apartheid*, só posso imaginar a aparência das coisas no seu auge. Fantasmas do meu dia começam a invadir uma noite elegante. Gerswin franze a testa para o meu *foie gras*; PJ toma um gole do meu Smirnoff. Esses homens são produtos do mundo chique que estou desfrutando, condicionados ao crime e à prisão por uma sociedade fundada na desigualdade. Tudo começou com o regime holandês, que usava prisões locais para encarcerar aqueles que violavam as leis do "passe" do país, exigindo que portassem passaportes informando sua raça. Durante o período de expansão colonial britânica do final do século XIX, o trabalho prisional abastecia a força de trabalho do país, então, entre 1916 e o fim do *apartheid* em 1986, 17 milhões de negros e mestiços foram presos, submetidos a castigos corporais e obrigados a trabalhar nas minas de diamantes e ouro do país para empresas, como a De Beers, que fizeram fortunas às custas deles. Pollsmoor nasceu principalmente para fins capitalistas, não para fins de justiça criminal. Após a Segunda Guerra Mundial, quando as fazendas da área demandavam trabalho prisional, fazia sentido estabelecer uma prisão na área.

Isso vale para a história da prisão como um todo. Durante séculos, a instituição produziu convenientemente o que seu companheiro de nascença, o capitalismo, exige: uma força de trabalho perpétua. O processo consistia em criminalizar os "outros", inclinando a lei contra eles, e depois encarcerá-los e colocá-los para trabalhar. Nos Estados Unidos, onde os prisioneiros produziam bens para o exército da União e então se tornavam a força de trabalho pós-emancipação do Sul, os chamados códigos negros criminalizavam coisas como vadiagem e desemprego, o que significava que em 1870, no Sul, as taxas de encarceramento de negros eram o triplo das de brancos. Durante séculos na Europa, o confinamento esteve mais em voga durante os períodos de desemprego, quando fazia sentido retirar a mão de obra do mercado com excesso de estoque e colocá-la para trabalhar para o Estado. É impressionante que tantos desenhos antigos de prisões, gráficos e diagramas detalhados sobre onde situar todos aqueles corpos, sejam assustadoramente reminiscentes de representações de navios negreiros. Escravidão, prisão, capitalismo e raça são há muito tempo um coquetel global mortal. A prisão era uma maneira de subjugar nativos ou ex-escravizados e ao mesmo tempo atender aos melhores interesses da economia branca.

Nosso *workshop* em Pollsmoor gira em torno de possuir escolhas e trabalhar para mudá-las. Mas considerando essa história e a extremidade do que tenho visto aqui na Cidade do Cabo, meu cinismo sobre essa coisa que chamamos de escolha se intensifica. O que é escolha no contexto da escravidão, do trabalho prisional, do *apartheid*, da segregação, das *townships*? Será que toda essa conversa de assumir responsabilidade pessoal e dizer-se arrependido está obscurecendo a realidade de sistemas projetados para alguns fracassarem dramaticamente e outros terem sucesso?

O capitalismo se baseia na noção do indivíduo sozinho, acima e além de fatores sociais. Essa é a essência do sonho americano: "eu" sobre "nós". *Puxe-se pelas alças das botas*, diz o mantra. Mas e as classes e cores que não foram providas de alças de botas para começar? Gostamos de falar sobre dar aos prisioneiros segundas chances, mas e as *primeiras* chances? É fácil sorver histórias gloriosas sobre as exceções, aqueles que superaram as probabilidades de raça e classe, porque é mais divertido celebrar a exceção do que lamentar a regra.

A palavra "bode expiatório" pisca na minha tela mental, do meu ensaio favorito sobre prisões, do economista Glenn Loury. "Nossa sociedade – a sociedade que juntos criamos", ele escreve, "primeiro tolera condições que promovem o crime em nossos guetos urbanos em expansão e, em seguida, passa a realizar rituais de punição contra eles como uma forma terrível de sacrifício humano". Não posso vencer essa imagem do bode expiatório, em seu sentido literal e bíblico: uma criatura na qual todos os pecados da sociedade eram lançados e que era então atirada de um penhasco para absolver o resto. O filósofo do século XVI Thomas More escreveu o mesmo em *Utopia*. "Se você permite que as pessoas sejam mal-educadas e que seus costumes sejam corrompidos desde a infância, e então as pune pelos crimes aos quais sua primeira educação as dispôs, o que mais se pode concluir disso, senão que você primeiro faz ladrões e depois os pune?"

"A conta, por favor", digo ao meu garçom. Ele se curva.

* * *

"A reconciliação é a jornada da verdade à justiça." Assim diz uma manchete no *Cape News* na manhã seguinte. Dentre as histórias sobre o quão longe caímos desde Mandela que compõem grande parte das notícias sul-africanas, eis uma história sobre Olga Macingwane, ganhadora do Prêmio do Instituto de Justiça e Reconciliação, vítima de um ataque a bomba racialmente motivado em 1996 – uma mulher que perdoou publicamente os homens brancos que a mutilaram.

Minutos depois, estou dentro do Meio B, observando o quão ensolarado e brilhante é. Sob o *apartheid*, essa era a prisão branca de Pollsmoor, ostentando mais janelas do que as unidades negras ou de cor. Esse fato também explica seus corredores duplos; mistura racial de qualquer tipo não era permitida. A própria arquitetura das prisões coloniais africanas transmitia, portanto, uma mensagem pesada sobre a superioridade racial.

Dentro do ginásio, Anthony me dá um aperto de mão caloroso e um sorriso desdentado. Ebrahim e Gerswin oferecem acenos circunspectos. Os facilitadores sentam-se serenamente, lendo suas bíblias.

Objetivo: Entender a crise/dano/mágoa/dor causada pelo crime, diz o folheto que Jonathan me apresenta. *Os presos entenderão em detalhes os efeitos de suas decisões erradas. Outras pessoas estão passando por uma crise por causa das suas ações erradas.*

"Estou livre", canto, em uníssono com os prisioneiros. Então Jonathan começa a sessão de hoje e, fiel à sua forma, ele sabe como imediatamente prender nossa atenção.

"Vinte e cinco anos, quarenta dias e trinta e cinco minutos atrás, eu era um morador de Pollsmoor como você", ele declara.

"Essa é minha confissão hoje. Já fui prisioneiro, por três anos. Roubei, menti, errei, não é? Mas estou diante de vocês hoje, um homem diferente. Eu não sabia nada de inglês quando cheguei à prisão, entende? Apenas africâner. Aprendi tudo aqui dentro e me transformei. Esse processo é o começo para você fazer o que eu fiz. Começa com a confissão. Hoje você vai confessar, não é? Você confessará para se tornar livre."

Os papéis são distribuídos.

"Receberemos crimes não relatados. Sempre recebemos", Jonathan sussurra para mim enquanto os homens registram suas confissões. "Uma vez até um guarda confessou que comandava uma rede de contrabando." Ele examina a sala com olhos de águia.

"Por sete anos, fiz isso sozinho. Só eu sozinho, sem facilitadores, e cinquenta, sessenta prisioneiros", ele continua. "O manual tinha quatorze páginas na época – agora tem oitenta e cinco. Eu chamaria os prisioneiros de 'senhor' – as autoridades não conseguiam entender isso, por anos, a maneira como os tratamos como seres humanos, como pessoas. Mesmo essas toalhas de mesa brancas, as autoridades não conseguiam entender isso. Sentar-se ao redor de uma mesa adequada e fazer uma refeição como humanos, eu disse." Ele bate o punho na mesa. Então analisa todas as dimensões do programa, para meu benefício. Depois desses seis dias, há um acompanhamento semanal com os homens; durante esses meses, ele localizará as vítimas dos homens e organizará diálogos com elas.

Enquanto os prisioneiros escrevem, um Jonathan animado continua com uma história resumida desse *workshop* e de seus Hope Prison Ministries, agora operando em nove prisões. Em 1994, a eleição de Mandela para a presidência representou o último prego no caixão do *apartheid*. Em 1999, Jonathan era capelão de prisão, mas como a Comissão da Verdade e Reconciliação deixou sua marca potente na África do Sul – "esse processo inacreditável de diálogo, confissão e reconciliação sobre os crimes do *apartheid*, nosso país encontrou uma cura por meio dele" – ele ficou obcecado com a justiça restaurativa e viajou para um instituto de pacificação em Vermont para aí obter um certificado. Então voltou com um pedido para as autoridades prisionais. Deixe-me introduzir a justiça restaurativa em Pollsmoor, ele sugeriu. Dê-me seus prisioneiros mais difíceis e deixe-me trabalhar com eles, trazendo voluntários para fazerem o mesmo.

Seu pedido veio na hora certa: enquanto o *apartheid* estava sendo desmantelado, o sistema prisional sul-africano foi radicalmente reformado. Pollsmoor foi desagregado em 1991. Pouco depois, a Lei das Prisões foi alterada. O Serviço Prisional tornou-se DCS – o Departamento de Serviços Correcionais. O confinamento solitário e o castigo corporal foram abolidos e o DCS prometeu respeitar os direitos fundamentais de todas as pessoas na prisão. Em 1997, um diretor renomado, Johnny Jansen, assumiu Pollsmoor e pela primeira vez abriu suas portas para uma série de ONGs, ansiosas por tornarem o lugar mais humano. O programa Diálogo Vítima-Infrator foi introduzido e ainda é elogiado num site do DCS saturado do vocabulário da justiça restaurativa.

Seguindo essas linhas, Jonathan continua, a África do Sul abre as portas de muitas audiências de livramento condicional para as vítimas e incentiva os prisioneiros a entrarem em contato com suas vítimas. Na verdade, Jonathan explica, aqueles que *não* tentaram dialogar com suas vítimas diminuem severamente suas chances de obter livramento condicional. Isso aumenta muito a pressão sobre o homem que é, devido aos cortes no orçamento, o único programa de justiça restaurativa de Pollsmoor na cidade. A administração quer que os prisioneiros obtenham livramento condicional – não por amor à misericórdia, mas porque simplesmente não há mais espaço no sistema sobrecarregado para todos.

Em Pollsmoor há um assistente social para cada cerca de trezentos prisioneiros. Eles avidamente encaminham os prisioneiros para Jonathan, que não aceita todos e não promete nada, incluindo a cobiçada carta de apoio que aumenta as chances de livramento condicional. Mas ele às vezes se pega vasculhando os cantos e fendas das *townships* como um caçador de recompensas enlouquecido. *Você viu esse homem que eles chamam de Nordling? Você conhece a mãe do homem que foi assassinado aqui há dois anos? A garota que foi estuprada do lado de fora daquela birosca, sete meses atrás?* Ele está procurando vítimas na esperança de fazê-las comparecerem a audiências de livramento condicional ou dialogarem com seus infratores, qualquer coisa que o faça sentir que pode, em sã consciência, endossar seus prisioneiros como genuinamente arrependidos e, portanto, dignos de libertação.

Mas como você sabe quem está genuinamente arrependido? Pedir desculpas – e essa é a *bête noire* da justiça restaurativa – dá margem para o que o filósofo John Drabinski chama de "narcisismo obstinado", que nos faz passar rapidamente pela dor do outro "a fim de 'promover', por falta de uma palavra melhor, esse novo eu que (supostamente) surgiu após o dano que causamos". A tarefa – impossível – de Jonathan é brincar de Deus com o coração de um prisioneiro e descobrir quem está professando graça barata.

"Os homens me dizem: 'Quero pedir desculpas. Eu estava errado. Sinto muito.' E eu digo a eles: 'Não se trata de você! Trata-se da sua vítima. Não das *suas* necessidades. Das necessidades da sua vítima.'"

"A condicional uma vez me pediu para marcar uma mediação envolvendo um cara que matou o filho de um *gangster* famoso. Eles disseram: 'Precisamos que isso seja feito rápido, rápido!' e eu disse: 'Segure seus cavalos! Isso é algo delicado. Algo perigoso, entende? Preciso de seis meses.' Conversei com os homens daquele *gangster*. Fiz o dever de casa na comunidade. Então fui até o próprio *gangster* e prestei homenagem – segui o protocolo. No final, eles se sentaram juntos e apertaram as mãos. Ele conseguiu livramento condicional. Não tem havido assassinatos desde então." Jonathan balança a cabeça vigorosamente. "Foi um caso difícil."

Ele retorna ao leme e coleta os registros de confissão.

"Como foi isso? Escrever essas confissões, falar sobre elas em suas mesas?"

"Estamos nos abrindo e revelando coisas sobre as quais não podemos falar", Jerome grita, soando muito como um aluno faminto pela aprovação do professor.

"Em toda a minha vida nunca tive alguém com quem pudesse falar sobre sentimentos", interrompe Yahiya, Ray-Bans ainda estilosamente empoleirados no seu *takiya* branco. "Agora posso pensar que a minha vida não é apenas uma", ele desliza para o africâner.

Jonathan: "Ele está usando a linguagem da prisão – significa um fracasso, um desastre. Sua vida não é só um fracasso, certo?"

Gerswin se levanta. “Confesso que fiz promessas à minha família de ficar fora da prisão. Mas então eles me decepcionam e eu reajo e sou violento. E então acabo na prisão novamente.”

Jerome, novamente: “Confesso que roubei. Para alimentar minha namorada.”

“Para alimentar sua namorada?” Jonathan o pressiona.

“Bem, um pouco para ela. E para festejar”, Jerome admite.

“E o que mais?” Jonathan vê através dele.

“Bem, drogas.” A metanfetamina é um item básico onipresente na vida da *township*, inextricavelmente ligada ao crime.

“Você ainda está com essa namorada, para quem você roubou?”

Jerome balança a cabeça.

“Veja, isso” – Jonathan golpeia o ar com seus dedos magros em Jerome, que agora está abaixando a cabeça –, “é um exemplo perfeito do que chamamos de *erro de pensamento*. Certo? Ele está culpando outra pessoa, quando na verdade quem é o culpado? Ele mesmo. Você roubou para poder usar drogas. Não para outra pessoa – para *você*.”

Então é hora dos telefonemas, como prometido ontem.

“Gerswin, você ainda quer que eu faça essa ligação?”, Jonathan pergunta. “Você não tomou uma decisão emocional – você está pronto para isso?” Gerswin concorda, mas parece manifestamente desconfortável. Jonathan saca seu BlackBerry.

“Olá! É – quem? Maria?”

“Essa é a minha mãe”, Gerswin chama. Ele está balançando para frente e para trás, sua perna direita tremendo.

Jonathan muda para africâner no telefone. *“Ja, Ja”,* ele concorda. Mais africâner. Ele desliga.

“Ela disse que está cozinhando e trabalhando agora, então não pode falar. Mas ela disse que podemos ligar de volta mais tarde e ela falará. Ela me perguntou imediatamente, quando eu disse o nome do filho dela, 'O que ele fez?'" Gerswin parece totalmente desanimado.

A próxima ligação é para a mãe de Jerome. Ela é quem mais fala; Jonathan anda de um lado para o outro com o telefone no ouvido, repetindo *"Ja, Ja"* e passando a mão pelo cabelo.

Jonathan desliga e anuncia: "'Estou dormindo bem agora', ela diz. 'Mas quando ele está aqui, eu não durmo. Preocupo-me com a minha segurança quando ele está aqui e não consigo dormir. Ele traz problemas e violência. Não acho que irei visitá-lo no sábado, ele sabe o porquê'. Ela diz a você, Jerome: 'Eu o amo, mas não quero você em casa'. Ela espera que você fique na prisão porque ela não pode estar segura se você estiver fora e ela diz que você e a família acabarão mortos".

Suas palavras cortam ferozmente a sala. Jerome agarra a cabeça com as mãos.

"Como você se sente?" Jonathan lhe pergunta.

Ele não diz nada, as mãos ainda segurando a cabeça. Então, suavemente, sem olhar para cima: "Isso me faz querer desistir. Voltar para aquele estilo de vida, cometer crimes".

Jonathan coloca a mão no ombro de Jerome.

"Você não está sozinho", ele lhe diz. "Nós o apoiamos, senhor. Acreditamos que você pode mudar."

Tal mudança exige confronto com as vítimas, e frequentemente os programas de justiça restaurativa usam um substituto, uma vítima de crime violento cuja dor representa a de todos aqueles injustiçados pelas ações dos prisioneiros. Em Pollsmoor hoje é Robin Crawford. Pequeno, grisalho e avô, ele fala suavemente e quase imparcialmente do dia em que foi violentamente atacado por uma gangue em Joanesburgo.

"'Nós vamos te dar AIDS, seu branco filho da puta', eles gritaram para mim", Robin diz fracamente. "Eles abaixaram minhas calças até os tornozelos e me sodomizaram. Eu estava gritando. Sangue jorrava de todos os orifícios. Passei quatro semanas no hospital me recuperando, numa unidade de trauma. Havia um buraco no meu tornozelo, feito por uma laje de concreto que foi apontada para a minha cabeça. Eu não conseguia dormir porque estava rígido de medo. Eu não conseguia urinar, não conseguia evacuar. Eu me recusei a olhar no espelho. Amigos vieram me visitar e me disseram que o meu rosto parecia um pedaço de fígado cru."

A sala para de respirar por um momento.

"Respostas a isso?" Jonathan pergunta. Robin parece desamparado. Os homens de laranja estão silenciados.

"Eu me sinto mal com esses crimes no meu próprio país", grita um facilitador.

"Se essa fosse a sua vítima, o que você diria?" Jonathan pergunta. Ninguém se mexe. "Alguém tem coragem de dizer alguma coisa?"

"Desculpe", Jerome grita, fracamente.

"Não o suficiente!", Jonathan troveja. As respostas chegam aos poucos.

"Você é muito corajoso."

"Deus o abençoe."

"Sinto muito e, por favor, me perdoe. Mas preciso mudar minha vida."

Os homens são instruídos a escreverem cartas para Robin, expressando o que eles podem dizer a ele e às suas próprias vítimas. Volto para a Confissão para colocar as palavras de Gerswin no papel.

"'Querido Robin'", Gerswin começa. Ele está pronto, palavras famintas para serem liberadas. "Espero que você continue a usar sua dor para nos dar força. Obrigado por compartilhar sua dor conosco. Lamento sua dor." Dobramos a carta e esperamos.

Gerswin me dá mais uma olhada. Então ele começa a falar comigo. Primeiro, sobre sua vida em Pollsmoor. Como a maioria dos moradores aqui, ele divide seus alojamentos abarrotados com mais de três dúzias de outros; ele fica trancado lá diariamente das 16h – quando os guardas saem e o lugar se torna um notório vale-tudo – até as 6h. Então ele começa a falar sobre sua vida do lado de fora, os esfaqueamentos nas ruas, o número de homens que ele acha que assassinou, ele não tem certeza de quantos. Sobre as gangues Números, às quais ele pertence – "nós surgimos como uma boa gangue, para lutar contra o *apartheid*, originalmente". Diz a lenda que as Números nasceram quando dois homens zulus, Po e Nongoloza, se propuseram a roubar postos avançados coloniais num esforço para redistribuir a riqueza do país. Durante o *apartheid*, eles lutaram pelos direitos dos prisioneiros, exigindo camas, comida decente, o direito de usar relógios e, assim, ter algum controle sobre a passagem do tempo.

Gerswin diz que não consegue contar as vezes que esteve atrás dessas grades. E ele sabe que é procurado nas ruas da sua *township*, tanto que recusou o livramento condicional da última vez porque sabia que voltaria ao seu antigo estilo de vida.

O almoço é servido. Gerswin pede a Ebrahim uma refeição *halal*.

"Seis meses atrás, me tornei muçulmano", ele explica. "Alguns dizem que é uma habilidade – como se diz? – como um golpe. Como se eu estivesse fingindo. Mas eu sei a verdade." Ele bate no peito.

Mastigando seu sanduíche de mortadela, ele explica que vai pedir livramento condicional no mês que vem. Então descreve seu vício em drogas, como isso o consumiu, o destruiu, dominou sua vida. Ele coloca seu sanduíche de mortadela na mesa e me olha nos olhos. Percebo uma cicatriz profunda entre suas sobrancelhas, abaixo da tatuagem de estrela, como um vinco permanente.

"Quando eu precisava de drogas, Baz, eu faria qualquer coisa. Eu teria atirado no rosto do pastor Clayton. *No seu rosto*". Eu acredito nele. Mas isso é uma confissão ou uma ostentação?

"Como você se sente sobre o telefonema para sua mãe?"

"A resposta dela será pior do que a do Jerome. Eu disse isso a ele. Ela dirá coisas piores sobre mim."

"Como você se sente acerca disso, no entanto?" Ele dá de ombros.

"Eu superei isso."

"Sério?" Ele assente, mastigando, seu rosto como pedra.

"Às vezes", eu digo, "achamos que superamos as coisas, mas isso está nos impactando de tudo quanto é maneira – nem percebemos." Ele dá de ombros novamente, as pernas tremendo.

Robin, enquanto isso, começa a ler as cartas. Depois da quarta, ele olha para cima.

"Estou tocado além de qualquer palavra", ele anuncia, ternamente. Ele continua lendo. Mais tarde naquele dia, proclama que gostaria de se voluntariar como facilitador nesse programa. É um momento de tirar o fôlego, um *flashback* de Ruanda, um ato de perdão e reconciliação que muitos consideram impossível.

Mas eu conheço os dados que dizem que é possível, estudos psicológicos provando o poder do "perdão" e repensando o que as vítimas realmente querem. A literatura sobre justiça restaurativa descreve as quatro necessidades das vítimas: respostas verdadeiras; empoderamento; restauração do respeito, geralmente alcançada pela contação reiterada de suas histórias de dano; e restituição, que pode ser uma declaração de responsabilidade ou uma retribuição literal. Tais necessidades são mais bem atendidas por meio do diálogo, não de punição e julgamentos, que geralmente marginalizam as vítimas, transformando-as em observadoras passivas. Um estudo da Comissão Nacional de Verdade e Reconciliação do Chile, por exemplo, conduzido em 1991 para abordar os abusos de direitos humanos que ocorreram durante o regime de Pinochet, mostrou que quase ninguém queria vingança; eles queriam justiça e verdade, e honrar entes queridos perdidos, e a garantia de que as atrocidades não aconteceriam novamente. Demonstrou-se reiteradamente que as vítimas que participam do diálogo vítima-infrator sentem menos medo e experimentam altos níveis de satisfação com o sistema de justiça criminal.

A filósofa Hannah Arendt chamou o perdão de "a única reação que não apenas re-age, mas age de maneira nova e inesperada, sem ser condicionada pelo ato que a provocou". O perdão é um milagre – um milagre que melhora a vida. Psicólogos sociais, do desenvolvimento e clínicos começaram a mapear esse milagre na década de 1990, definindo-o como um estado no qual o ofendido já não é movido negativamente por evitar o ofensor ou se vingar dele, e, em vez disso, é alimentado por motivações construtivas e pró-sociais. Ferramentas como a Escala de Perdão aos Outros e o Inventário de Perdão foram criadas para medir impulsos misericordiosos e vingativos. Um estudo mostrou que sentimentos de vitimização incorrem em passividade, tornando as pessoas menos eficientes com tarefas cotidianas e mais rápidas em desistir. Em 1998, dois psicólogos pesquisaram sobreviventes de abuso sexual na infância e, encontrando melhores relacionamentos conjugais entre aqueles que pontuaram mais alto na escala de perdão, concluíram que o perdão em um domínio se traduz em outro. E um estudo de 2008 relatado no *Journal of Personality and Social Psychology* descobriu que, longe de produzir um desfecho, a vingança aumenta a agressão irresoluta de uma pessoa ao fazer com que se fixe no infrator.

Os participantes de outro estudo foram solicitados a recordar um evento ofensivo específico e se envolver em quatro tipos de atitudes imaginárias: focar na mágoa, nutrir rancor, ter empatia pelas qualidades humanas do ofensor ou perdoar. Durante a última, os sentimentos de perdão dos sujeitos se manifestaram fisiologicamente – eles mostraram menos elevação na pressão arterial sistólica e diastólica e menor frequência cardíaca ao relembrar o evento. Em outro trio de estudos conduzidos por psicólogos em 2002, os participantes foram solicitados a se imaginarem como vítimas de assalto e então imaginarem receber, no dia seguinte à vitimização, um pedido de desculpas, restituição, ambos ou nenhum. Quando as vítimas receberam fortes pedidos de desculpas, elas relataram sentir menos vingança, raiva e medo, e mais perdão; quando receberam tanto o pedido de desculpas quanto a restituição, as magnitudes do efeito quase dobraram.

No final das contas, a retribuição tem um efeito de reação que prejudica a todos nós. Em um experimento de 1999, estudantes universitários do sexo masculino foram levados a acreditar que quebraram inintencionalmente um equipamento de laboratório. Então, do pesquisador, eles receberam perdão, retribuição, ambas as respostas ou nenhuma. Em seguida, o pesquisador pediu aos participantes que entregassem materiais em vários escritórios no *campus*. Os participantes que receberam perdão mostraram a maior conformidade com essa solicitação, enquanto aqueles que receberam retribuição mostraram a menor conformidade. A qualidade de gratuidade do perdão recebido pelos infratores tornou a desigualdade tão tangível que os compeliu a restaurar a equidade realizando um ato positivo de restituição. Em outras palavras, punir as pessoas perpetua ações destrutivas – e, portanto, aumenta o crime – ao amplificar ressentimentos. O perdão promove a ordem social e a paz.

* * *

É hora de ligar para a mãe de Gerswin. Ela pode falar agora, e o faz, em um africâner rápido e carregado de emoção, que Jonathan compartilha com todos nós depois de desligar.

"As pessoas estão procurando por você na comunidade", ele começa, gravemente. "Suas duas irmãs vivem com medo por causa da sua afiliação a gangue. A palavra que usam para você é *buta* – irmão mais velho –, suas irmãs o chamam assim. Existe esse tipo de respeito por você, não é? Suas irmãs sentem falta de terem o irmão mais velho."

O rosto de Gerswin ficou branco. Sua perna treme em ritmo acelerado. Jonathan continua.

"Seu primo levou dez tiros, seu amigo onze. Sua mãe quer você fora da prisão, mas não tem garantia de que possa mantê-lo fora. Suas irmãs precisam de você. É isso que ela diz. Ela não acha que possa mantê-lo fora da prisão; a família não está segura se você estiver em casa."

"Mas eu tentei", vem o protesto de Gerswin, que ele deixa escapar com angústia. "Eu tentei entrar em contato. Ela sempre, certo? Ela dá desculpas para não me ver e falar comigo."

"Há quanto tempo?", pergunta Jonathan. "Há quanto tempo você tenta entrar em contato com ela?"

"Três anos desde que as vi."

"Vou trazer sua mãe e sua irmã aqui amanhã. Vou mandar um carro buscá-las e elas virão aqui para você conversar." Jonathan caminha até nossa mesa e coloca a mão no ombro de Gerswin.

"Você está chorando por dentro. Chorando por uma mãe. Vou trazê-la para você amanhã."

Gerswin parece sobrecarregado: emocionalmente perdido, como se tivesse recebido um conjunto de ferramentas para um trabalho, mas não soubesse qual é o trabalho ou como usá-las.

"Baz, eu nunca me dei a chance de falar com as pessoas dessa forma", Gerswin proclama, exalando alívio.

"Como você se sente?", pergunto.

"Ótimo", ele diz, seu rosto iluminado. "Agora minha mãe – ela não pode fugir, ela vai responder. Ela terá que responder. Finalmente. Amanhã."

Saindo de Pollsmoor naquele dia, me perdi em memórias do Ano-novo de 2005. Eu estava na casa dos 20 anos, apaixonada de maneira sem precedente por um homem maravilhoso e cheio de falhas que havia se mudado do Caribe para os Estados Unidos apenas um ano antes. Jon me deixou muito feliz até o dia em que recebi um telefonema de sua esposa sobre o filho deles, cuja existência de ambos era novidade para mim. Fiquei chocada. Com o tempo, me curei; todos nós nos curamos, eventualmente, quando superamos nosso senso egoísta de sermos singularmente injustiçados pelo universo. Ele e eu voltamos a ficar juntos, indo e voltando, por vários anos, durante os quais ele justificou seus erros com desculpas totalmente legítimas, mas completamente exasperantes: racismo, falta de educação, uma economia horrível e as dificuldades de obter um *Green Card*. E por anos, eu cobicei uma única coisa dele, um pedido de desculpas. Nosso amor demorou muito para acabar porque exigiu que eu perdoasse um homem cuja admissão de erros veio aos trancos e barrancos e, no final das contas, tarde demais.

Por que o meu pequeno desgosto me lembra Pollsmoor? Não tenho o direito de conectar algo tão pequeno a algo tão grande. No entanto, Gerswin de alguma forma me lembra Jon. Ambos são produtos de um sistema contra eles. No entanto, ambos ainda têm a tarefa de lentamente vestir o manto da responsabilidade, admitem erros em explosões fugazes que inspiram, mas, como tendem a não durar, potencialmente decepcionam. Ambos herdaram um defeito inerente, por falta de uma palavra melhor, de todo um estilo de vida. Sou abençoada por nunca ter sido vítima de um crime grave e não tenho o direito de comparar nenhuma experiência àquela. Mas fui vítima de dano emocional por outra pessoa.

Assim como todos nós. Certamente você conhece pelo menos uma letra escarlate viva e respirando – alguém que errou, talvez até gravemente, talvez até contra você, e está se esforçando para se corrigir. E às vezes não apenas se corrigir, mas supercorrigir, se revisando e se refazendo de maneiras que até mesmo aqueles de nós com os melhores terapeutas podem meramente aspirar. Chame-os de Santos Agostinhos modernos, Malcolms X, Marias Madalenas – há uma razão pela qual a religião e a tradição estão cheias de pecadores que se tornaram santos; almas anteriormente falhas se limpam das maneiras mais nobres. Então, não importa quão longe você viva, literal e metaforicamente, de uma prisão, você teve de lidar com cometer erros, com perdoar e ser perdoado. É por isso que as prisões não são realmente estranhas para ninguém; elas são algo que todos nós podemos, num nível teórico, compreender visceralmente.

* * *

"Oh Fiel": um novo hino entrou na lista de canções matinais. Tenho tentado manter meus preconceitos religiosos sob controle, meu sentimento de que na prisão a religião se torna o caminho para a complacência e a passividade, porque reconheço que ela também pode servir a fins positivos. Os Estados Unidos também reconheceram isso; em 2003, a Flórida se tornou o primeiro estado a dedicar uma unidade correcional inteira a um modelo baseado na fé, abrindo a primeira de quatro Faith-Based Character Institutions [Instituições de Caráter Baseado na Fé]. Nelas, cerca de 3.300 homens dedicam seu dia a atividades religiosas, incluindo adoração, estudo das escrituras, mentoria e programas de desenvolvimento de caráter relacionados à criação de filhos e ao gerenciamento da raiva. Funcionários e voluntários relataram melhorias nas atitudes e comportamentos dos prisioneiros, enquanto os próprios prisioneiros descreveram as FBCIs como menos estressantes e mais propícias ao autoaperfeiçoamento do que as prisões tradicionais.

Guardando meu ceticismo, analiso o objetivo diário, que é "incutir os valores essenciais de honestidade, respeito, confiança e integridade". O pastor Ron, usando óculos escuros, está conosco hoje, assim como Dennis. Gerswin, usando um *takiya* branco que combina com o de Yahiya, me dá um aperto de mão caloroso enquanto me sento à mesa para a discussão inicial. Anthony oferece seu sorriso desdentado característico e Ebrahim acena friamente na minha direção.

Quando solicitado a abordar sentimentos para com a sua vítima, Gerswin diz categoricamente: "Bem, pastor Ron, eu me senti muito mal". Será que detectei um sorriso irônico?

"Não quero falar sobre a minha vítima", diz Ebrahim.

Levantando uma mão de sua barriga redonda, o pastor Ron toca a bochecha de Ebrahim. "Você estará pronto para se curar em breve, meu filho", ele suspira. Então, a mão levemente colocada no peito de Gerswin, perto do coração: "Você também, meu filho".

"Vocês dois são muçulmanos, sim?", ele continua. Os dois prisioneiros concordam.

"Vocês são verdadeiramente cristãos, em seus corações." Mão nas bochechas novamente. "Eu vejo, sim. Cristãos. Vocês amam Jesus, profundamente, em suas almas. Em seus corações." Mão nas bochechas, mão nos corações.

"Vamos orar por Gerswin", diz Dennis, cabeça baixa e olhos semicerrados. Eu engulo minha crescente exasperação e abaixo minha cabeça. Um momento de silêncio pela alma perdida e não cristã de Gerswin.

Cabeças erguidas. "Você está disposto a desistir do seu número, Gerswin? Chega de gangsterismo?"

"Não, pastor Ron."

"Você vai continuar carregando uma arma de fogo?"

"Não é tão fácil, pastor Ron. Mas pastor Ron, eu não vou usá-la. Serei um bom homem quando voltar para casa."

O pastor já passou para Ebrahim. "*Você* vai desistir do seu número?" Ebrahim abaixa a cabeça, um olhar travesso em seus olhos verdes. Ele não diz nada. O pastor Ron murmura algo sobre Jesus salvando e continua. "Ebrahim, quando você deixar este lugar, você vai ceder à pressão dos colegas?"

"Não, pastor Ron."

"E Gerswin, onde você vai morar quando voltar para casa?"

"Com a minha antiga comunidade. Com meus velhos amigos, mas também com meus inimigos. Dessa forma, posso mostrar a eles o caminho certo, que eu mudei."

"Excelente ideia, Gerswin!"

Ideia terrível! Eu já não consigo me conter.

É hora do intervalo, mas Gerswin e eu ficamos parados enquanto todos os outros vão ao banheiro. Pergunto a ele, sem rodeios, se está apenas agindo mecanicamente, dizendo ao pastor o que ele quer ouvir. Ele balança a cabeça vigorosamente. Mas Gerswin, vamos falar sobre o seu plano de jogo. O debate fica acalorado. Digo a ele que, quando meus alunos nos Estados Unidos voltam para casa, eles evitam seus antigos bairros como uma praga, para não voltarem aos velhos estilos de vida. Muitos deles querem trabalhar com jovens em risco e compartilhar sua sabedoria conquistada com muito esforço, mas percebem que precisam ter certeza de que se salvaram antes de saírem salvando todos os outros. Ele está inflexível de que pode resistir e insiste que tem um chamado para guiar os jovens na direção certa.

Finalmente, parado, ele me pergunta se eu irei com ele para encontrar sua mãe esta tarde. Ela está a caminho. Jonathan pediu para alguém buscá-la e escoltá-la para fora da *township*.

Naquela tarde, Jonathan e eu fomos até a área de entrada do prédio para cumprimentar a irmã de Gerswin e sua mãe, apenas alguns anos mais velhas do que eu. Ela nos dá um olá denso e relutante e se senta bufando no banco da sala de espera. Sua irmã de 19 anos, vestindo *jeans* e uma blusa vermelha justa e faixa na cabeça, imediatamente começa a soluçar. Sento-me ao lado dela.

"Eu não queria vir", ela me diz, um rio de lágrimas escorrendo pelas bochechas coradas. Sua mãe olha fixamente para a parede. Eu lhe entrego um lenço de papel. Você está na escola, eu pergunto? Não. Trabalha? Ela balança a cabeça.

"Eu só, você sabe. Saio", ela funga.

Jonathan nos guia até o escritório da assistente social. Ela nos cumprimenta calorosamente, em um africâner estrondoso. Seu uniforme de prisão de estilo militar lembra o usado pelos guardas, botas de combate e tudo. Ela acabou de saber sobre essa reunião de reconciliação esta manhã, mas ela fará o seu melhor.

Gerswin entra. Ninguém move um músculo enquanto ele se joga entre a sua mãe e a sua irmã, que ele não vê há três anos, e olha para frente, impassível.

"Drukkie!", ordena a assistente social. Gerswin obedece e dá um abraço forte na mãe. Enquanto ele abraça a irmã, seus soluços retornam. Gerswin está visivelmente comovido e não a solta. Sua mãe continua a olhar para a parede e as lágrimas de sua irmã deixam grandes manchas molhadas no ombro de seu uniforme laranja. Ele agarra a mão dela e ela agarra um lenço de papel enquanto a assistente social orquestra um diálogo, Jonathan intervindo de vez em quando para traduzir para mim.

É uma partida de pingue-pongue emocional. A mãe chegou bêbada uma noite do *shabeen*, com o marido a reboque, e tentou esfaquear o próprio filho. O filho tem cometido crimes desde os 10 anos, quando vendeu as roupas novas que a mãe lhe comprou para a escola e usou o dinheiro para comprar drogas. Sim, ela também lutou contra drogas e álcool. Mas ela o teve quando tinha 15 anos, depois de ser estuprada pelo homem que apareceria bêbado no dia do seu casamento.

"Ele tem vinte e seis agora!" diz a mãe, com o dedo em riste e levantando a voz. "Ele tem uma filha de 8 anos. Ela está em perigo! Nós também!" A raiva enche a sala como fumaça perigosa e Gerswin adota um semblante que eu ainda não tinha visto nele: sombrio, aflito, confuso e perdido.

"Você nunca me protegeu de nenhum daqueles homens que você levou para casa!" Gerswin aperta a mão da irmã com ainda mais força. "Você nunca protegeu a *ela*!"

De repente, sentindo profundamente que não devia estar aqui, sinalizo para Jonathan que estou pronta para sair. Deixo os profissionais e a família trabalharem com privacidade. Evoco um sorriso de apoio para Gerswin e saio pelos portões.

* * *

Os dias e as horas passam em Pollsmoor, carregados de narrativas e dor. Há o momento em que Anthony assume seus erros em relação à esposa – "quando éramos casados, eu assistia a rúgbi em vez de ir com ela a casamentos, a reuniões" – então balança a cabeça e prossegue, admitindo erros muito maiores. Passei a vida correndo atrás de mulheres e dinheiro. *Estuprei a minha própria enteada.*

Há o momento em que Gerswin, mais calmo e sombrio após o encontro com a sua mãe, admite estar emocionalmente abalado.

"Eu sinto – o que você diz? – duas coisas ao mesmo tempo. Vejo que minha mãe também é uma vítima. Tive que ver minha irmãzinha, ela me ama e eu a machuquei. Vejo o efeito cascata de minhas ações e meu crime." Fico impressionada com seu uso do vocabulário da justiça restaurativa; aparentemente as lições estão sendo assimiladas.

"Mas fico com raiva, Baz. E então eu penso, por que eu deveria parar com minhas ações? E é isso, veja – eu quero – um pai. Tenho inveja dessas famílias felizes. O que eu tive? Zero. Drogas."

E há também a tarde num café, pós-Pollsmoor, quando peço a Jonathan para me contar a longa história de como ele veio a dedicar sua vida à justiça restaurativa.

Ele cresceu em Paarl, perto de Winelands, fora da Cidade do Cabo. Seu avô perdeu sua fazenda em apreensões de terras do *apartheid*, e as únicas pessoas brancas que ele viu foram aquelas que vieram pregar em sua igreja ultrarrígida, ao mesmo tempo em que se recusavam a reconhecer o *apartheid* como um erro moral. Ele foi ensinado a reverenciá-las. "Naquela época, se uma pessoa branca sorrisse para você, você pensaria que era o próprio Deus", ele ri.

Quando sua mãe estava grávida dele, sua vizinha também estava grávida – do mesmo homem. Seu pai então teve um caso com a empregada antes de finalmente abandonar a esposa e os sete filhos. Abandonando a escola no décimo ano para trabalhar numa fábrica e sustentar a mãe, Jonathan descobriu que se tornaria exatamente como o pai.

"Eu amava as mulheres. Entreter as mulheres, estar na companhia de mulheres. E para fazer isso eu precisava de dinheiro." Ele o pegava onde e como podia, por meio de esquemas de cartão de crédito, pequenos furtos, pequenas trapaças.

"Quando finalmente fui preso, minha mãe foi até a delegacia e disse: 'Vou rezar por você, meu filho.' Outro primo veio com uma Bíblia e eu quase cuspi na cara dele. Eu não queria ter nada a ver com religião." Condenado a uma sentença de seis anos, ele acabou indo parar numa unidade de segurança máxima de Pollsmoor, a única seção de pessoas de cor com leitos disponíveis. Ele aprendeu inglês atrás das grades.

O bom comportamento lhe rendeu liberdade antecipada, em 1990. Nos portões, esperando por ele, estava a única mulher que manteve contato com ele durante seu encarceramento, uma amiga de infância chamada Jenny.

"Ela disse que duas coisas estavam na agenda para aquele dia, o dia da minha soltura." Jonathan sorri um sorriso largo, como se estivesse saudando a memória. "'Um: minha mãe orava por você todas as manhãs – você vai se juntar a ela para orar. Segundo: vou levá-lo ao seu pai.' Eu disse: 'Jenny, você está louca'. Eu odiava aquele homem com paixão – ele nunca veio me visitar. *Odiava*, certo? Mas fiz o que Jenny disse. Fomos até a casa do meu pai e eu entrei, e um menino de 5 anos correu até mim, colocou os braços em volta do meu pescoço e me chamou de *buta*, 'grande irmão'. Eu tinha 31 anos e o abracei. Peguei a mão do meu pai. Essa foi a minha primeira experiência com a justiça restaurativa, sem saber."

"Conheça a minha esposa!", Jonathan anuncia em Pollsmoor um dia. Jenny, toda sorridente em seu batom cor-de-rosa, usa um elegante terno preto e branco e seu cabelo preto está preso num rabo de cavalo elegante. Ela também é uma Pastora Clayton, uma ministra que dirige *workshops* de justiça restaurativa na prisão feminina de Pollsmoor, ao lado. Jonathan havia pintado o namoro deles para mim em detalhes brilhantes. Ele a conheceu durante seus dias rebeldes e mulherengos – "Eu joguei olhares para ela quando estava na casa da minha namorada. Ela não aceitou, né? Mas nos tornamos amigos." Eles mantiveram contato, mesmo depois da prisão dele. E em 1º de janeiro de 1989, depois de ele ter ficado preso por pouco menos de um ano, ela o surpreendeu ao aparecer. Eles se correspondiam em cartas longas e detalhadas, e Jonathan mantinha notas meticulosas de cada visita dela. Após a morte de sua mãe, ele começou a endereçar suas cartas para "minha querida Jenny". Mas o tempo todo ele presumiu que estava forçando a barra. Ela nunca se casaria, ele pensava. A vida dela seria dedicada à igreja. Então ele apenas insinuava, mesmo depois da soltura, quando trabalhava horas extenuantes dirigindo um caminhão para uma padaria e eles todos os dias passavam algum tempo juntos. Mesmo, também, depois que colocou a mão na perna dela e ela não a removeu. E mesmo depois que a levou para jantar, escondeu um anel de diamante na sobremesa dela, mas não conseguiu pedi-la em casamento. Finalmente, em 1991, Jenny se virou para Jonathan e disse: "A resposta é sim. Você se lembra da pergunta?"

Os prisioneiros olham para Jenny, impressionados, enquanto ela narra uma apresentação de *slides*: *Os Claytons*. Amy Joy tem 18 anos, Kara Chloe 15. "Eu nunca disse a elas para servirem a Deus. Elas escolhem viver retamente como vivem", ela diz. Aqui estão elas indo para o baile, em vestidos que lembram bolos de veludo vermelho. Aqui estão elas em suas melhores roupas de igreja, todas sorrisos e graça. Os olhos de Jerome e Gerswin se arregalam ao contemplarem a família perfeita que nem eles nem nenhum homem nesta sala tiveram o privilégio de ter.

"E essas meninas", continua Jenny, irradiando sorrisos, "elas não têm vergonha de dizer que seu pai estava na prisão. Você sabe por quê?"

Por quê? Os homens, em transe, praticamente gritam.

"Porque o que vocês são hoje é mais importante do que o passado. Isso é o que eu digo a vocês, meus amigos. Cada dia é uma nova chance de fazer uma correção de ontem."

* * *

Esse derradeiro dia da correção finalmente chega. É um momento de acerto de contas. Os homens de laranja colocarão sua semana de busca da alma à prova confrontando aqueles mais impactados e vitimizados por seus atos, suas famílias. Anthony me cumprimenta com a notícia de que o seu livramento condicional foi negado mais uma vez. Digo a ele que recebi recentemente a mesma notícia dos Estados Unidos, onde um conselho de livramento condicional composto de nomeados políticos decidiu que vinte e três anos não é punição suficiente para um dos meus alunos mais promissores, que está na prisão desde os 18 anos. "A vítima quer mais tempo de você", disseram ao meu aluno. Será que também quer uma libra de carne? Eu queria gritar com raiva para o conselho. Que tipo de sistema de justiça cultiva níveis tão profundos de vingança?

"Não há muito por aí" – Anthony gesticula em direção à janela, o arame farpado, a Cordilheira Constantia, com um encolher de ombros – "para alguém como eu. Eu provavelmente sou – eu provavelmente pertenço a este lugar. Eu sou velho." Ele encolhe os ombros novamente. "Talvez eu morra aqui."

Os familiares de Anthony não conseguiram chegar hoje. Mas muitos outros conseguiram. Esposas, pais, mães, avós, filhos e filhas crescidos entram aos poucos e se sentam em bancos no meio da sala. É uma cena de reencontro de apertos de mãos estranhos e olhares desconfiados em vez de abraços calorosos. Jerome, cujo telefonema com sua mãe o havia afetado dias antes, olha nervosamente ao redor da sala e coça o queixo, onde tênues traços de uma barba começaram a brotar. Será que a sua mãe vai aparecer?

"Bem-vindos!" Jonathan estronda. "Bem-vindos à sua oportunidade de restaurar relacionamentos rompidos! É o *seu* momento. Venham e façam declarações. Digam a eles, digam a nós, como vocês se sentem, está bem? Vocês podem dizer, se quiserem, 'Estou triste'. Ou 'Estou com raiva'. Ou talvez vocês queiram fazer perguntas: 'Por quê?' 'Quanto tempo dura sua sentença?' Essa é a sua chance de terem respostas, tudo o que vocês queriam saber. Não para degradar, mas para restaurar. Venham para a frente!"

Eles vêm. Ansiosamente. Primeiro, a irmã mais velha de Yahiya. Ela encara o *gangster* que é seu irmão, que fica de pé com as mãos nos quadris, transferindo o peso de uma perna para outra.

Yahiya falou a semana toda sobre ser odiado, rejeitado por sua família desfeita. Durante as sessões públicas, ele detalhou animadamente os sentimentos de raiva que isso lhe causou.

"Eu não conheço você. Não fomos criados juntos. Eu nunca o quis conhecer porque, pensei, ele é um criminoso." Ela avalia o seu irmão. Ele ajusta seus óculos escuros.

"Mas agora eu lhe digo: você é amado."

De repente, o *gangster* desaba em soluços. Ele esconde a cabeça nas mãos e chora incontrolavelmente enquanto sua irmã continua. "Vamos tentar restaurar esse vínculo agora. Meu irmão, vamos tentar." Ambos estão soluçando agora. Então, ao comando de Jonathan, eles se abraçam.

O prisioneiro branco não via a sua mãe há cinco anos. A mãe, viúva há apenas algumas semanas, segura o seu rosto com as duas mãos. "Olhe nos meus olhos, meu filho", ela diz. "Eu o amo incondicionalmente." O filho cai, em lágrimas, nos braços da mãe.

Assistir a essas narrativas se ampliarem diante dos meus olhos me tira o fôlego. Também aconteceu quando eu me sentei com Gerswin e sua mãe: "apologia" no sentido etimológico da palavra, do grego *apologos*, que significa "história". Tenho ouvido histórias a semana toda, confissões sobre infâncias, atos criminosos, erros familiares, mas quando o agressor e a vítima se reencontram, essas histórias são subitamente infundidas com novas dimensões, fornecidas por membros da família que também foram protagonistas críticos nelas. Em xhosa, em africâner, em inglês, os prisioneiros são solicitados, um por um, pelas pessoas que eles amam. *Diga-me a verdade.*

Você fez de mim um fracasso porque não consigo criar o meu próprio filho.

Como você pôde roubar da sua própria esposa?

"O ressentimento é uma paixão por contar histórias", escreve o filósofo Charles Griswold. A justiça restaurativa envolve ampliar e aprofundar essa narrativa para incluir a narrativa do infrator, que não se desculpa, mas explica. Dois arquitetos da justiça restaurativa, Barb Toews e Howard Zehr, propõem que o significado de um determinado crime deve ser determinado ativamente por meio do diálogo, e a justiça significativa só pode emergir quando "em coautoria pela vítima e pelo infrator".

As lágrimas de hoje, portanto, têm um tom avermelhado; são um derramamento de sangue. Repetidas vezes, vem um coro retumbante dessas palavras tremendas. *Sinto muito.*

Gangsters endurecidos desabam, berrando, nos braços de suas mães. Pais confessam amor por filhos que nunca conheceram de verdade. Rostos tatuados ficam inchados e úmidos. A vergonha é abundante e as horas passam; a fila fica maior à medida que os membros da família decidem que há mais a dizer, mais a perguntar. Alguns confrontos extrassensíveis, como a esposa enfrentando o marido que a estuprou, são realocados para serem tratados com privacidade. Mas o resto são atos públicos, um ritual de limpeza como nada que eu já tenha testemunhado.

Você me compra aquela bicicleta, papai, para que possamos pedalar juntos, como costumávamos fazer?

Jonathan interrompe o processo. "Podemos passar o dia todo aqui", ele diz. "Posso passar a próxima vida aqui, restaurando. Mas quero que todos tenham uma hora com a família, apenas para passar o tempo. Não fale sobre o clima! Esse é o seu tempo de qualidade. Continuem se conectando."

A mãe de Jerome nunca chegou. Jonathan mais tarde me conta que, quando o carro chegou para trazê-la até aqui, ela estava embriagada demais para fazer o percurso. Ele está caído em sua mesa, decepção e exaustão emocional tendo aniquilado a arrogância de *gangster* que ele exalava. Sento-me com Gerswin, que faz uma declaração.

"Baz, decidi que não vou pedir livramento condicional", ele diz, mordiscando um rissole de carne. "Não estou pronto. Agora sei que vou reagir mal. Preciso de mais tempo para trabalhar minha raiva. Preciso trabalhar com a minha família. Vou causar problemas se for para casa agora."

Pergunto se ele já ouviu falar de Malcolm X.

"É um rapper?"

Ofereço a ele o resumo da história do *gangster* que virou líder e que se educou atrás das grades americanas.

"Baz, eu vou lhe fazer uma promessa", ele diz. "Vou aprender a ler. Vou me matricular nas aulas de alfabetização. Eu prometo... Eu sinto muito, Baz. Pela minha família. Pela minha vida."

Todos os pedidos de desculpas são promessas, os chamados enunciados performativos – palavras que também são ações. O seu significado último, portanto, depende do futuro, e é por isso que o sábio judeu Maimônides definiu o verdadeiro arrependimento como um cenário no qual o pecador enfrenta a mesma tentação de fazer o mal, mas dessa vez resiste a ela. Eu acredito no pedido de desculpas de Gerswin e considero sua promessa sincera. Eu também acredito em muitos dos pedidos de desculpas que ouvi durante toda a semana. Mas o perdão raramente vem de uma só vez, mas sim em acessos e recomeços. Então, somente o futuro conferirá a todas essas palavras a sua verdadeira dimensão.

O dia termina com um retorno apoteótico. No primeiro dia do programa, Jonathan enviou um dos guardas para comprar três barras de chocolate na loja e as presenteou a Gerswin, Yahiya e Jerome. Será que os três homens de laranja devolveriam o tão cobiçado chocolate no último dia? Eles seriam confiáveis para não comer ou vender essa mercadoria preciosa?

Gerswin fica de pé orgulhosamente em sua cadeira, exibe seu chocolate e fala em um africâner firme. "Eu nunca permiti que as pessoas confiassem em mim. Percebi quantas pessoas machuquei no passado. Isso parece um simples chocolate, mas o pensamento por trás dele tem muito significado." Em inglês: "Eu me sinto, vejo, convicto de mim mesmo." A sala irrompe numa ovação de pé: três *gangsters*, de pé em cadeiras e empunhando barras de chocolate como se fossem troféus de MVP [JMV, Jogador Mais Valioso].

PJ, o facilitador e ex-prisioneiro de Pollsmoor, encerra o dia com uma apresentação de *hip-hop* em africâner. Ele então compartilha, em tons impassíveis, sua história de abuso e assassinato, prisão, religião e redenção. Jonathan o abraça e se volta para as famílias.

"Quero que olhem para ele", ele diz, "e vejam seu filho. *Este é um bom homem – e este é o seu filho.*"

Naquela tarde, Wilbert, o motorista do hotel, me leva de Pollsmoor para casa na limusine.

"A senhora não irá para Pollsmoor amanhã?", ele pergunta.

"Não, hoje foi o último dia."

"Senhora, espero que não se importe se eu disser que gostei de levá-la até lá todas as manhãs."

"Obrigado, Wilbert."

"Senhora, sim, foi inspirador vê-la entrar e sair em segurança todos os dias. Veja, senhora" – ele faz uma pausa e solta uma leve tosse – "foi por muito pouco que eu mesmo não acabei lá." Ele levanta dois dedos do volante.

"O juiz disse que me daria uma segunda chance. E, senhora, eu me saí bem. Já faz dois meses que estou neste trabalho. Chega de crimes. Sou um novo homem."

E assim, dois universos colidiram.

* * *

Passeio pela Cidade do Cabo por uma semana após o término do *workshop*. Afinal, eu tinha visto a prisão e sua antítese superbranca, Constantia, mas não o mundo além dessas fortalezas. Visito a única prisão mais infame do que Pollsmoor, Robben

Island, onde Mandela passou dezoito anos. Nem mesmo o turismo de massa conseguiu diminuir a profundidade desse lugar. No ônibus turístico, canto canções de Pollsmoor, que se recusam a sair da minha consciência. *Estou livre, Senhor, estou livre.*

No meu último dia, retorno a Constantia e bato na porta de vidro de um escritório marcada por um pequeno letreiro, MINISTÉRIOS PRISIONAIS AFRICANOS: SERVINDO OS PRISIONEIROS ESQUECIDOS DA ÁFRICA.

"Venha, vamos embora!", Jonathan apressa. Ele quer que eu veja Pollsmoor inteira, não apenas a área onde o *workshop* acontece, então dirigimos cinco minutos até a prisão para um passeio completo. Acho isso profundamente desanimador. A justiça restaurativa oferece uma promessa magnífica, mas Pollsmoor em si não oferece nada em termos de redenção. Quase um terço da população carcerária está em prisão preventiva e a taxa de reincidência do país é de 80%. Passamos pela área conhecida como "Afeganistão" – lutar aqui é pura guerra, explica Jonathan – e pelo próximo corredor duplo. "Passei nove meses naquela seção, bem ali, lá embaixo", diz Jonathan.

A caminho do Meio B, Jonathan pede ao guarda que apresente Anthony e Ebrahim. Eles trazem sorrisos e agradecimentos; desejo-lhes segurança e bênçãos. Mas onde está o Gerswin?

"Venha por aqui", diz o guarda. Caminhamos por corredores estéreis ressoando com ecos, celas congestionadas e olhos envelhecidos nos observando. E eis Gerswin, dormindo no beliche de cima a uma da tarde. Um de seus quarenta e quatro companheiros de cela o cutuca para acordá-lo.

Ele abre os olhos, salta do beliche de cima e abotoa a camisa. Através das grades, ele pega minha mão. *Lembro-me da minha promessa a você, Baz. Não vou esquecê-la. Não vou esquecer você.*

* * *

A caminho dos Estados Unidos, um e-mail de Jonathan chega à minha caixa de entrada:

> Tivemos uma sessão de acompanhamento muito emocionante e significativa na quinta-feira. Passamos duas horas apenas para fazer um balanço, especialmente com foco no sábado. Yahiya se levantou e disse: "Estou muito envolvido com a gangue Números dentro da prisão. Há muita pressão sobre mim desde sábado porque fiquei quieto. Quero sair, MAS" – todos nós pensamos que ele daria uma desculpa, mas ele disse: "Vou precisar da sua ajuda se eu sair e seguir em frente." Uau, a sala estava em silêncio.

Da janela do meu avião, tento evocar Anthony, Ebrahim, Yahiya, Jerome e Gerswin, em algum lugar nos remansos do sistema prisional sul-africano, transferidos de Pollsmoor para uma unidade de internação mais longa e, então, com toda a probabilidade, dessa unidade para outra. A cada transferência e a cada dia que passa, suas semanas de trabalho de justiça restaurativa e progresso emocional recuam cada vez mais na distância. Faço a mim mesma uma pergunta que também é uma prece silenciosa, inspirada por Ruanda e pela África do Sul. Como seria o mundo se a justiça restaurativa fosse não uma auxiliar do sistema de justiça, mas a própria coisa mesma?

3
AS ARTES ATRÁS DAS GRADES: UGANDA E JAMAICA

Ao retornar para Nova York após meu tempo na África, falo com meus alunos do Prison-to-College Pipeline. Ray foi libertado enquanto eu estava no exterior e, embora eu tenha ligado para ele assim que ouvi sua mensagem de voz "Estou em casa!", dar-lhe um abraço de boas-vindas é uma alegria. Como todos os alunos do programa, ele visita o *campus* poucos dias após sair da prisão. Como todos eles, ele fica de olhos arregalados diante do John Jay College of Criminal Justice, impressionado com a escola à qual ele já pertence – afinal, ele tem feito aulas na prisão – e que representa a sua nova vida, aqui do lado de fora. A meta de Ray é começar as aulas em seis meses e, até agora, parece uma possibilidade razoável; ele está calmamente assumindo a burocracia da vida pós-prisão, desde reuniões com agentes de condicional até aulas de controle da raiva e treinamento vocacional.

Mas Ray, com apenas 27 anos, também retornou ao mesmo bairro do Brooklyn que o levou para as gangues e o tráfico de drogas em primeiro lugar. Sete anos depois, é uma versão mais gentrificada daquele bairro, é verdade – "Eu nunca tinha visto coisas 'orgânicas' na minha bodega antes, Baz", ele diz, rindo – mas por baixo do verniz hipster de bares de uísque e lojas de queijos artesanais, o Bed-Stuy que abriu o caminho de Ray para a prisão sobrevive. Não sei como ajudá-lo a transcender o passado. Tudo o que posso fazer é encorajá-lo a se concentrar no panorama geral e em seu futuro, que envolve um diploma universitário.

"Eu sou sua professora de Inglês", digo a ele enquanto ele sai do *campus* para pegar o metrô de volta ao Brooklyn. "Eu conheço o seu talento. Eu vi o seu eu superior." Vislumbrei esse eu superior porque o ensinei a escrever, uma arte criativa. Eu vi as artes da linguagem fazerem mágica na minha sala de aula na prisão de Nova York. E desde a década de 1970 tem sido uma realidade aceita nos Estados Unidos, certificada por projetos como o programa internacional PEN Prison Writing, que a expressão verbal e artística tem profundo impacto cognitivo-terapêutico, especialmente em um contexto prisional. Organizações como a Michigan's Arts in Prison, por exemplo, têm oferecido programas de escrita, juntamente com música, jardinagem, ioga e artes visuais e cênicas, há décadas, e estudos continuam a endossar seu valor.

Mas eu queria avaliar seu valor de uma forma mais intensa e concentrada. Que tipo de poder de reabilitação as artes realmente possuem? E o que elas podem realizar na prisão, fora da estrutura de um programa universitário como o que eu administro? Ruanda e África do Sul me permitiram repensar os próprios fundamentos da justiça, refletir sobre vingança e perdão enquanto vislumbrava possibilidades do que poderia ser. Esses países me mostraram as suas próprias versões de como as correções poderiam ser. Voltei para casa ansiosa para ver como outro veículo de correção, as artes, também poderia ser usado como um agente de cura em condições excepcionalmente punitivas. Para isso, eu retornaria à África – a Uganda.

Cerca de 35 mil pessoas estão encarceradas em Uganda, cerca de metade em prisão preventiva, todas alojadas em um sistema construído para 15 mil. Em 2004, a autoavaliação do Serviço Prisional de Uganda pintou um retrato macabro desses infernos transbordantes. Prisões projetadas para 23 pessoas abrigavam 265; metade de todos os prisioneiros não tinha acesso a água potável. Isso levou a algumas reformas, mas em 2011 a Human Rights Watch declarou que as condições melhoraram apenas ligeiramente. De acordo com o relatório da Human Rights Watch, 41% dos prisioneiros estavam sendo espancados, alguns por outros prisioneiros sob o comando do diretor; aqueles que se recusavam a realizar trabalhos forçados – inclusive idosos, pessoas com deficiência e mulheres grávidas – eram espancados, apedrejados, algemados a uma árvore ou queimados; outros eram despidos e jogados em celas inundadas com água até os tornozelos. Dizia-se que o HIV e a tuberculose eram quase duas vezes mais prevalentes atrás das grades do que na população em geral, mas em 2011 o tratamento estava disponível em apenas uma prisão no país e apenas 63 das 223 prisões tinham algum profissional de saúde no local.

Fiquei animada ao saber do African Prisons Project, uma ONG com sede em Londres e Kampala envolvida em educação, treinamento de liderança e iniciativas de saúde atrás das grades. A organização, aberta a voluntários, foi receptiva às minhas ideias sobre coordenar algo novo para eles e para Uganda: uma aula de escrita criativa.

* * *

Depois de chegar ao Aeroporto Internacional de Entebbe e passar três horas no trânsito, chego ao apartamento que eu havia reservado. Revelou-se uma cela escura e empoeirada num complexo em ruínas, cercado por arame farpado e protegido por um homem com uma carranca e uma Uzi. Passei a noite dormindo, literalmente, em cima das minhas malas no apartamento fuliginoso. No dia seguinte, negocio uma tarifa decente no Sheraton, o hotel onde ficava o palácio de Idi Amin, cujos extensos gramados verdes foram palco de muitas execuções sangrentas. Então paro para trocar dinheiro.

"Não, senhora, não podemos aceitar esses vinte dólares, é um ano ruim."

"Ano ruim?", pergunto.

"Sim", vem a explicação.

Compro um cartão SIM para o meu celular e coloco cinquenta dólares de crédito nele. Tento fazer uma ligação; sem crédito.

"Isso é porque a sua é uma conta corporativa antiga, senhora."

"Como pode ser, se eu acabei de comprar? Então joguei cinquenta dólares fora?"

"Sim", vem a explicação.

Finalmente, volto para o hotel, onde uma verificação de bomba aguarda nos portões. Desde os atentados suicidas de 2010 que deixaram setenta e quatro mortos em Kampala – uma milícia somali com supostos laços com a Al Qaeda assumiu a responsabilidade – postos de controle aleatórios são *de rigueur* aqui. Os olhares severos por trás de uma arma, o estalo do porta-malas, a abertura do porta-luvas, a mão acenando para entrar: tudo isso me deixa cética acerca da sua capacidade de evitar um atentado, mas eles são eficazes em gerar um mal-estar perpétuo.

"Vou buscá-la amanhã às 8:15", o taxista me diz.

"Mas não preciso estar no escritório da APP antes das onze. Não é só meia hora de distância?"

"Engarrafamentos", ele responde.

* * *

Na manhã de segunda-feira, bem cedo, a caminho do escritório no trânsito congestionado, transpiro no meu vestido. Mesmo em fevereiro, Kampala é escaldante. Pela minha janela aberta, vejo multidões agitadas, buracos do tamanho de cavernas, uniformes militares e cegonhas-marabu, como drones no céu. Pego meu telefone para tirar uma foto. Meu motorista imediatamente fecha a janela.

"Ladrões", ele diz. "Eles vão fingir que estão andando. E vão pegar e levar seu telefone."

O escritório da APP, um pequeno chalé numa colina, é comandado por um segurança que escreve nossos nomes num livro. Apertos de mão são trocados por todos enquanto cumprimento cinco membros da equipe. Um mapa de Uganda está pendurado na parede, com tachinhas marcando cada uma das 223 prisões do país. Eu crio um convite para minha aula de redação, para ser distribuído atrás das grades: *Você é uma pessoa criativa? Você gosta de histórias e poesia? Você quer se expressar por meio da escrita?*

Meu currículo inclui uma variedade de gêneros, de ensaios pessoais a drama, ficção e poesia. Torno minhas tarefas tão gerais quanto possível e seleciono leituras de textos afro-americanos clássicos e obras quenianas, nigerianas e ugandenses que descobri na livraria no fim de semana. Então, enquanto espero meu táxi, meu telefone toca.

"Sim, senhora, aqui é David." Meu taxista. "Não posso ir buscá-la. Mas enviei outro táxi. Ele também se chama David. Ele está em um engarrafamento, mas chegará em breve."

"Em breve" significa uma hora. Os congestionamentos acrescentam mais uma hora. Chego ao Sheraton, passo pela confusão do detector de metais e, exasperada, sigo direto para o Paradise Grill. Um cachimbo de *sheesha* e uma cerveja Nile Special depois, caminho pela Nile Avenue, passando por um bar tocando música *dancehall* jamaicana. Lindas prostitutas, vestidas com esmero, têm livre acesso ao lugar; postadas em cada mesa, elas examinam os clientes como corujas ornamentadas.

Na manhã seguinte, uma das prostitutas divide o elevador para o saguão comigo. Ao sair pela porta, dou uma olhada no estranho lote de livros à venda na loja do hotel: *Birds of Uganda* [Aves de Uganda], *Eradication of Gun-Based Violence in Uganda* [Erradicação da violência armada em Uganda], *Sixteen*

Deadly Women: How to Recognize and Avoid Them [Dezesseis mulheres mortais: como reconhecê-las e evitá-las].

"As pessoas acham que só porque você está na prisão você é um pecador", diz David, meu taxista, evitando por pouco uma colisão com um enxame de boda-bodas (mototáxis). "Eu sei que isso não é verdade, certo? Erros podem acontecer."

No posto de gasolina, Jean da APP me pega. Eu não fui oficialmente aprovada para trabalhar na Prisão de Luzira, então ela será minha escolta, e o plano é entrar pelo portão lateral e esperar que ninguém faça perguntas. Saímos da estrada principal, numa vista de tijolos em ruínas e telhados de zinco enferrujados. O chão está coberto de restos: lascas de madeira, jornal, papelão sujo. Marcas de pneus produzem rios na lama e galinhas saem correndo do dilapidado "Betterlife Medical Center". O cheiro de fruta-pão frita e samosas faz cócegas no meu nariz.

Jean para a fim de comprar chapati de um vendedor. Ela é vários anos mais nova do que eu, mas parece ter o dobro da minha idade; talvez o terno de poliéster azul-claro adicione anos. Enquanto caminhamos, ela me conta que cresceu em Kampala, foi para a universidade aqui e costumava ser professora do ensino médio.

"Agora eu moro na prisão", ela diz.

Eu assinto com a cabeça. "Às vezes pode parecer assim, não é?"

"Não, eu moro lá. *Moro*, certo?"

O marido de Jean é um agente penitenciário e eles, juntamente com os seus dois filhos, têm uma cabana de um cômodo no terreno da prisão.

Depois de passar pelo portão, essencialmente um buraco na cerca de arame farpado, Jean aponta onde os agentes moram. Então, enquanto descemos por um caminho rochoso em direção ao interior da prisão, vemos os uniformes amarelo-sol, como margaridas na terra. Os prisioneiros estão lavrando os campos.

"O chefe da prisão, seu jardim é cuidado pelos prisioneiros", explica Jean.

Luzira, que tem unidades para condenados, presos preventivamente, mulheres e prisioneiros condenados à morte, foi a principal prisão colonial de Uganda, construída em 1927. Em todo o mundo colonial, essas prisões serviam aos objetivos dos brancos, extorquindo dinheiro por meio de subornos para ficarem fora da prisão e obtendo trabalho gratuito dos prisioneiros para a produção de algodão. Aqui, também, os poderes coloniais habilmente fabricaram razões para colocar corpos atrás das grades. Na década de 1930, cerca de 60% dos que estão nas prisões da autoridade nativa de Uganda foram condenados por inadimplência fiscal ou adultério. As prisões africanas tornaram-se, portanto, instrumentos de controle social, muitas vezes combinados com castigos corporais, que duraram nas colônias britânicas africanas como Uganda até a década de 1930.

No portão principal, um prisioneiro idoso de *shorts* amarelos e chinelos varre as sebes com uma vassoura improvisada. Jean e eu somos convidados a entrar por um aceno de uma agente num uniforme de estilo militar com boina vermelha, saia cáqui e meias-calças.

"Vocês podem colocar suas malas lá", ela orienta, apontando para uma pequena cabana que serve como torre de entrada. Penduro minha bolsa num prego enferrujado, ao lado de uma pilha de passes de portão antigos e manuscritos, amontoados num grande espeto como um shish kebab.

Do lado de fora, um jardim bem-cuidado cheio de arbustos verdejantes está sendo mantido por prisioneiros em uniformes amarelos correndo de um lado para o outro. Não posso deixar de me lembrar de uma cena de um clássico americano que lemos durante a aula, a narrativa de escravizados de Frederick Douglass, na qual ele descreve o jardim abundante e semelhante ao Éden do seu senhor como uma fonte terrível de tentação para escravizados famintos, resultando em muitas violações e chicotadas horríveis.

O agente encarregado aperta minha mão, tira seu distintivo e o coloca na mesa diante de mim. Ele me olha de cima a baixo, então murmura algo sobre permissão para a professora trabalhar enquanto sua permissão oficial é liberada. Mais um aperto de mão e está combinado.

Passamos por outro conjunto de portões e por um beco pedregoso que leva aos blocos habitacionais em ruínas nas entranhas da prisão. Pedaços de uniforme amarelo estão espalhados, secando ao sol – calças nos arbustos, uma blusa pendurada num galho, como se das árvores estéreis tivessem brotado flores. Olhos espiam pelas janelas de cabanas de concreto; Jean explica que entre 7h e 16h os homens detentos podem essencialmente andar livremente pelo complexo. Seguimos vários homens até a caixa de concreto em tamanho real que é o nosso destino. Eles tiram seus chinelos, como se estivessem entrando num espaço sagrado.

"Sejam bem-vindos à biblioteca do APP", Jean declara.

Uma mesa de madeira fica no centro da sala ao lado de três computadores ultrapassados, e uma dúzia de homens estão sentados em bancos, as costas de seus uniformes exibindo palavras estampadas como PRISÃO PREVENTIVA, ALA 23, DEVEDOR, FAXINEIRO. Outros homens circulam, silenciosamente colocando livros nas prateleiras. Eu espio *As Bruxas de Salem*, de Arthur Miller, um desenho animado de Star Trek, *Mathematical Methods* e *The Hotel Guide to Greece*. Impresso no quadro-negro está um verso, "Desvantagens do casamento: pode trazer pobreza". Hoje é o último dia do Programa de Alfabetização Funcional de Adultos, e Wilson – o Sr. diretor, como é conhecido – está encerrando a aula. Ele, em breve, será um dos dez homens certificados para ensinar seus colegas prisioneiros sobre finanças, habilidades sociais e planejamento familiar. Exibindo a paciência duradoura e a presença imponente de um professor veterano, Wilson imediatamente me impressiona como um líder aqui. Ele e os homens no seu curso sobre "treinar os treinadores" também serão meus alunos de escrita criativa.

"Sim, Tom. Isso mesmo", afirma Wilson, animado e entusiasmado. "O casamento pode trazer grandes dificuldades financeiras. Então isso deve ser considerado quando alguém escolhe uma esposa e um momento para se casar."

Jean reúne os homens ao redor da mesa e me apresenta como uma professora dos Estados Unidos que será sua nova instrutora de escrita. Um deles, com um olhar duro que irradia seriedade, levanta a mão.

"Estou muito feliz em saber disso. Seu curso será bem-vindo. Eu mesmo sou um grande fã do romancista Thomas Hardy. Mas" – ele levanta a mão – "senhora professora, por que apenas uma semana? Por que não um programa universitário completo?"

"O que ele quer dizer", Wilson intervém, "é que muitas pessoas vieram e se foram daqui, com boas intenções, como você. Elas trazem programas, elas vão embora. Por que vocês não podem criar um programa que permaneça?"

"É isso que eu espero", eu digo a eles. Vocês todos podem ser treinados como facilitadores de escrita e, então, ministrar o curso quando eu for embora. Tom assente pensativamente. Um prisioneiro atarracado com olhos vermelhos e semicerrados, um bigode e uma grande barriga de cerveja entra na biblioteca e é apresentado a mim.

"Este é o presidente", diz Wilson. Luzira é uma entidade autônoma, e o responsável deve endossar todos os programas.

"Eu aprovo esta aula", ele afirma, com um aperto de mão firme. "Escrita criativa? Eu vou participar."

Meus futuros alunos me bombardeiam com mais perguntas sobre ganhar certificados e receber notas. Então é hora de eles serem contados, mais uma vez, e nós saímos em fila, e estou de volta pelos portões da prisão e depois pelos detectores de metais no Sheraton.

* * *

Na manhã da nossa primeira aula, estou tomando um café amargo no hotel quando meu telefone toca.

"Senhora, não posso ir hoje", diz David, o taxista. "Preciso visitar o hospital. Mas vou mandar o Hakeem."

Hakeem chega e, ao me deixar, alegremente exige mais xelins.

Em segurança dentro da biblioteca da prisão, aguardo meus alunos. Contagens intermináveis roubam tempo precioso de aula, mas eles chegam aos poucos, um por um. Hassan dirigia uma empresa de construção e tem um diploma em administração. Nicholas, da tribo Baganda, era um soldado. Tom, de aparência séria, que gosta de golfe, concluiu seu bacharelado em direito e é conhecido entre os prisioneiros como Magistrado Tom. A agente sênior de bem-estar, afundada em seu assento ao lado de Jean, oferece um sorriso indolente; eu me pergunto como essa mulher de aparência letárgica tem energia para cuidar do seu próprio bem-estar, muito menos do de outra pessoa. Mohammed, com mais de 2 metros de altura e certamente não mais de 21 anos, diz que compõe música e nos oferece uma amostra, cantando uma canção de *reggae*.

Oh, como a mulher sofre, diz o refrão.

"Por palavras a mente é alada. Declarado por um tal de Aristófanes", Wilson lê em voz alta o programa. Ele olha para cima. "O conceito dessa sábia declaração é que, mesmo se alguém estiver atrás das grades, pode ser livre com uma caneta. A mente é livre, o tempo todo."

"Alguém já ouviu falar de uma narrativa de escravizados?", pergunto.

Olhares vazios.

"Os Estados Unidos foram fundados na escravidão", eu explico. "E os escravizados começaram a escrever sobre suas experiências e a publicá-las com grande sucesso. Por que será que eles quiseram fazer isso?"

"Para expor a injustiça!", Mohammed grita, dedo no ar.

Tom lê sonoramente em voz alta as palavras de Frederick Douglass, autor da narrativa de escravizados mais celebrada dos Estados Unidos, publicada em 1845:

> Não tenho conhecimento preciso da minha idade, nunca tendo visto nenhum registro autêntico que a contivesse. De longe, a maior parte dos escravizados sabe tão pouco sobre suas idades quanto os cavalos sabem sobre as suas, e é o desejo da maioria dos senhores dentro do meu conhecimento manter seus escravizados assim ignorantes.

"Ele não tem conhecimento do seu próprio aniversário", declara Wilson.

"Isso não é triste?", pergunto. Todos concordam casualmente.

"O que é digno de nota aqui", começa Tom, "é que ele começa sua história de vida não com o que ele realmente sabe sobre sua vida, mas com o que ele *não* sabe. Incomum."

Lemos outro trecho, no qual Douglass testemunha uma surra sangrenta.

"É horrível", declara Wilson, categoricamente. Ele observa a linguagem de contenção bem elaborada de Douglass, juntamente com seu ritmo, cadência e referências bíblicas. Os homens estão engajados, mas blasés. Peço que comecem a escrever as primeiras páginas de suas próprias autobiografias. À medida que tambores distantes do lado de fora ficam mais altos e eles escrevinham contra o barulho, leio suas avaliações pré-aula: *Espero obter conhecimento. Espero manter minha mente atualizada o tempo todo e ser criativo. Espero aprender o espírito de equipe na escrita e meu potencial criativo será energizado e reavivado.*

Meia hora depois, os alunos compartilham o que escreveram. Um escreve sobre a guerra em Mogadíscio e sobre voltar para casa e descobrir que a mãe, o pai e o filho morreram de AIDS.

"A vida era difícil", conclui ele. É um tipo de eufemismo bastante repetido nas narrativas dos homens hoje. Wilson intitula seu livro "From Trash to Throne" [Do lixo ao trono] e lê: "Sou da juventude que acredita ser a menos privilegiada, tendo nascido numa família polígama do Sr. Bafaki e sete madrastas. Como resultado disso, meu pai deu à luz muitíssimos filhos, cerca de sessenta deles, e eu era o trigésimo sétimo e estava sozinho no ventre da minha mãe".

Sua mãe morreu quando ele tinha 5 anos, Wilson continua, e ele foi criado por madrastas abusivas "as quais todas praticavam bruxaria". Em troca da mensalidade escolar, ele fazia trabalho braçal para um homem rico de uma vila vizinha, mas logo depois que começou, seus colegas de trabalho conseguiram fazer dele o bode expiatório num esquema que fez a empresa perder dinheiro, o que o levou a passar um ano e meio em prisão preventiva antes de ser sentenciado a treze meses ou uma multa de US$ 600. Seja Wilson inocente ou não do seu crime, parece claro que ele suportou uma vida de pobreza, abuso e trauma.

Assim como seus colegas. Esses alunos eram indiferentes a uma narrativa de escravizados porque ela realmente não era muito chocante para eles. Levados de um lar abusivo a outro, implorando por comida, lutando contra uma pobreza excruciante, falta de moradia e doença – essa é a vida para os meus alunos. Até mesmo Jean da APP, que participa do exercício, tem uma história triste.

"A única coisa que tive na vida foi abuso, espancamentos e miséria", ela lê em voz alta. "Então, desde então, estou psicologicamente perturbada porque sempre que me lembro dos maus-tratos pelos quais passei, as lágrimas rolam."

Tom lê por último. Suas referências anteriores a Charles Dickens e Thomas Hardy indicaram que ele não é estranho à educação formal, e seu ensaio eloquente confirma isso. Ele escreve sobre crescer com relativo conforto em Entebbe, ir parar na prisão por um crime de colarinho branco e ser abandonado por aqueles que considerava amigos.

"Agora estou olhando para frente e focado em melhorar as coisas e em mudanças positivas. Nunca manterei aqueles que me abandonaram quando eu mais precisava como reféns no meu coração porque o meu coração é pequeno demais para guardar problemas antigos. Nunca falharei em minha busca de ser um homem melhor."

Saio da nossa primeira aula comovida pelas palavras dos meus novos alunos, impressionada pela sua disposição a revelar as suas próprias histórias e encorajada por quão bem estão lidando com as tarefas. Mas também me sinto sobrecarregada pela angústia de suas vidas, passadas e presentes. O que palavras simples podem fazer diante de tamanha devastação?

* * *

Passei o fim de semana com Al, um amigo de um amigo de 20 e poucos anos. Compartilhamos o amor pelo *reggae*, que é surpreendentemente popular aqui. Assim como a população de Uganda, três quartos dela com menos de 30 anos, a cena musical do país é extraordinariamente jovem, essencialmente nascida desde 1986, quando Yoweri Museveni assumiu o poder. Após o reinado brutal de Idi Amin, após uma série de golpes militares e instabilidade política, a paz do seu regime proveu espaço para a cultura crescer. Então a música ainda está se encontrando, e muito disso envolve imitação diligente. Depois de uma noite com Al, de um palácio noturno extravagante para outro, decido que os ugandenses são mais jamaicanos do que os jamaicanos.

Talvez porque eu seja algo novo e estrangeiro para apimentar sua rotina, Al generosamente se nomeia meu guia turístico. Sábado de manhã ele me pega numa Mercedes prata com um para-brisa rachado e um espelho lateral faltando.

"Um boda-boda o tirou no mês passado", ele explica. "Nós vamos ter que evitar a polícia, já que não posso dirigir sem ele. Certo?"

"Você viu as favelas?", ele continua. "*Mzungus* sempre querem ver as favelas. Eles sempre têm muitos projetos lá."

Visitamos a Velha Kampala, nas colinas, onde impalas costumavam vagar, então pechinchamos as taxas de entrada para o Palácio Lubiri, o complexo do Rei Buganda, onde uma visita guiada inclui uma espiada na câmara de tortura de Amin e no Rolls-Royce. A agitação onipresente de Uganda me faz ficar de olho nas minhas costas o tempo todo, mas há uma seriedade cativante em Al que me permite baixar a guarda, pela primeira vez desde que cheguei. Ele me enche de perguntas sobre a vida nos Estados Unidos, principalmente sobre quanto custa. Ele me ensina sobre a cena social aqui, critica a homofobia local e explica que, como muitos ugandenses, ele tem raízes ruandesas – sua família fugiu para cá depois de um dos primeiros genocídios. Então ele tenta me convencer de que os ugandenses são preferíveis aos ruandeses.

"Em Ruanda, eles podem sorrir muito para você, mas depois vão lhe matar. Aqui, você sabe o que está recebendo. Certo?"

De repente, Al fica frenético ao volante.

"Rápido, me passe alguns xelins!"

"Hein?" Pego minha bolsa.

Ele para no acostamento e abre a janela.

"Olá, policial!" Sorriso largo.

"Olá, senhor! E como o senhor está neste adorável Dia das Mulheres?"

"Estou maravilhoso, senhor! Em breve vou cozinhar para esta mulher aqui!"

Al oferece a mão ao policial sorridente e os dois apertam as mãos firmemente.

"Aproveite seu dia!" E para mim: "Feliz Dia das Mulheres!"

Então partimos, sem ter que pagar uma multa pelo espelho desaparecido. Acabei de testemunhar o suborno mais amigável de todos os tempos.

"Estou feliz por não estarmos em Ruanda. Eu não poderia fazer isso em Kigali, certo? Eu nunca iria querer viver num lugar tão apropriado."

Segunda-feira de manhã, mergulho no jornal local. Há uma história sobre Museveni e corrupção, uma sobre um atentado a bomba a duas horas de Kampala e uma sobre uma mulher de 20 anos, HIV positiva, que vive com seu filho de um ano dentro da Prisão de Luzira, ainda em prisão preventiva depois de três anos. Sua acusação? Roubar um celular. Compartilho a história com meus alunos em Luzira naquela manhã, mas eles parecem impassíveis.

"Quantos de vocês estão atrás das grades porque não puderam pagar a multa pelo seu crime, ou o suborno para evitá-la", pergunto, descrevendo meu encontro com a polícia no fim de semana. Nove prisioneiros levantam as mãos.

A corrupção é endêmica aqui. No Relatório de Suborno da África Oriental de 2012, lançado pela Transparência Internacional, Uganda registrou o maior número de casos de suborno na região, com uma taxa de 40,7%. No mesmo ano, US$ 12,7 milhões em fundos de doadores para o Gabinete do Primeiro-ministro de Uganda – destinados à reconstrução do norte de Uganda, devastado por uma guerra de vinte anos, e Karamoja, a região mais pobre de Uganda – foram canalizados para contas privadas, levando a União Europeia a suspender a ajuda estrangeira ao país.

Uganda não está sozinha. Em várias encarnações em todo o mundo, dinheiro e justiça estão unidos em matrimônio pecaminoso. Veja os Estados Unidos, onde é uma realidade aceita que o seu caso é tão promissor quanto o advogado que você pode pagar, sem mencionar o dinheiro da fiança que o tira da prisão, num estado de espírito melhor e, portanto, muito menos propenso a aceitar um acordo judicial. Isso não é uma forma de suborno? A justiça, em toda parte e de maneira desanimadora, não apenas está à venda, mas também é cara. Considere o adolescente de Michigan que pescou um peixe fora da temporada e ficou três dias na cadeia, ou o veterano sem-teto da Guerra do Iraque que cumpriu 22 dias por ficar bêbado e subir num prédio abandonado. Em ambos os casos, a pena de prisão não foi uma punição pelo delito, mas por não pagar as multas cada vez maiores associadas ao sistema de justiça criminal. Taxas por mandados de prisão, tratamento de drogas e álcool ordenado pelo tribunal, amostras de DNA, julgamentos por júri – não são esses também um tipo de extorsão legalmente sancionada?

Passamos ao ensaio autobiográfico de Wilson de ontem, para crítica por pares.

"Pastor", Tom começa. Ele sempre começa. Tom é tão perspicaz sobre literatura quanto sombrio – ainda não o vi sorrir. "Você parece sugerir que a poligamia não serviu bem a você ou sua família. Ou estou lendo errado?"

"De fato, isso está correto, Tom."

"Então, como você pode *mostrar* isso ao seu leitor?" Eu dou um toque, remetendo a um mantra da escrita: mostre, não conte. Wilson respira fundo.

"O estresse financeiro. As brigas entre irmãos. A dor de ser odiado por suas madrastas. Espancado por elas também. Todos os dias, com cintos e remos. Isso desgasta o espírito da pessoa." Ele suspira.

"E o trabalho manual, quando você trabalhava para o homem rico? Como era?" Tom está adotando o manto de meu coinstrutor, e eu acolho a assistência.

"Sou um homem adulto, então tentarei não chorar quando me lembrar. Mas foi doloroso. Você está fazendo coisas que não precisa fazer em casa; você é abusado ano após ano e volta suas mãos para Deus. Parece que você foi esquecido por Ele."

Wilson faz uma pausa e balança a cabeça.

"Isso é doloroso, escrever. É lembrar. Lembrar é dor."

"Na dor está uma cura", Tom, o intelecto temperado, lhe diz.

Wilson dá de ombros, dedilhando seu chapéu de sol flexível amarelo. Conforme a semana avança, venho a saber mais sobre a dor de Wilson e sua lenta cura. Uma manhã, ele se senta no banco ao meu lado e, antes do início da aula, detalha seu plano de vida. Quando for solto, ele iniciará um ministério na prisão e ajudará as pessoas que voltam da prisão para casa a encontrarem trabalho numa fazenda. Constantemente, em seu tom habitual de sermão – é o pastor Boma, de fato – ele resume as condições atrás das grades.

"Eu durmo de lado por falta de espaço. Piolhos e sarna habitam meus cobertores. A comida é insuficiente. Não há água limpa, então, entre muitos, é uma mercadoria trocada por atos." Atos sexuais, ele quer dizer.

"Até minha mãe ficaria chocada em saber que estou aqui", seu colega Mohammed, bisbilhotando, interrompe. "No começo eu xinguei e chorei, sou um homem inocente na prisão. Mas aprendi a sobreviver."

O chamado vem de fora; um aluno levanta os olhos de *Slavery in America* [Escravidão nos Estados Unidos]. "Venha, vamos fazer a contagem novamente antes que eles venham com as varas."

A ideia das varas me faz estremecer. E talvez por causa das frustrações com a contagem, a aula de hoje está lenta. Ninguém fez a leitura – trechos de *Longa Caminhada até a Liberdade*, de Mandela – ou escreveu seus diálogos dramáticos, porque não entenderam a tarefa. Então, quando os alunos retornam da terceira contagem, tento um exercício de escrita.

"Eu estava feliz", escrevo no quadro, instruindo os homens a o reescreverem *mostrando* que estão felizes em vez de o dizerem.

Roderick levanta a mão. "Eu estava feliz quando finalmente consegui uma data para o julgamento", ele lê.

"Mas *como* você estava feliz?"

"Que tal 'Eu estava feliz quando me tornei livre'?", pergunta Siraj, dedo no ar.

"Eu estava feliz quando já não implorava por comida!", grita o presidente.

Finalmente, Wilson se levanta e anuncia: "Eu estava tão feliz que pulava para cima e para baixo."

"Sim!", eu exclamo. "Isso nos *mostra* uma imagem e uma emoção." Os homens concordam silenciosamente.

"Fiquei surpreso."

Mohammed: *Fiquei surpreso quando meu pai bateu na minha mãe e ela fugiu.*

Hassan: *Fiquei surpreso quando tive que ser um soldado e segurar a arma pesada.*

Extrair emoção visível de relatos tão superficiais de trauma demonstra ser um desafio colossal.

O chamado vem novamente e meus alunos correm para juntar suas coisas.

"Para nossas alas", Wilson murmura. "Você sabe por que eles chamam assim, Baz? É a linguagem dos hospitais. Eles imaginam que estamos doentes e estão nos curando."

* * *

Conforme os dias passam, encontro coisas para aproveitar em Kampala. Vou aonde os estrangeiros vão e me deparo com uma cena artística florescente, bares de narguilê abertos até tarde da noite e praias de areia branca emoldurando o Lago Victoria. Mas ainda assim, o regateio e a correria, as Uzis e as verificações de bombas, os olhares hostis de estranhos e pessoas conhecidas, todas as coisas que compõem a vida quotidiana para mim aqui – afetam o meu espírito. Assim como o meu tempo em Luzira, terra de estudantes inspirados e sonhos adiados. O percurso diário do táxi até a prisão, através da favela de partir o coração, alimenta o meu cinismo e a minha alienação. É como se o trabalho que fiz em Ruanda e o otimismo que ele inspirou acerca das possibilidades de mudança, globalmente e no meu país, viessem de outra vida. Será que essas possibilidades sequer existiram? Os rumores que estou ouvindo aqui sobre o lado negro de Ruanda, sobre detenções e desaparecimentos politicamente motivados atribuídos ao exército e à polícia ruandeses, visando aqueles que criticam o governo, aprofundam minha depressão. Começo a me perguntar se o progresso é uma miragem.

Ainda assim, entro na prisão e contemplo aquela bela visão dos alunos curvados sobre a mesa de madeira, ocupados demais escrevendo para me cumprimentar. As condições de Luzira e a burocracia mortal rasgam meu otimismo, mas nosso curso de redação trabalha diligentemente para costurá-lo novamente. Aula após aula, os diários dos alunos se enchem de cartas animadas. Quando eles tentam escrever contos, Wilson hipnotiza a turma com um conto sobre uma cobra e uma lagarta que invadem uma festa apenas para serem espancadas e expulsas.

"Nesse ponto, a cobra culpou a borboleta por enganá-la com a ideia de que todos a admiravam", ele lê. "Mal sabiam que a cobra nunca mudou realmente, apenas deixou a pele velha."

"Isso é o que chamamos de fábula", eu digo. "Há uma moral?"

Tom levanta a mão e finalmente deixa escapar seu primeiro meio sorriso. Esta manhã eu o encontrei enquanto passava pelos portões da prisão e ele me disse que chegaria atrasado à aula porque o agente responsável queria falar com ele.

"Você é um escritor talentoso, Tom. Você realmente deve saber disso", eu disse a ele.

"Estou honrado", ele disse, de cabeça baixa, ainda sem sorriso. "Mas eu realmente queria que você dirigisse um programa propriamente universitário aqui."

Murmurei algo sobre tentar ajudá-lo a publicar seu trabalho. Sabendo da inadequação de tal resposta – um talento como Tom merece muito mais do que posso oferecer – apressei-me para a aula.

"Se não me engano", diz Tom a Wilson, "a moral da história é que algumas mudanças são meramente superficiais".

"E ainda", Wilson interrompe, "que as pessoas podem ser como a borboleta. Encontrar asas. Mudar. Crescer. Reinventarmos a nós mesmos, como alguns de nós estamos fazendo aqui nesta prisão".

O presidente se oferece para ir em seguida. Sua história pinta um quadro de um passeio de domingo ao Lago Vitória com a família. O passeio de boda-boda está atrás de "nuvens de poeira que se estendem de uma frota de veículos de luxo indo comer dinheiro na praia". Os barcos de pesca ganham vida; assim como os raios de sol na água, o balançar de pés empoeirados no mar e as "belas garotas treinadas para capturar dinheiro, muito ocupadas pedindo bebidas e tilápia assada".

Aqui ele para abruptamente e bate seu papel na mesa.

"Foi tudo o que escrevi", diz o presidente. "A memória ficou muito dolorosa."

"Dolorosa?", pergunta Wilson. "Você acabou de tirar nossa dor nos transportando para a praia hoje. Isso é lindo!"

"Eu adoraria comer esse peixe agora", suspira Mohammed.

"E uma Nile Special com ele", acrescenta Hassan. Presidente, parecendo satisfeito consigo mesmo, absorve os elogios e diz que escreverá o resto esta noite.

"A escrita nos tirou deste lugar, mesmo que por um momento", afirma Wilson. "Com palavras, somos alados."

* * *

Mais tarde naquela semana, Al chega com um amigo para me levar para jantar na Avenida Acacia, em Kololo, o elegante distrito de expatriados de Kampala. Nós nos tornamos próximos rapidamente; Al provou ser um conselheiro paciente e curioso para minha luta com os costumes locais, e um parceiro sempre por dentro de onde um bom *reggae* pode ser encontrado. Ele é a única pessoa com quem posso contar para me tratar como uma amiga, não como uma novidade *mzungu*, embora eu continue sendo uma curiosidade para ele, essa mulher que veio até aqui para passar todos os dias na prisão.

"Você está realmente trabalhando na prisão?", pergunta o amigo de Al no banco do passageiro, virando-se para mim. Ele fala com um sotaque americano, adquirido na faculdade na Califórnia, ele explica. E então, "Você precisa conhecer meu pai".

Prontamente fazemos uma curva em U e pousamos em um universo alternativo de Kampala, onde as ruas são arborizadas, as estradas são desprovidas de buracos e as mansões são no estilo americano. Nosso carro para em um portão de ferro vigiado por dois guardas armados; lá dentro, uma corda de veludo é levantada e somos conduzidos a uma reluzente área de jantar interna e externa, onde meia dúzia de pessoas estão sentadas em cadeiras de mogno.

Al cumprimenta o pai do seu amigo, um homem imponente vestindo uma camisa listrada impecável, sentado ao lado de uma mulher com um suntuoso turbante. Ele me olha de cima a baixo.

"Quem é essa americana?"

"Sou professora em Nova York e..."

"Sente-se", ele ordena, puxando uma cadeira coberta de plástico. Um prato de frango e salada de repolho é colocado diante de mim.

"Coma!", ele decreta, brandindo um anel no mindinho e depositando um osso em seu prato.

"Estamos comemorando sua libertação", explica a esposa.

Descubro que estou jantando com o capitão Mike Mukula, ex-ministro da saúde do Estado, ex-bolsista da Escola de Governo Kennedy de Harvard – condenado a quatro anos em Luzira por desviar cerca de US$ 84.000 de fundos de doadores destinados a campanhas de imunização. Ele está em casa hoje à noite após dois meses e meio de prisão, tendo vencido uma apelação. Prato limpo, ele olha para cima.

"Então você está trabalhando em Luzira?"

Faço que sim com a cabeça.

"Aquele lugar é terrível. Precisa ser consertado. Precisamos consertá-lo." Ele bate o punho na mesa. "Os homens lá dentro são espertos. Eles podem ser obrigados a aprender um ofício. Criadores de galinhas! Alguma coisa! Aprendam um ofício. Eles podem prestar serviço comunitário em vez de ir para a prisão. É uma desgraça."

Enquanto ele abre uma Coca-Cola, penso em Bernard Kerik, ex-comissário de polícia da cidade de Nova York que passou três anos atrás das grades por sonegação fiscal e saiu protestando contra o sistema, escrevendo um livro e dizendo a todos os meios de comunicação que a sentença mínima obrigatória fada os prisioneiros ao fracasso.

"Nunca o ouvi tão apaixonado por algo assim antes", o filho de Mukula se maravilha após o jantar, depois que eu dei ao ministro o meu cartão e disse que o colocaria em contato com colegas que poderiam colaborar com ele em um trabalho de reforma prisional em larga escala. "Ele nunca pensou em prisões antes de ir para uma. Agora ele só fala disso." Eu me pergunto se ainda o fará depois que o choque tiver passado.

* * *

Ainda bem que é o meu último dia em Luzira, porque nunca obtive permissão oficial para entrar, e o confronto de hoje com um guarda agressivo significa que não posso mais voar sob o radar no portão lateral. Negociando por pouco o meu caminho entre as Uzis, entro na biblioteca. Wilson levanta a cabeça de *Grandes Esperanças*.

"Professora Baz, qual é sua religião?", ele pergunta.

"Eu não tenho uma."

Jean, chocada, olha para cima. "Como eles chamam em Nova York não ter religião?"

"Minha religião é fazer o bem e buscar justiça", eu digo. É uma resposta demasiado conveniente, eu sei, mas é o melhor que posso fazer sem abordar um assunto espinhoso. Wilson sorri intencionalmente e me aperta o ombro.

"Mesmo sem Jesus, você está no caminho certo, Baz." Essa demonstração de tolerância, em um país mergulhado em conservadorismo e tradição, é exatamente o tipo de atitude graciosa que espero de Wilson.

Mergulhamos direto nos seus ensaios argumentativos. O tópico é o Projeto de Lei do Casamento, e Roderick insiste em seu horror.

"Ele desvaloriza o casamento, certo? A Bíblia não fala de coabitação – fala de *casamento*!"

"Mas coabitação e parceria por muitos anos, isso pode ser como um casamento", Tom insiste. "Afinal, como dizem, se anda como um pato, é um pato!"

"Não!", grita Wilson. "O casamento é um ato sagrado e não podemos mexer com ele."

"Estou ciente das rigidezes culturais", declara Tom, sua voz aumentando. "Mas como estamos mudando como nação, não podemos ficar apenas com o antigo. Precisamos nos formar em culturas que nos mantêm reféns."

Tom prossegue de maneira uniforme e imperiosa, como se o Parlamento estivesse em sessão.

“Não podemos manter nossas mulheres reféns de velhos costumes”, ele afirma. “O que Uganda precisa é de lares pacíficos. O uso do dote está transformando nossas meninas em ativos. Não podemos voltar aos anos de 1920.”

“Mas acabar com o dote”, Wilson objeta, “isso equivale a um homem desfrutando de bens gratuitos. Você cuidará mais da sua esposa sabendo que pagou um bom dinheiro por ela!”

Sou forçada a pausar a discussão porque o relógio está correndo e o plano de jogo é terminar nosso dia, e meu tempo em Luzira, com poesia afro-americana.

“Poesia”, declara Wilson, como se estivesse polindo a palavra. “Significa ideias casadas com métrica e ritmo.”

Nicholas lê Maya Angelou:

> O pássaro engaiolado canta
> com um trinado temeroso
> de coisas desconhecidas
> mas ainda desejadas
> e sua melodia é ouvida
> na colina distante,
> pois o pássaro engaiolado
> canta por liberdade.

Wilson abaixa a cabeça tão perto da página do poema que é como se quisesse colapsar em suas pausas.

“E nós, na Luzira, também somos pássaros engaiolados”, ele suspira.

Nossa hora restante se torna uma meditação silenciosa, um espaço sereno entre palavras.

Wilson lê Maya Angelou com uma enunciação inebriante e um largo sorriso em seu rosto jovem e enrugado.

É o fogo em meus olhos,
E o brilho dos meus dentes,
O balanço na minha cintura,
E a alegria em meus pés.
Eu sou uma mulher
Fenomenalmente.

"Esse é o poder, a beleza, da feminilidade forte. Da personalidade", Wilson sorri.

A classe inteira está extasiada. Eu também. Em todos os meus anos de ensino nunca senti a linguagem me levar para cima e para fora de um lugar tão dramaticamente quanto durante a leitura de poesia de hoje. Suspeito que seja porque nosso anseio é tão profundo; se estou faminta por sair deste lugar, meus alunos estão vorazes por sair daqui. Esse anseio intenso deixa o coração aberto ao poder transformador da literatura e da arte de maneiras profundas, até mesmo desesperadas.

Instruo a classe a se tornarem poetas. Sem um pingo de hesitação, eles se mostram à altura, lendo orgulhosamente suas criações. O poema de Mohammed é intitulado "Pobreza" e é cheio de força:

Faça! Insista! Traga!
Ponha no chão! Levante!
Debulhe! Leve para lá!
Pobreza, Pobreza, Pobreza!
Por que você não volta de onde veio?

O poema de Jimmy conclui com um comando comovente:

Pessoas, quando acordaremos
E tentaremos evitar que
Nossos eus sejam culpados
De prisão? Preocupem-se.
O tempo perdido
Nunca é recuperado.

Finalmente, a estrofe de Peter:

Oh AIDS, AIDS, AIDS,
Oh, que doença mortífera forte.
Você roubou meus pais, meu irmão e minha irmã
AIDS, como você pode me deixar sozinho
Neste mundo?
Eu queria que você soubesse o quão difícil é
Ficar sozinho nesta terra.
AIDS, eu queria que você pudesse me ouvir
Você viria por mim também.

Silêncio.

Não há resposta adequada para tais palavras. E estou impressionada com a rapidez e a habilidade com que esses alunos adotaram um gênero que era essencialmente estranho a eles antes de hoje.

"Deus os abençoe", sussurra Mohammed. Nosso tempo acabou e a tristeza é palpável.

"Cumprimente seus prisioneiros em Nova York por nós", diz Tom, com total resignação.

"Por que você não fica mais uma semana?", pergunta Wilson. "Você nos mostrou algo maravilhoso, mas agora está tirando isso de nós."

Culpa e tristeza tomam conta de mim. É a mesma tristeza que sinto toda vez que saio da aula em uma prisão, pois consigo escapar para a liberdade e meus alunos devem voltar para suas celas, mas é mais intenso agora porque não estou apenas abandonando os alunos com os quais me importo, estou os deixando para sempre – e estou os deixando *aqui*, neste lugar que é um pesadelo vivo. Quanto à culpa, é porque Wilson está certo. Eu fomento um espírito de humanidade, criatividade e liberdade intelectual, abro cicatrizes emocionais e então salto de paraquedas, de volta à normalidade. Espero, mas duvido que nosso programa de escrita criativa realmente sobreviva. De que adianta uma semana de transcendência se ela não pode ser sustentada?

"Vamos embora", diz Tom, melancolicamente. Ele pega o braço de Wilson e eles, junto com os outros alunos, saem da biblioteca e se transformam em prisioneiros mais uma vez.

Olho para a mesa do seminário, vazia, exceto por um programa com uma citação de Ray Bradbury em cima: "Você deve ficar bêbado de escrever para que a realidade não o possa destruir."

Nossa turma realmente bebeu a semana toda. Mas foi mais do que apenas escapismo – ganhos emocionais reais foram feitos aqui. Um estudo de 2013 revelou que os sujeitos aos quais foi atribuída a tarefa de ler literatura obtiveram notas mais altas em um exame que pedia que olhassem fotografias dos olhos de atores e lessem suas emoções; os pesquisadores concluíram que ler ficção literária aprimora as habilidades e os processos de pensamento essenciais para relacionamentos sociais intrincados e sociedades funcionais. Um estudo de 1990 sobre a chamada biblioterapia argumentou que entre os resultados dos programas de escrita atrás das grades estava uma maior capacidade de tolerar frustração e revelar sentimentos de dor, culpa e tristeza. Verificou-se que o próprio processo de escrita, com seus estágios de revisão, revisão por pares e autocrítica, promoveu uma capacidade de explorar sistemas de valores, reforçar a autoestima e fomentar empatia.

Durante toda a semana, observei esses homens criticarem, debaterem e dialogarem uns com os outros de maneiras generosas e ponderadas. Eu os vi escavando seus passados e presentes emocionais, e refinando sua habilidade de ouvir e sentir empatia pela luta de outro homem – mesmo quando a história de horror de um homem sempre parecia superar a que veio antes.

"Ler me ensinou a lidar com meus problemas de raiva", Carl, meu aluno detento em casa, me disse uma vez. "Porque eu tenho que terminar qualquer livro que eu comece. E às vezes eu fico frustrado com um livro, eu não o entendo – eu fico bravo. Frustrado. Mas porque eu sei que tenho que terminar, eu permaneço paciente. E a paciência é o antídoto da raiva." Na Califórnia, eu ouvi um aluno detento em uma aula de escrita resumir a experiência desta forma: "Eu não só aprendi que podia escrever, mas que posso ser o meu próprio terapeuta."

De fato, as pessoas na prisão também podem, enquanto envolvidas na beleza, nas artes e no discurso intelectual, ser os seus eus mais nobres – "nascidos de novo", como meu aluno detento Korey disse uma vez, considerando nossa sala de aula um lugar no qual ele podia finalmente manifestar o eu superior que o resto do mundo, sempre o rotulando como um condenado, não permitia. Ele sentiu que, como sua professora, eu vislumbro sua humanidade principesca de uma forma que poucos outros poderiam.

"Os seres humanos não são construídos em silêncio, mas em palavra, em trabalho, em ação – reflexão", escreve o filósofo brasileiro Paulo Freire. O diálogo, ele continua, é "um ato de criação" que requer amor e fé "na humanidade, fé em seu poder de fazer e refazer... fé em sua vocação de ser mais plenamente humano". Essa é a essência do que é ler, falar e escrever por trás do arame farpado, por mais extremas que sejam as condições: ressuscitar um senso de humanidade. Tornar-se alado por meio de palavras. Retornar à linguagem e, portanto, à própria identidade que os poderes da prisão buscam aniquilar, resgatar a mente mesmo quando o corpo está contido, existir novamente não apenas como um "eu", mas, em uma sala de aula repleta de palavras reunidas, um poderoso "nós".

Um dia antes de voar para casa, Al e eu fazemos uma viagem de um dia para Jinja, que afirma ser a fonte do Nilo. Somos extraídos dos congestionamentos de Kampala e pousamos em vilas rurais, florestas de pinheiros e campos de abacaxi. Um barco a remo nos leva a um alojamento, construído no estilo de uma casa na árvore em uma ilha rochosa no rio. Aninhada em meio a plantas de aloe, maravilhada com o quão relaxante o som das corredeiras pode ser, luto com o valor geral da minha estadia, pesando os ganhos contra a culpa de ter acendido algo que provavelmente morrerá com a minha partida. Será que uma reforma é valiosa se o seu impacto for apenas uma gota no oceano?

Volto à pergunta que me ocorreu após o primeiro dia de aula em Luzira: O que são palavras diante da devastação absoluta? Programas de artes na prisão são agentes potentes de mudança individual, sim. Mas será que eles também são, de alguma forma, uma distração de toda a ordem social mesma, das forças poderosas em jogo no sistema de justiça criminal como um todo?

* * *

Em busca de uma resolução para esse atoleiro, parti para a Jamaica algumas semanas depois de retornar de Uganda. Esse país caribenho pode me oferecer um novo ângulo sobre as artes atrás das grades, dessa vez envolvendo um gênero diferente, música. Aclamada como reabilitadora em prisões do Reino Unido à Índia, a música atrás das grades também tem um legado americano histórico que inclui canções de escravizados, blues de prisão e a icônica Prisão de Angola, onde a lenda *folk* Lead Belly aprimorou sua arte.

"Tornou-se bastante oficial agora – há dinheiro europeu por trás disso", diz o ativista e educador jamaicano Kevin Wallen sobre o Programa Reabilitação Através da Música. Estamos almoçando na areia em Hellshire Beach, nos arredores de Kingston, e ele está me contando a história do programa que vim testemunhar.

Em 1997, ele e o professor de Harvard Charles Nesson começaram a construir programas dentro de uma prisão jamaicana. Eles estabeleceram uma biblioteca, um laboratório de informática, uma estação de rádio e um estúdio de música. Esse último gerou manchetes internacionais, pois produziu Jah Cure, o artista de *reggae* que eu nunca tive permissão para entrevistar na prisão, anos atrás. Agora eu finalmente tinha sido liberada para visitar a prisão onde ele gravou algumas das minhas canções de amor favoritas para aprender sobre o programa que o tornou uma estrela. Quem organiza meu acesso é Carla, uma italiana efervescente, que assumiu o programa de Kevin há vários anos.

No dia seguinte, um táxi me leva de New Kingston, onde arranha-céus e avenidas semelhantes a *shoppings* evocam Anycity, Estados Unidos, para a face menos amigável aos turistas da capital da Jamaica, o centro da cidade em ruínas. Kingston é dividida em *uptown* [cidade alta] e *downtown* [cidade baixa], uma demarcação que se refere tanto à classe quanto à geografia. Nessa expansão que priorizou os carros, a disparidade de riqueza é claramente visível, e a violência relacionada a gangues, que tem atormentado as comunidades de "guarnição" de Kingston, ou guetos politicamente alinhados, desde a década de 1970, significa que, na última década, a Jamaica teve uma das maiores taxas de homicídio do mundo. A ilha de 2,7 milhões de pessoas tem visto mais de mil assassinatos todos os anos desde 2004, e a taxa de condenação por homicídios é de 5%. Não é de surpreender que quase metade de todos os prisioneiros aqui estejam cumprindo pena por crimes não violentos. De acordo com um estudo conduzido em 2012 pela Força Policial da Jamaica, o "presidiário típico" tem menos de 34 anos e enfrenta sua primeira prisão antes dos 21 anos por violações da lei de armas de fogo, o que geralmente equivale a não pagar a taxa de registro de uma arma.

"Para a PG", digo ao motorista. Penitenciária Geral. "Já esteve lá?"

"Cê tá loca ou o quê?", ele responde em patoá.

Do outro lado da rua, olho para a prisão semelhante a uma fortaleza, a maior da Jamaica: cerca de 1.700 homens vivem em uma instalação projetada para 650. Tijolo vermelho-sangue e concreto, com uma graciosa guarita e paredes de 6 metros de altura, é elogiada por um site do governo como um exemplo de "arquitetura georgiana jamaicana requintada". A estrutura remonta a 1845, sete anos após a abolição total da escravidão na Jamaica, mas não era a única forma de punição usada aqui. A Corporal Punishment Act [Lei do castigo corporal] de 1865, mais conhecida como lei do chicoteamento, tornou o furto punível com até cinquenta chicotadas, enquanto a Penal Servitude Act [Lei da servidão penal], uma precursora do sistema de arrendamento de condenados dos Estados Unidos, alugava prisioneiros predominantemente negros, anteriormente escravizados, para empregadores a um preço por cabeça. John Daughtry, inspetor-geral de prisões da Jamaica entre 1841 e 1861, modelou a PG com base na Penitenciária Oriental da Filadélfia. Em 1985, quando a Rehabilitation Offenders Bill [Lei de reabilitação de infratores] e as Corrections Acts [Leis de correções] revisaram "prisioneiro" para "detento" e "agente prisional" para "agente correcional", o lugar foi rebatizado de Tower Street Adult Correctional Centre [Centro correcional para adultos de Tower Street]. PG, no entanto, pegou.

"Gosto dos seus olhos", um jovem com dentes amarelos separados me diz enquanto espero por Carla no estacionamento. Ele está aqui para buscar seu irmão, que voltará para casa depois de dezessete anos. Como não foi notificado sobre o horário de soltura do irmão, está aqui desde o nascer do sol. Ele me diz que os prisioneiros têm permissão para duas visitas presenciais por mês, mas os parentes podem deixar comida e suprimentos toda quarta-feira. Hoje, a primeira parada deles será um consultório médico, onde seu irmão será examinado minuciosamente e tomará um chá desintoxicante.

"Vivo na Jamaica agora, mas costumava viver no Brooklyn", diz o jovem, ajustando seu boné Yankee.

"Otisville?", pergunto, referindo-me à prisão de Nova York onde leciono. É parte palpite, parte leitura nas entrelinhas.

Ele assente. “Seis anos, tudo acabado. O que você quiser. Otisville? Elmira? Riker foi a pior, tá me vendo? Tanta briga. Mas ainda assim, os Estados Unidos são um Club Med perto deste lugar. Viu?” Ele inclina a cabeça para o lado.

Carla chega, *dreadlocks* grisalhos amarrados como uma corda nas costas. Ela é toda profissional, me dando um aceno rápido e marchando com determinação até o portão.

“Vamos, vamos, estamos atrasadas”, ela me chama. “Vamos.”

“Descubra quando meu irmão sai, viu?”, grita dentes-separados enquanto sigo Carla.

Uma cópia do meu passaporte está afixada na parede de concreto da estação de guarda, logo abaixo do código de vestimenta. Meu telefone está depositado em um cofre enorme, no topo de uma montanha de Nokias. O policial que está me registrando pega uma régua e, em perfeita cursiva, imprime meu nome em um livro gigante de assinaturas.

Através de detectores de metal que apitam freneticamente, seguimos para fora, para uma área de pátio onde uniformes cáqui estão pendurados em varais, balançando na brisa. Uma placa na cerca diz OBRIGADO SENHOR POR MAIS UM DIA.

Im-peratriz!
Bai-xinha!
Bran-ca!
Pssssst!

Prisioneiros gritam comigo de todos os ângulos.

Eu gosto de você!
Eu quero falar com você!
Im-peratriz!

É a primeira vez, esses assobios na prisão. Universalmente, a intrusa da prisão é encarada, ocasionalmente acenada, mas ela sempre existe pela metade nesta terra dos enterrados vivos. Na PG, estou decididamente presente. É enervante, me aterrissando no coração deste inferno de uma forma muito mais imediata do que eu já havia experimentado antes – simplesmente não há como desviar o olhar. O caos borbulha na superfície como óleo de uma panela de curry. Os prisioneiros aqui são ressuscitados do confinamento por apenas quatro horas e meia por dia, e durante essas horas eles estão, claramente, tentando muito viver. O barulho é indomável; tudo e todos estão em exposição. O lugar é essencialmente um enorme campo de futebol cercado por minúsculas celas de aparência medieval.

O assistente de Carla, George, que eu mais tarde encontraria em seu escritório, detalharia seus três anos dentro dessas celas.

"Foi uma grande revelação para mim, para dizer o mínimo", ele declarou. "Três a cinco pessoas em um espaço minúsculo. Não há banheiro; você deve urinar em uma garrafa de água. Se você tiver que defecar, pode ser um problema real. Você notifica os companheiros de cela que tem de fazê-lo e usa um jornal. Mas somente se você for um *malvado* ou um preso reconhecido você tem esse privilégio; caso contrário, eles dirão para você se segurar até que seja liberado da cela. Isso resulta em muitos prisioneiros defecando em si mesmos ou ficando doentes.

"No chão da cela há espaço suficiente para dois, então as outras pessoas constroem uma rede. 'Vai custar caro', o alfaiate me disse quando cheguei. Sem uma rede, veja bem, você fica em pé para dormir. Lembre-se, você não pode se deitar ao lado de um homem – a Jamaica é uma sociedade muito homofóbica." Isso é um eufemismo. Em 1997, comentários feitos pelo comissário de correções sobre preservativos para prisioneiros levaram a uma greve de guardas e tumultos na prisão, durante os quais dezesseis pessoas foram mortas. O comissário renunciou. Seções separadas foram criadas para prisioneiros rotulados como *gays*. Uma cultura de medo paralisou os esforços de prevenção do HIV atrás das grades.

"Às vezes, os homens ficam de pé noite após noite, até que consigam contatar algum familiar que possa ajudar", George lembrou. "E sim, eu testemunhei muitos esfaqueamentos, às vezes por uma coisa simples como pisar no pé de alguém."

Bai-xinha!
Im-peratriz!
Hsssssst!

A bola de futebol zune pelo ar, e Carla cumprimenta os prisioneiros em seus uniformes cáqui enquanto eles correm até nós. Os guardas tentam silenciar os chamados dos prisioneiros enquanto nos conduzem para uma cabana de concreto ao lado das celas, e a porta bate atrás de nós.

Silêncio.

Entramos na versão da biblioteca Luzira da PG: um laboratório de informática. Cerca de vinte e dois homens passam quatro horas por dia aqui, cinco dias por semana. Eles param de digitar para sorrir para mim; alguns parecem não ter mais de 16 anos. EDUCAÇÃO É O CAMINHO PARA O FUTURO lê-se num pôster na parede verde brilhante.

"Venha, deixe me mostrar uma coisa", diz Carla. Ela abre uma pequena porta para o lado e *voilà*! É um armário – não, uma estação de rádio: Free 88.9 FM. No microfone, cercado por pôsteres de Gregory Isaacs, Michael Bolton, Shaggy e Kenny Rogers, está Serano, um dos músicos apresentados em *Songs of Redemption*, um documentário recente sobre o programa de música. Ele me lembra Wilson, uma combinação estranha de velho e garotinho: pequeno em estatura, seus *dreadlocks* amarrados sob uma bandana cor de pêssego e boné dos Yankees, ele ostenta um par de Nike Air Force Ones brancos e um relógio cintilante que parece ter o dobro do seu tamanho. Até duas vezes maior é o tamanho do seu sorriso descomunal, que satura a sala.

"Olá!"

"Sou uma fã", digo a ele. De fato, quando assisti ao filme, sua voz me deixou perplexa. Como a de Jah Cure, cada nota torce uma dor profunda.

"Veja, meu povo", ele diz no microfone, "estamos aqui falando sobre *O segredo* – e de repente eu-e-eu sou um exemplo de como isso se manifesta, viu? Eu-e-eu quero alcançar as pessoas com a minha música e aqui, esta adorável senhora aparece bem na minha frente. Será que isso vai acontecer, meu povo!"

Ele passa à trilha sonora do filme. Conversamos um pouco, mas estou distraída pela música *reggae*, lançando meu espírito para fora desta zona morta. É exatamente o oposto do que Daughtry, que projetou a PG, teria desejado. "Nenhum som além do martelo, do machado ou da serra", ele escreveu em um relatório de 1844 prevendo a primeira prisão moderna da Jamaica.

Carla me leva ao "centro cultural" vizinho, outra cabana de concreto ao lado da sala de computadores. Estou diante de um palco decorado com um mural de Bob Marley e da cantora contemporânea de *reggae* Queen Ifrica. Enormes caixas de som tomam a sala, há guitarras penduradas nas paredes e um homem toca bongôs. Os prisioneiros do programa de música gravam e lançam músicas, e Carla me havia dito anteriormente que ela é vigilante quanto a lhes obter os *royalties*, mas a indústria musical jamaicana é uma fera complexa e irritada. Quem realmente lucra é algo que permanece consistentemente vago, e a economia de subsistência prevalece.

Um policial me leva para o estúdio de gravação ao lado do palco, onde uma velha revista *Vibe* repousa sobre a mesa de mixagem.

"Queremos construí-lo muito maior", ele explica. "Eu também sou músico. Sou totalmente a favor dessa reabilitação. Adoro trabalhar com os presos."

Na saída, passamos pela área da escola – "Quase meio que nível de ensino médio", o policial me diz. Regras e regulamentos de estilo colonial pendurados na porta: NADA DE CALÇAS CAINDO, NADA DE LINGUAGEM INDECENTE, MANTENHA A HIGIENE ADEQUADA, AS CALÇAS DEVEM SER USADAS NA CINTURA. Pouco antes de Carla me levar para a liberdade, um último cartaz chama a minha atenção. Nele se lê: NINGUÉM DEVE ESCAPAR.

* * *

Uma amiga me espera no estacionamento para me levar de volta para New Kingston. "Tantos problemas no mundo", canta Bob Marley, do som do carro dela. Cantando junto, chego à conclusão deprimente de que a música nas prisões é o doce som de um bálsamo. Porque, no fim das contas, a biblioteca da prisão de Uganda e o estúdio de música da prisão da Jamaica equivalem à mesma coisa: um Band-Aid num membro amputado. Apenas uma pequena minoria de prisioneiros tem a sorte de lucrar com eles e, comparado a tudo o mais que essas pessoas encarceradas sofrem, seu impacto fundamental permanece minúsculo.

Mas algum impacto não é melhor do que nenhum? Band-Aids não podem curar, mas podem parar o sangramento. O mesmo acontece com a escrita, a música e outros programas de artes atrás das grades, como estudo após estudo tem indicado. Um de 1983, por exemplo, revelou uma taxa de 74% de resultado de livramento condicional favorável para prisioneiros que participaram de um programa de educação baseado em artes na Califórnia. Jovens que faziam parte de um programa de Diversão na Educação Musical na África do Sul tiveram uma taxa de reincidência de 9% seis meses após a participação, que caiu para 0% após um ano. Um estudo do Programa Reabilitação Através das Artes de Nova York relatou vários impactos positivos nos participantes, inclusive um nível mais alto de enfrentamento positivo, níveis de raiva em declínio e menos infrações; no final, os participantes foram avaliados como mais confiáveis, socialmente maduros e dispostos a sacrificar necessidades individuais pelo bem-estar de um grupo. O educador musical Willem Van de Wall escreveu extensivamente sobre o poder da música atrás das grades para promover sentimentos de pertencimento e lealdade; a professora de Música israelense Laya Silber relatou sobre um coral israelense que ajudou prisioneiras a ouvir, formar novos laços e aceitar críticas.

Imaginando o sorriso exagerado de Serano, lembro-me de uma cena no filme *Songs of Redemption* [Canções de redenção] durante a qual ele faz uma *performance* de tirar o fôlego no centro cultural, então sai correndo do palco em meio a aplausos entusiasmados, se tranca na cabine do estúdio e começa a soluçar irreprimivelmente. "É demais", ele chora. "Jah sabe... a música começou a criar uma alma, sou alguém novamente, *sinto-me como uma pessoa*."

As artes são catárticas. Humanizadoras. Mas as artes também são belas. As prisões não são belas, não importa qual música ou prosa maravilhosa possa emergir delas. E no final da aula de música, escrita ou arte, a instrutora – eu – sai para a liberdade, refletindo sobre a aula maravilhosa e os alunos brilhantes, gratos e adoráveis – os mesmos alunos que, enquanto isso, devem retornar às realidades traiçoeiras de seus blocos de celas. Não é tudo uma provocação cruel, dar a alguém um gostinho de ser uma pessoa novamente, mas apenas por algumas horas por semana?

O problema também existe em grande escala, e esse é o verdadeiro Ardil 22 quando se trata de artes prisionais. Band-Aids podem fazer alguém esquecer que uma ferida desagradável está infeccionada por baixo; pior, eles podem fazer alguém se dar um tapinha nas costas por ter cuidado da ferida. Seria melhor, talvez – especialmente nos dramáticos infernos prisionais de Uganda e Jamaica – deixar o sangue fluir e manter o corte totalmente exposto, de modo a que o problema raiz seja resolvido e a verdadeira cura possa começar? Porque esse problema raiz é profundo: milhares de pessoas pobres presas por pequenas infrações ou porque não podem pagar um suborno; condições atrozes que desmentem até mesmo o enunciado da palavra "reabilitação"; sistemas de justiça criminal corruptos e lacunas de riqueza absurdas que produzem pobreza e crime.

A lista continua, de Uganda à Jamaica e além. Até mesmo o excelente programa de justiça restaurativa de Jonathan na África do Sul é, em muitos aspectos, um mero Band-Aid, também – embora represente a possibilidade de um paradigma alternativo, capaz de transformar a justiça de um sistema retributivo em um sistema orientado para a restauração e a restituição. E certamente há espaço, nesse novo paradigma, para programas de artes fazerem sua mágica de cura. Mas eles não podem ficar sozinhos.

Deixo a Jamaica como deixei Uganda: imensamente frustrada. Os programas de artes prisionais são certamente esforços bem-intencionados, mas também são migalhas atiradas a um sistema faminto por uma revisão radical. São cortinas de fumaça, obstruindo nossa visão do todo, que é que, quando se trata de justiça, segurança e tratamento humano, as prisões simplesmente não fazem sentido. Uma mudança do quadro geral não consiste em mexer ou melhorar o que é, mas evocar imaginações ousadas do que poderia ser. Por mais que eu a ame e acredite nela, a arte pode ser um obstáculo para tais imaginações por causa da própria coisa que ela faz tão bem: nos deslumbrar, e então nos distrair, com beleza.

4
MULHERES E DRAMA: TAILÂNDIA

Estamos presos numa rede inescapável de
mutualidade, amarrados numa única
vestimenta de destino.
Martin Luther King Jr.

Assim que volto da Jamaica, vejo como estão os meus alunos que voltaram da prisão. Depois, faço várias viagens para o interior do estado, para Otisville, para entrar em contato com os que ainda estão lá dentro. Estou acompanhada de uma colega, Lorraine Moller, uma professora de teatro que produziu peças em prisões americanas durante anos, principalmente com mulheres encarceradas. Enquanto esperamos que a segurança nos leve para a sala de aula, onde ela será professora convidada, lamentamos o fato de as mulheres agora representarem o grupo demográfico de prisioneiros que mais cresce no mundo.

"Você realmente deveria ir para a Tailândia e ver o que a princesa está fazendo acerca disso", ela declara, depois de ouvir sobre meu projeto.

A princesa, explica Lorraine, é Sua Alteza Real Princesa Bajrakitiyabha, a neta de 35 anos do Rei Bhumibol e da Rainha Sinkit. Ela é uma ex-promotora, ícone tailandês – e uma das principais defensoras dos direitos das mulheres na prisão. A história de como isso aconteceu é bastante surpreendente. Enquanto estudava direito em Cornell, SAR viajou ao seu país para visitar uma prisão em Bangkok. No meio da sua visita, uma prisioneira saiu da fila, prostrou-se diante da visitante real e implorou: *Volte e nos ajude*. Diante de espectadores atordoados, a princesa jurou que voltaria. Cinco anos e três graduações depois, ela lançou o Projeto Kamlangji, tailandês, para "influência ou ação divina", que estabelece prisões femininas "modelo" em todo o país.

SAR também passou vários meses em John Jay estudando justiça criminal, que foi como Lorraine a conheceu, e durante essa estadia visitou uma prisão feminina de Nova York.

"Vou entrar em contato com o povo dela", diz Lorraine.

Pouco depois de ela o fazer, recebemos um convite para visitar a Tailândia como convidadas oficiais da equipe de Kamlangji. Não temos muitos detalhes, mas sabemos que a agenda envolve visitar prisões e liderar algum tipo de *workshop* de teatro na instalação principal. Será uma oportunidade de considerar uma tríade sombria que está tendo consequências catastróficas na Tailândia e em todo o mundo: mulheres, drogas e prisão.

Mais de 625 mil mulheres e meninas estão encarceradas globalmente. O número de mulheres americanas na prisão aumentou em 823% desde 1977; 70% das 80 mil mulheres atualmente atrás das grades nos Estados Unidos estão presas por crimes não violentos, uma realidade ecoada em muitos países, onde as mulheres, em geral, cumprem pena por roubo, fraude e drogas, todos crimes intimamente relacionados à pobreza. Na Tailândia, cerca de 21 mil das 25.231 mulheres condenadas na prisão estão presas por acusações de drogas e apenas 550 aproximadamente por crimes violentos. Cerca de 18 mil dessas mulheres estão cumprindo pelo menos vinte anos, e 41 estão no corredor da morte. Os números, em outras palavras, são dramáticos e sombrios – certamente a razão pela qual a princesa simplesmente não conseguia desviar o olhar.

* * *

Na manhã seguinte ao desembarque em Bangkok, aguardo minha carona no saguão. Monges budistas de sandálias e túnicas estão chegando em massa para uma conferência, me deixando submersa num mar laranja. A pessoa que vem me buscar chega correndo, atrasada e sem fôlego. Seu nome é Pattirya, e ela se apresenta com um aperto de mão gentil e uma profusão de desculpas pelo trânsito. Então ela me guia até uma van na qual se lê DEPARTAMENTO DE JUSTIÇA, onde sou apresentada à sua outra metade, Pannaya. Pan e Pat, jovens recrutas do governo com carinhas de recém-formadas, serão minhas acompanhantes pela "terra dos sorrisos".

"Quão longe fica Sukhumvit?", pergunto, tentando entender o tamanho dessa extensa cidade.

"Muito perto", diz Pat. "Talvez mais de uma hora?"

No Sukosol Hotel, pegamos Lorraine, que escolheu que a equipe do governo providenciasse suas acomodações. As portas são abertas por imponentes mulheres tailandesas em túnicas roxas, recepcionistas do hotel. *Sawade-ka*, vem sua saudação cantada, palmas pressionadas juntas como se estivessem em oração, cabeças abaixadas.

BEM-VINDA DELEGAÇÃO DA JOHN JAY, diz o cartaz no Escritório de Assuntos de Justiça, nossa primeira parada hoje. O escritório é um *think tank* do governo, e tudo sobre o lugar conota progresso e eficiência. A decoração é IKEA-chic, com cadeiras amarelo-giz de cera e flores de plástico alegres. Retratos de agentes correcionais e SAR adornam as paredes, junto com *slogans* motivacionais e o mantra da agência, "Projetado para uma boa justiça". Em uma sala de conferências branca reluzente, bandejas de almoço organizadas contendo frango frito, pudim de coco e sopa de camarão são servidas; Lorraine e eu fazemos um curso intensivo sobre a justiça tailandesa.

As 114 prisões do país são divididas entre Prisões Centrais, que abrigam aqueles que cumprem mais de quinze anos; Instituições Correcionais, que abrigam prisioneiros relacionados a drogas; e uma Casa de Relegação para aqueles considerados "infratores habituais". Seis classes de prisioneiros são classificadas como crianças malcomportadas: excelente, muito bom, bom, moderado, ruim e muito ruim. O sistema está lotado em quase três vezes sua capacidade, como nos Estados Unidos, isso se deve, simplesmente, a uma guerra contra as drogas. Em 2003, o governo tailandês mudou sua política sobre metanfetamina da noite para o dia, classificando-a como um narcótico de primeiro grau. Isso levou o sistema prisional aos seus níveis mais altos de todos os tempos e quase à falência. O governo elaborou listas de suspeitos de supostos traficantes e usou incentivos financeiros para encorajar prisões. Os informantes receberiam 15% do valor dos ativos apreendidos, e autoridades que fizessem prisões até 40%. As repressões resultaram em milhares de mortos nas ruas; as autoridades alegaram que esses assassinatos foram resultado de guerra de gangue, mas os vigilantes internacionais dos direitos humanos os expuseram como assassinatos extrajudiciais por uma força policial agitada.

Lentamente, o governo conseguiu reduzir sua população carcerária, principalmente por meio do uso de sistemas de subsídio por bom comportamento, livramento condicional antecipado e perdões reais, que comemoram casamentos reais, aniversários e assim por diante. Em um ano, 37.400 prisioneiros foram libertados em homenagem ao aniversário do rei. As penas de morte também podem ser relaxadas por meio do perdão real, e a maioria dos "prisioneiros perpétuos" na Tailândia, na realidade, cumpre cerca de uma dúzia de anos.

Eu me esforço para absorver a enxurrada de informações e processar o estilo PowerPoint em que são apresentadas. Autoridades do governo tendem a lançar estatísticas de prisões como se não estivessem falando sobre a vida humana. Como posso casualmente acenar com a cabeça em aprovação enquanto *slides* do que há de mais moderno em "equipamentos de contenção humana" são apresentados para nosso exame? Gráficos e tabelas representando perdões reais e equações de redução de sentenças especialmente confundem minha mente. Por que inventar sentenças elaboradas apenas para encontrar pretexto após pretexto para reduzi-las?

Eu, no entanto, falo pouco em um esforço para ser educada com os nossos graciosos anfitriões. E pelo resto do dia, sob chuva torrencial, o grande *tour* de boas-vindas continua. Eu me curvo, recebo presentes e ensaio *sawade-ka*. Câmeras disparam enquanto *paparazzis* do governo transformam cada encontro numa oportunidade para fotos. Lorraine, que se armou com livros de etiqueta tailandesa antes da nossa viagem, sussurra em meu ouvido o tempo todo. *Cruzar as pernas é rude – ninguém deve ver a sola dos seus pés! Aceite cartões de visita com as duas mãos! Estude-os cuidadosamente quando educadamente recebidos!* Voltando ao hotel, estou exausta e sem saber o que pensar sobre o que vimos e ouvimos até agora, mas também tremendamente curiosa sobre o que está por vir.

* * *

Na manhã seguinte, chegamos à Instituição Correcional Feminina Central de Bangkok, localizada no complexo de alta segurança Klong Prem e abrigo de cerca de 20 mil pessoas. A enorme estrutura branca, com detalhes em amarelo semelhantes a glacê, parece um grande bolo de casamento, enfeitado com bandeiras tailandesas e coroado por uma foto gigante do rei em moldura dourada.

No comando da equipe Kamlangji que nos acompanha está a diligente e sempre sorridente Dra. Napaporn, uma professora recrutada pela própria SAR para comandar a iniciativa. Imediatamente, posso ver o porquê. Napaporn é uma riqueza de informações sobre todas as coisas relacionadas às mulheres tailandesas e ao encarceramento, mas também uma fonte de paixão e compaixão – um antídoto para a burocracia governamental fria que testemunhei ontem. Em suas mãos, as estatísticas ganham vida e se tornam vidas humanas novamente.

Durante o passeio, ela nos informa sobre a convenção global que a princesa iniciou, que resultou nas Regras das Nações Unidas para o Tratamento de Mulheres Presas e Medidas não Privativas de Liberdade para Mulheres Infratoras, mais conhecidas como Regras de Bangkok, de 2010. Uma de suas conquistas foi identificar as mulheres como um grupo que tem necessidades distintas e é excepcionalmente vulnerável. Estima-se que, na Europa, 80% das mulheres na prisão tenham uma doença mental identificável, uma em cada dez tentou suicídio antes de ser presa e 75% lutam contra drogas e álcool; nos Estados Unidos, a porcentagem de mulheres encarceradas que são doentes mentais é de cerca de 73%. Como resultado, as salvaguardas devem governar as prisões femininas em todo o mundo. Deve haver rastreio de problemas de saúde mental, dependência de drogas e abuso sexual. Aconselhamento nutricional deve ser dado a detentas grávidas, amamentando ou menstruadas, e a equipe deve ser treinada em "sensibilidade de gênero". As Regras de Bangkok também defendem a proibição de algemar mulheres durante o parto – surpreendentemente, algo com que apenas sete estados americanos concordaram – e propõem que uma "avaliação de risco sensível ao gênero" deve levar em consideração o histórico de violência doméstica, doença mental e problemas de abuso de substâncias da mulher durante a prolação de sentença.

Entramos no complexo prisional por estradas secundárias e por uma área favelizada onde, como Napaporn explica, vivem agentes penitenciários. Uma fila de boas-vindas de agentes vestindo uniformes cáqui nos cumprimenta e somos conduzidos para cima, para uma sala de conferências luxuosa com cadeiras de veludo vermelho e cortinas amarelo-sol. Suco de manga e *muffins* de banana quentes são servidos – feitos por prisioneiras, nos disseram. As luzes são diminuídas e uma voz gerada por computador narra um *tour* em vídeo pela biblioteca da prisão e aulas de treinamento vocacional em serviços de alimentação, esportes e artes da beleza. A lista continua, alegremente. Costura! Meditação! Massagem! Ioga, salões, padarias!

Será que é uma campanha de *marketing*? Para algum retiro?

Esse sentimento de perplexidade aumenta conforme somos conduzidos pelos portões e por um detector de metais, com *paparazzi* nos seguindo. Um agente em posição de saudação anuncia a contagem de 4.500 prisioneiras hoje, 53 no tribunal. E bem dentro dos portões de metal fica a área principal da prisão: um complexo organizado com um gramado exuberante, um pequeno santuário budista, vários prédios de aparência decrépita e uma fila de mulheres sentadas num banco.

Elas usam blusas largas e saias longas, azul-bebê e azul-real para as prisioneiras condenadas, marrom-ferrugem para as em prisão preventiva. Ao nos espiar, elas juntam as mãos e se curvam. Elas estão esperando visitantes; aquelas acusadas de tráfico de drogas podem recebê-los uma vez por semana e todas as outras, todos os dias. No entanto, as visitas duram apenas quinze minutos e geralmente são conduzidas através de um vidro. Visitas de contato são concedidas apenas uma vez por ano, geralmente para crianças e mães. É de conhecimento geral que, em todo o mundo, as mulheres visitam seus maridos na prisão com muito mais consistência do que os maridos visitam suas parceiras.

Enquanto sou conduzida por portas de correr e para uma sala com ar-condicionado, um embrulho é colocado em meus braços. É um bebê. Um de duas dúzias de seres adoráveis em um imaculado berçário branco. Uma foto da princesa numa moldura dourada está pendurada na parede e os brinquedos estão empilhados ordenadamente num canto, onde três mães amamentam. Há um cheiro delicioso de bebê – talco e loção. Enrolados em cobertores, os bebês descansam numa ilha de travesseiros coloridos no meio da sala, cuidados por prisioneiros descalços que são cuidadores treinados. Meu coração derrete a cada segundo.

"Nunca vi bebês tão silenciosos", fico maravilhada.

"Eles são felizes!", exclama Napaporn. "Se estivessem do lado de fora, seriam pobres. Aqui dentro é melhor do que lá fora. Refeição, fralda. Tudo de graça."

Lorraine, arrulhando, pega o bebê que estou segurando e Joseph pousa em meus braços.

"Da África. A mãe é do Sudão", explica um agente penitenciário. Joseph me dá um sorriso desdentado e uma gota de baba cai na minha gola.

"Gostaria que a minha filha já tivesse um!", exclama Lorraine, entre arrulhos.

Esta prisão é o lar de cerca de cem mães, continua Napaporn, que vivem juntas num dormitório. "Os bebês ficam até um ano de idade", ela diz, enquanto Joseph é retirado do meu abraço. "Até os 3 anos, casa fornecida pelo departamento e visita semanal à mãe. Depois disso, a família deve prover. Ou orfanato." As despedidas, depois daquele primeiro ano de vínculo maternal, são de partir o coração, ela acrescenta.

Universalmente falando, lares desfeitos são consequências colaterais agudas do encarceramento, destruindo a fundação de uma família emocional e economicamente. Nas costas americanas, cerca de 75% das mulheres na prisão são mães e 2,7 milhões de crianças têm pais detentos. Um estudo de 2014 encontrou problemas de saúde e comportamentais significativos nessas crianças, indicando que, em alguns aspectos, o encarceramento dos pais pode ser mais prejudicial à saúde de uma criança do que o divórcio ou mesmo a morte de um dos pais. Apenas dez estados nos Estados Unidos permitem que mães encarceradas passem mais de dois ou três dias com seus recém-nascidos. Aqui na Tailândia, a equipe de Kamlangji determinou que 43% das mulheres na prisão eram, no momento da prisão, as principais provedoras. A Tailândia, na verdade, ostenta uma das maiores taxas de participação no trabalho para mulheres de qualquer país da região, em parte porque o budismo designa as mulheres, que não podem ser monges, como "deste mundo" e os homens como "de outro mundo", colocando assim o ônus das questões econômicas cotidianas principalmente nas mulheres.

A chuva cai ruidosamente e o ar está denso de calor. Recebo um guarda-chuva xadrez da Burberry. Prisioneiros, correndo de um lado para o outro, protegem suas cabeças com papelão e sacos de lixo. Alguns nos seguem por uma passarela de concreto até uma biblioteca, construída em 2006 com o apoio de SAR. O ar-condicionado é um alívio bem-vindo, assim como o vislumbre de normalidade que a biblioteca oferece. As mulheres sentam-se serenamente às mesas, lendo revistas, rindo e sussurrando, conferindo livros.

"Muito pouca", afirma nossa agente anfitriã, quando questionada por Lorraine sobre a violência na prisão. "Algumas brigas por, talvez, as pessoas falarem demais, muito pouco espaço. As prisioneiras são – como se diz? – mais sensíveis do que os homens, então, quando algo acontece, elas ficam mal-humoradas. Muito mal-humoradas."

Os dormitórios, como são chamados, são imaculados, com pisos de linóleo e pias semelhantes a calhas ladeadas por toalhas do Ursinho Poo. Colchonetes azuis estão empilhados em um canto do quarto, que comporta quarenta e cinco mulheres e tem aproximadamente o tamanho de um apartamento estúdio. Uma TV de tela plana está pendurada na parede, ao lado de dois ventiladores, armas escassas na batalha contra o calor de junho em Bangkok. Muitas horas são passadas aqui. O banho e o café da manhã diários são às 6h da manhã, o tempo de oficina ou biblioteca às 8h, o jantar às 15h e o confinamento até as 4h30 da manhã.

Fora do dormitório, um quadro de cortiça afixa o número de pessoas presas, seus crimes e seu tempo até a libertação. Pergunto a Napaporn sobre a pena mais longa listada. Vinte e cinco anos e onze meses, ela diz, examinando o quadro. Por posse. De quê? *Yaba*. Literalmente "droga da loucura" – metanfetamina com infusão de cafeína, em alta demanda. Um estudo de Kamlangji descobriu que 90% das mulheres atrás das grades enfrentavam acusações relacionadas à *yaba*, em 35% desses casos, as mulheres possuíam menos de quatorze comprimidos. Parecendo visivelmente aflita, Napaporn explica que quinze comprimidos podem significar uma sentença de prisão perpétua ou morte.

Os prisioneiros, percebo na lista, são identificados pelo nome, não pelo número.

"Não, não. Devem saber o nome e o rosto", explica a agente. "Mulheres sensíveis. Devem saber o nome e o rosto."

Lá fora, poças se tornaram lagos. Guiados em botas de borracha, chapinhamos no calor úmido e na névoa cinza até a área de trabalho. Redes mosquiteiras rosa-choque cobrem a sala como nuvens de algodão-doce; aquelas que as fabricam se curvam sobre máquinas de costura. Um vestido de andar em casa floral brilhante é levado até nós para inspeção. As mulheres sorriem e se curvam antes de correrem de volta para seus postos.

Tento enxergar além dos sorrisos, mas não é fácil. Estou aprendendo os fatos e números sombrios, mas, como seres humanos, as mulheres aqui continuam sendo lousas em branco para mim. Não troquei uma palavra com elas e mal fiz contato visual – as cabeças estão frequentemente abaixadas. À Lorraine e a mim nos foi prometida a chance de entrevistar mulheres durante a visita de amanhã a outra prisão, e o trabalho da próxima semana exige muita interação, mas me pergunto sobre minha capacidade de me conectar com as pessoas aqui, como fiz em outros países. Considerando que é uma visita real, além das colossais barreiras culturais, quão sincera posso esperar que uma interface seja?

As máquinas de costura continuam zumbindo. Eu poderia estar em qualquer fábrica do mundo. Qual noção é mais angustiante, eu reflito, a ideia de que as prisões são uma melhoria em relação ao mundo exterior, como no berçário, ou a possibilidade, inspirada por essa vista do capitalismo, de que elas estejam essencialmente a par com ele? Ambas as realidades sugerem que a pobreza seja ela mesma uma espécie de prisão. É por isso que muitos dos meus alunos em Nova York voltam para casa em liberdade apenas para me dizer, meses mais tarde, que a rotina diária da vida pode às vezes fazer a liberdade não parecer tão diferente de estar atrás das grades.

O *tour* termina tão estranhamente quanto começou, com comida e *souvenirs*. O restaurante da prisão, logo do lado de fora do arame farpado, é uma grande atração local, tanto pelo truque embutido de ter prisioneiras como funcionárias, como parte do seu treinamento culinário, quanto pela qualidade da comida. Hoje há um programa de TV local popular sendo filmado aqui, entrevistando agentes posicionados no banheiro feminino e clientes famintos devorando macarrão. Na mesa, jogos americanos rendados, cardápios cor-de-rosa acolchoados e porta-hashis cor-de-rosa combinando marcam cada assento. Garçonetes em vestidos cor-de-rosa ostentando aqueles mesmos olhares inexpressivos que eu enfrentei o dia todo, pegam nossos pedidos e colocam salada de mamão picante e *pad thai* diante de nós.

Ao lado, a loja de presentes vende produtos feitos por prisioneiras e funciona como casa de massagem. Vasculhando travesseiros, jogos americanos e bolsas bordadas com garotinhas tailandesas no parquinho, tentando determinar se fazer compras constituiria apoiar o sistema prisional ou, em vez disso, os esforços para reformá-lo, espio mais uma foto real emoldurada. Lá está o sobrinho do rei, calças arregaçadas, aproveitando uma massagem nos pés feita por uma estagiária encarcerada.

* * *

"Sei que você me diz para eu não me preocupar, mas me preocupo. Estou preocupada", Lorraine suspira durante o jantar naquela noite no Vertigo, o restaurante na cobertura que faz jus ao seu nome. Como muitas megalópoles asiáticas, seus horizontes repletos de edifícios pós-modernos, Bangkok vive nos céus. Na próxima semana é a oficina de teatro da Lorraine e minha, mas ainda não sabemos os parâmetros do nosso acesso e não descobrimos como tudo vai funcionar. Por semanas antes da nossa partida, Lorraine me perseguiu com e-mails. *Que tal esse exercício de teatro? Você deveria ler esse livro sobre papéis de gênero tailandeses. E talvez esse sobre mulheres e prostituição na Tailândia?*

Eu disse a ela para relaxar; planejar demais é contraproducente.

"Vai ficar tudo bem", eu lhe asseguro, com um gole extra de vinho.

Depois do jantar, vou dar uma volta na Khao San Road, a faixa turística definitiva de Bangkok. É tudo vendedores de bugigangas, carne barata no espeto e bares agitados inundados de alemães com camisetas do Bob Marley. Um cartaz diz GÁS HILARIANTE E TOEFL À VENDA; um outro, BEBIDA MUITO FORTE: SEM VERIFICAÇÃO DE IDENTIDADE. Eu a apelido de noite dos estereótipos vivos, a essência do "mochileiro" ganhando vida. Inclusive, é claro, um ingrediente muito crítico para mochileiros: drogas.

A festa e a prisão estão, portanto, dificilmente distantes. Metanfetamina e, a partir do início dos anos de 1990, *ecstasy*, têm mercados locais, especialmente entre viajantes hedonistas, e esses clientes exigem fornecedores, recrutados principalmente entre as mulheres encarceradas que conheci hoje. A Tailândia é um importante ponto de transbordo de heroína do vizinho

Mianmar, o segundo maior produtor mundial de ópio, depois do Afeganistão. Grupos do crime organizado e grupos minoritários que residem na fronteira, como o Hill People, estão na vanguarda desse comércio complexo, e em 1979 a Lei Antidrogas do país determinou punições draconianas para diversas categorias de drogas. As políticas e a retórica do "combate às drogas" foram inspiradas pela própria guerra às drogas dos Estados Unidos na mesma época. E, como nos Estados Unidos, a coisa toda é motivada pela política, servindo para aumentar a popularidade do governo enquanto desvia a atenção de suas falhas políticas.

Com os olhos pesados, chamo um tuk-tuk e volto pipocando para o hotel.

* * *

Dentro de outra prisão feminina tailandesa mais tarde naquela semana, assistimos a quatro mulheres com cortes de cabelo curtos criando estantes de livros da Hello Kitty. Napaporn, falando gentilmente com elas, nos apresenta; elas juntam as mãos tranquilamente.

Pim, usando batom cor-de-rosa e uma presilha cor-de-rosa combinando no cabelo, tem 19 anos e cumpre uma pena de oito anos. Ela carregava a *yaba* do namorado porque, bem, ele pediu, e ele era o namorado dela; dados os papéis de gênero tailandeses, Napaporn explica, questionar figuras de autoridade masculinas não é uma opção. Um de seus estudos descobriu que mais da metade das mulheres encarceradas com casos de drogas tinham corréus, 44% dos quais eram maridos ou amantes.

Wanee aplica cola meticulosamente em prateleiras de cores pastéis. Ela sorri enquanto nos conta que é mãe de três filhos cumprindo prisão perpétua por duas pílulas de *yaba*. Prisão perpétua porque ela cruzou uma fronteira nacional para visitar sua família no Laos, e carregava pílulas com ela.

Tento reunir mais perguntas, mas sou detida pela angústia silenciosa da cena. E as respostas das mulheres são breves e pouco reveladoras; civilidade e dinâmica de poder pairam como teias de aranha sobre nossa conversa. Sorrisos e *sawade-kas* são tudo o que parece apropriado.

Na cozinha, quinze mulheres em uniformes de prisão, a equipe de cozinha, estão sentadas no chão em estilo sereia. Enormes *woks* prateadas repousam ao lado de montes de produtos. Um menu na parede nos informa que canja de galinha, pepino com linguiça chinesa e curry com torresmo são para o jantar. Amostras do tamanho de uma casa de bonecas são apresentadas para nossa inspeção. *Kapoon-ka!* vem o chamado em coro, enquanto seguimos para a padaria com cheiro de céu.

"É difícil assar neste calor?" Lorraine pergunta a uma das prisioneiras ali, agachando-se para olhá-la nos olhos.

"Sim, mas eu gosto. É como estar em casa, assando." Ela brande o seu chiffon de chocolate.

Grace, de 58 anos, que será solta em dois meses após cumprir onze anos, nos conta que irá para o norte para abrir uma padaria, e esse trabalho tem sido um treinamento útil. Uma terceira mulher explica que cumpriu um ano por posse de *kratom* – uma planta na mesma categoria de narcóticos da maconha, embora seja cultivada para fins medicinais em vilas rurais tailandesas.

Lembro-me do fato de que nos Estados Unidos, na década de 1990, cerca de 80% das prisões por drogas eram por maconha. E em 2013, 3.278 pessoas nos Estados Unidos – 65% delas negras – estavam cumprindo penas perpétuas por crimes não violentos. Isso inclui um homem condenado a prisão perpétua por servir como intermediário na venda de dez dólares em maconha, e um caminhoneiro que tentou ganhar dinheiro para o transplante de medula óssea do seu filho de 2 anos carregando metanfetamina em seu veículo, agora se aproximando de vinte anos atrás das grades. Uma vez que os Estados Unidos, assim como a maioria dos países, incluindo a Tailândia, privilegia o peso dos narcóticos em detrimento do papel que um réu desempenha em um negócio de drogas, um chefão que importe quinze quilos de cocaína potencialmente enfrenta a mesma pena que o caminhoneiro que recebeu cem dólares para carregá-la. Uma medida mais justa de culpa seria o lucro obtido com a operação – em outras palavras, processar os mentores de uma operação acima de seus infelizes soldados da rua. Mas isso significaria que quase todas as mulheres que estou encontrando hoje estariam livres. 79% das mulheres tailandesas encarceradas foram presas durante operações de captura de peixes pequenos no grande lago das drogas.

"Antes daqui eu era garçonete. No hotel", Grace nos conta. "Não tenho preocupações com a soltura." Ela oferece uma amostra do seu bolo de frutas.

Dentro do prédio do programa, as prisioneiras massageiam os pés umas das outras durante um curso de treinamento; uma dúzia de outras sentam-se numa sala envidraçada fazendo uma aula de informática. Na varanda há "terapia de arte", como Napaporn a chama. Cinco prisioneiras estão criando pinturas – um diário com uma capa inspirada em mangá, retratos da princesa e do rei, um enorme de Ganesha, o deus hindu do sucesso com cabeça de elefante. Uma dúzia de mulheres está envolvida em um curso de arranjos florais, e Lorraine é presenteada com uma amostra ornamentada de rosas brancas. Uma agente aponta para uma das mulheres, com cravos até os joelhos.

"Elas se maquiam antes de dormir", ela ri. "Então, quando sonham, fingem que estão bonitas."

Lorraine pergunta como tratam o mau comportamento.

"Elas correm para cima e para baixo no pátio", responde a agente. "Ou sentam-se separadas de todas, talvez por até uma semana. Ou limpam a prisão."

Como crianças travessas, eu acho. Ambas essas chamadas prisões-modelo – minimundos totalmente únicos e exclusivamente femininos adotados por Kamlangji – dependem de um tipo de estrutura de autoridade maternal. Elas são um cruzamento entre um acampamento militar e um retiro feminino, no qual cada prisioneira está sempre envolvida em algum programa. Elas lembram o movimento reformatório da era progressista dos Estados Unidos, que refletia mudanças nas concepções de infratores: não depravados, mas rebeldes, desviados e, portanto, prontos para serem levados de volta ao caminho certo por meio de métodos supostamente científicos, como liberdade provisória, livramento condicional e colocação em prisões precisamente classificadas, da mínima à máxima. Muitas de nossas prisões femininas nasceram como reformatórios, como Bedford Hills, em Nova York, em 1907, e sua Casa de Refúgio para Mulheres, em 1887. Muito menos severos do que as prisões masculinas, esses reformatórios eram comandados por mães da casa e uma equipe composta apenas por mulheres. As prisioneiras eram frequentemente postas em livramento condicional para trabalharem como empregadas domésticas, e havia aulas de ginástica, leitura e escrita, aulas de assistência médica, caminhadas na natureza e corais. No Reformatório de Indiana, as mulheres até usavam vestidos de guingão e comiam em mesas decoradas com toalhas de mesa e flores. Esse movimento perdeu força por volta de 1930, em parte porque a Depressão o tornou financeiramente insustentável.

"Tento não olhar as mulheres nos olhos", diz-me a agente de relações exteriores quando saímos. "Será muito triste para mim. Fico feliz por não ir à prisão todos os dias, só às vezes. Porque eu sei. Embora tenham programas, sejam cuidadas, elas não são felizes. Querem estar com seus filhos e suas mães."

No sistema de valores tradicionais tailandeses, *bunkhun*, traduzido livremente como "dever", implica que as mulheres devem cuidar dos seus filhos e das suas mães, porque têm uma dívida a pagar e outra a gerar. Um homem pode pagar essa dívida da forma mais elevada possível tornando-se monge, mas como as mulheres não podem ser monges, elas pagam num sentido mais literal, como cuidadoras principais.

Depois, naquela tarde, no suntuoso e surreal Templo do Amanhecer, que se ergue como uma colorida Candy Land das ruas monótonas da cidade, cobiço Budas ornamentados, me desvio das câmeras de turistas e contemplo o *bunkhun*. Penso imediatamente em Moon, a gerente com aparência de supermodelo do meu hotel.

"Sou de Tigre", ela me havia dito, enquanto conversávamos uma noite. "E você?"

Dragão, eu digo a ela, e Virgem. Ela explica que mora com a mãe e o sobrinho, e esteve noiva de um homem, mas depois ele se assumiu *gay* e agora é uma mulher. Ela modela vestidos de noiva, mas planeja nunca se casar.

"Eu tenho o templo. E a minha mãe. Homens machucam. Mães – nunca."

Eu, no entanto, não tenho filhos e vejo a minha mãe a cada poucos meses. Lorraine me disse que sacrificou seu ano sabático para poder cuidar da saúde da mãe; estou passando o meu viajando pelo mundo, e meus laços principais, aqueles pelos quais me esforço para verificar e-mails, aqueles para os quais telefono antes de pegar outro voo, são meus alunos que voltaram da prisão para casa em Nova York.

Pan me pega para a viagem de volta e me pergunta o que farei esta noite.

"Eu vou para casa, para os meus pais, a minha família", ela diz, antes que eu possa responder. "Talvez você ache... chato."

Não digo nada. O que sinto, no entanto, é inveja. A família tradicional não tem feito parte da minha órbita há décadas; por enquanto, improvisei uma bela versão de "família" com amigos, alunos e causas. Mas o fascínio do convencional nunca recua totalmente. Esta viagem, saturada na dor de famílias fragmentadas, enfocou nitidamente as minhas próprias lutas domésticas com o desenraizamento.

"Minha mãe me teve muito tarde na vida dela", acrescenta Pan. "Ela é feliz por eu ter nascido saudável, entende? Ela é a minha melhor amiga."

Que sorte você tem, eu penso, virando-me para espiar pela janela.

* * *

Os procedimentos da semana têm um nome: "Encontraremos o caminho de casa."

Durante o café da manhã no hotel, leio a coluna de conselhos no *Bangkok Post*.

Querida Annie, leio para Lorraine. Ela está se preocupando de novo. Depois da reunião de hoje com a equipe de Kamlangji, seguiremos para o sul, para Ratchaburi, para começar nossa oficina de teatro atrás das grades, e ainda não temos uma agenda concreta. Passamos o fim de semana separadas, Lorraine permaneceu em Bangkok e eu fui para Chiang Mai antes de nos mudarmos para o hotel dela.

Meu irmão acabou de ficar noivo, continuo lendo. *Acabei de descobrir que a mulher com quem ele vai se casar tem enviado mensagens de texto secretamente para o homem com quem ela teve um caso. Digo alguma coisa ou fico de boca fechada e esboço um sorriso falso?*

"Agora não é esse o dilema", Lorraine reflete, sem entusiasmo.

"De fato", eu digo. "Lealdade familiar *versus* normas de gênero. A mulher deve sorrir e ficar em silêncio."

Com um sobressalto, Lorraine pousa o café e olha para cima.

"É isso! Vamos encenar", ela declara. "Encenações – este será nosso exercício de dramatização na prisão. Isso vai funcionar. As mulheres vão entender."

Nós elaboramos uma estratégia. Então seguimos para a sala de conferências para uma manhã de discursos, formalidades e sessões de fotos antes de seguirmos para a prisão. Nossa visita se transformou numa miniconferência Kamlangji, com tema em torno de formas de terapia prisional e com a presença de delegados de todo o mundo. Há o Dr. Brian Steels, um professor de estudos aborígenes de 67 anos da Austrália Ocidental, onde ele se dedica a "terapia narrativa" com prisioneiros; Sanyasa, um terapeuta de ioga da Índia envolto em um manto laranja, turbante branco e contas, que fala pouco, mas sorri frequentemente; e o guru da terapia teatral Kru Chang – seu pai foi o primeiro aluno tailandês a se formar na UCLA e o primeiro tailandês a interpretar Hamlet – que se parece muito com o protótipo do "sábio ancião", com suas calças harém, sandálias, longos cabelos grisalhos e barba abundante.

"Eu já fui o Johnny Depp da Tailândia", Chang havia declarado dias antes, quando Lorraine e eu visitamos sua base. A viagem da expansão urbana para uma terra de canais e uma clareira na mata nos levou a Moradokmai, sua escola comunitária onde quarenta alunos budistas, a maioria de lares rurais pobres, aprendem o currículo inteiro por meio do teatro. Eu me perguntei em voz alta: será que existe uma relação entre budismo e teatro?

"Não há relação. É a mesma coisa", veio a resposta enigmática de Chang, que me deixa coçando a cabeça.

Na prisão hoje e amanhã, Lorraine dará aulas de terapia dramática e eu a ajudarei, ao mesmo tempo em que promoverei o ensino superior atrás das grades e o modelo Prison-to-College Pipeline. Napaporn nos conduz até a van, uma carruagem estilo VIP com rodas douradas e assentos de couro, para a viagem para o sul até a prisão. Sua energia é palpável. Eu soube que ela se envolveu neste trabalho pela primeira vez depois que a princesa veio à sua universidade para entrevistar professores para o lançamento de Kamlangji. Napaporn havia trabalhado com outros grupos desfavorecidos, inclusive minorias étnicas tailandesas e pessoas com deficiência, mas a partir do momento em que ela pôs os pés atrás das grades e conheceu as mulheres de lá, isso tornou-se não um trabalho, mas uma obsessão. Eu conheço bem essa obsessão, disse a ela.

"Não sei quanto tempo vai durar", ela disse. "Todos os dias eu me preocupo: o projeto vai acabar. O financiamento vai acabar. Então eu apenas tento impactar o máximo de pessoas possível. Entende?" Ela continuou me contando de uma prisão, perto da fronteira com Mianmar, onde a equipe está começando agora a trabalhar.

"Está escuro, superlotado. O que eu faço, Baz? Por onde começo para melhorar? Treinamento de sensibilidade da equipe? Ioga? Isso ajudará as meninas a não ficarem ansiosas, a dormirem melhor. Não é fácil dormir nessas celas. Mas o projeto parece tão grande, uma mudança tão pequena em um problema tão grande."

Eu respondi contando a ela sobre Martin, um dos meus ex-alunos detentos que chegou perigosamente perto de voltar para a prisão, logo depois de voltar para casa. Ele apareceu no meu escritório com um olho roxo de uma briga de bar; ia esquecer a escola e ganhar dinheiro, deu de ombros. Mas depois de insistência, garantias, meses de amor exigente, literalmente arrastando-o até a matrícula – ele começou a faculdade de má vontade. Agora é estudante estrela de filosofia, *prelaw* e estagiário remunerado em uma empresa de ponta.

"Uma vida única se destaca", foi minha resposta aos suspiros dela.

Na van, indo para o sul, converso com o Brian, sentado ao meu lado.

"Como você se envolveu no trabalho prisional?", pergunto.

"Fui para a prisão", ele responde.

Brian passou três anos atrás das grades por uma acusação da qual ele afirma ser inocente. Então voltou para a prisão, dedicando sua vida a impactar o sistema que o traumatizou. Com formação em sociologia e criminologia, ele é um de um crescente número de chamados criminologistas condenados, acadêmicos cujo trabalho é informado pela experiência pessoal com o sistema de justiça criminal.

"E", falo suavemente agora, enquanto Brian e eu nos perdemos numa intensa discussão sobre seus anos na prisão, "como a sua esposa reagiu?"

"Ela se divorciou de mim", diz Brian. "Aprendi rapidamente que a família é frágil. E a família é relativa."

Concordo vigorosamente. "Amigos são a família que você escolhe", proclamo. É um dos meus mantras.

"Sim", concorda Brian.

A cena do lado de fora da janela rouba minha atenção, suas montanhas verdejantes e arrozais abrindo seus braços para a eternidade. Por que a estrada para o inferno, ao redor do mundo, é pavimentada com vistas mágicas? Isso torna sua interrupção dramática por torres de concreto e arame farpado brilhante muito mais inquietante, um casamento surpreendente de feiura e beleza.

A Prisão Central de Ratchaburi, lar de cerca de novecentas mulheres, está nos esperando. Quando entramos no pátio movimentado, uma música metálica toca em um pequeno carrinho de biblioteca móvel, e uma barraca de bolo e café é operada por duas prisioneiras em aventais brancos. O cartaz de BEM-VINDO A RATCHABURI é feito de recortes de papelão colorido.

Em um canto há uma dúzia de mulheres enterradas em cestos e filhotes de animais de origami e um enorme retrato da superintendente da prisão em trajes militares completos. Napaporn pendura um cesto de origami no meu braço – "Moda!", ri uma agente – e duas prisioneiras depositam um cachorrinho e um rato de papel dentro dela.

"Rápido, rápido – elas vão começar a ioga agora", Napaporn grita para Lorraine e eu. Somos conduzidas a um pavilhão com um piso branco luminoso, no qual centenas de mulheres sentam-se pacientemente. Somos servidas com água e bolos doces de tapioca e toalhas perfumadas enquanto cerca de vinte e cinco mulheres encarceradas saem em fila, vestidas com *tops* pretos e *leggings*; muitas têm o cabelo elaboradamente trançado e ostentam batom cor-de-rosa vívido.

O canto começa. Parece uma canção de ninar triste, cantada por prisioneiras em tons agudos. Chang, ao meu lado, traduz.

"Os altos e baixos da vida", ele diz. "Mantenha o sonho aceso o tempo todo. A vida tem altos e baixos, mas a esperança permanece. Fé. Amor. Esperança."

A música se estende e as mulheres de preto começam suas poses de ioga. É uma dança majestosa, todas as configurações circulares e pirâmides e graciosas aberturas e cachorros olhando para baixo. Uma conclusão climática as coloca numa formação de flor de lótus, que elas mantêm por fortes dois minutos enquanto oferecemos aplausos estrondosos. A visão encantadora, em contraste com o seu contexto de arame farpado, me faz chorar.

Mas não há tempo para lágrimas. Napaporn leva Chang, Lorraine, Brian, Sanyasi e eu para vários cantos da prisão para começarmos a trabalhar.

As vinte e cinco alunas minhas e da Lorraine ficam num semicírculo, inquietas.

"Este é um espaço para o teatro, o que significa que é um espaço para ser livre!" uma Lorraine animada declara. Seu eu confiante e com domínio da sala de aula emerge.

"Quem gosta de representar?"

Todas as mulheres levantam as mãos cautelosamente e sorriem, como se estivessem ansiosas para agradar. Nosso quebra-gelo, o exercício do espelho, dá o pontapé inicial. A classe se divide em pares e é instruída a se envolver em movimentos. As parceiras devem imitar cada movimento feito, sem rir.

Lorraine e eu fazemos o exercício junto com elas, seus movimentos trêmulos e rostos excêntricos quase me fazem abrir um sorriso largo demais. As mulheres, enquanto isso, começam a rir, pular, acenar, tentando conter a gargalhada. Duas agentes correcionais também estão se espelhando, fazendo olhos esbugalhados e caretas para suas parceiras prisioneiras. Uma tem uma cara de lua tão cativante que me distrai.

Aquecidas, estamos prontas para as apresentações. Fiquem num semicírculo, Lorraine comanda. Algumas moças têm os braços ao redor da cintura de suas vizinhas; outras se apoiam uma na outra, ombro a ombro. Declare seu nome e um epíteto para acompanhá-lo – um adjetivo que a caracterize.

"Adorável Lorraine", ela começa.

"Baz ocupada."

> Ploy feliz.
> Plaem alegre.
> Joy brincalhona.
> Mãe Nan.
> Filha Pim.
> Wandee engraçada.

As mulheres ficam mais à vontade a cada minuto, e suas risadas diminuem aos poucos.

Pego o recorte de jornal e o leio; nosso tradutor não perde o ritmo. Conheça Annie, digo à classe. E o irmão John. A noiva Lisa, o amante em potencial Robert, e Tom, o chefe.

Uma aluna levanta a mão.

"Mas quem é Robert? Qual é o trabalho dele?"

"Ele tem um bom emprego. Ele é rico."

Napaporn, parada na lateral, sinaliza para mim para uma consulta rápida no canto. O Robert deveria ser um traficante de drogas, ela diz. Um traficante de drogas que está tentando atrair Lisa para longe do seu noivo trabalhador com dinheiro e coisas extravagantes.

"Dessa forma", explica Napaporn, "pode ser uma lição para as mulheres. Sobre não sair com homens maus. Elas conhecem isso muito bem – essa é a vida delas."

"Robert", eu volto e digo à classe, "é um traficante de drogas. Ele tem muito dinheiro." Os olhos das prisioneiras se arregalam. "Ooooohms" de ioga da classe de Sanyasi no pavilhão atrás de nós se infiltram para formar nossa música de fundo.

"Mas John trabalha muitas horas", eu continuo. "Onde ele trabalha?"

"Vende carros!", uma mulher grita.

"Bom", eu digo. "E ele trabalha até muito tarde e muito duro. E Lisa geralmente fica sozinha e frustrada."

Como classe, nós delineamos como serão as várias cenas.

"Precisamos de atores!", Lorraine comanda. "Quem gostaria de ser Lisa?"

Uma jovem magra com um longo rabo de cavalo amarrado com uma fita vermelha salta, sua mão levantada. E John? As moças apontam unanimemente para uma mulher forte, de cabelos curtos e rosto largo que caminha pesadamente em direção à frente da classe, descalça e corada.

"Precisamos de um palco!"

As mulheres entram em ação, movendo cadeiras com disposição. Aqui está o espaço do escritório e os computadores imaginários, onde John trabalha. Essas tulipas são para o restaurante onde Lisa está de pé, e então conhece Robert.

Cena um: improvisem, moças!

John digita no escritório. O chefe entra, exigindo mais trabalho e mais horas. John continua digitando, dedos no ar, olhos com foco mortal. Lisa, enquanto isso, gira seu rabo de cavalo e verifica seu celular imaginário, então pega um espelho imaginário e passa batom. John ainda está digitando.

"Corta!", Lorraine grita. O tempo acabou, continua amanhã.

"Awwwwww", gemem as mulheres, em uníssono, nos enchendo de acenos de despedida.

"Correu tudo bem, não correu?", Lorraine diz. Napaporn me entrega minha cesta de origami.

"Estou surpresa", diz nossa tradutora. Ela era professora antes de se tornar agente de condicional. "Na minha sala de aula as mulheres ficavam tão quietas – elas nunca queriam se expressar. Boas mulheres tailandesas, entende? Mas aqui elas são diferentes."

Lembro-me de uma cena na escola de Chang durante nossa visita na semana passada, quando estávamos sentados no anfiteatro ao ar livre, devorando pratos de lichia e mangostão. "O teatro é mais do que a verdade", disse um aluno chamado Champion. "Ele torna possível contar coisas que você não pode contar de outra maneira." A garota ao lado dele entrou na conversa: "O teatro me dá espaço para contar histórias não contadas."

Lorraine falou sobre algo chamado privação de papéis, a maneira estultificante pela qual as prisões limitam seres humanos, acostumados a desempenhar múltiplos papéis em nossas vidas complexas – ao mesmo tempo mães, filhas, profissionais, esposas, estudantes –, a um único papel rígido e rápido: *prisioneiro*. O poder do teatro na prisão é que ele permite aos participantes realizarem uma espécie de ressurreição; é uma oportunidade de encenar outros papéis, de ter múltiplos eus novamente, por algumas horas. Eu vi vislumbres disso hoje enquanto as mulheres se deleitavam em suas *performances*, e até mesmo quando se despediam de seus comportamentos de "prisioneiras obedientes" durante os quebra-gelos.

A delegação sai em fila da prisão, passa pelo santuário ornamentado e pelos portões de segurança. Afastando-me de uma vista banhada pelo luar, pergunto a Brian sobre sua sessão de terapia narrativa, que equivale, ao que parece, ao compartilhamento de narrativas de vida num esforço para alterá-las para melhor. Uma mulher, ele diz, soluçou o tempo todo porque não via seus filhos há sete anos.

"O que você diz sobre isso?", pergunto.

"Compartilhei minha história", ele diz, firmemente. "Meus filhos me rejeitaram. Isso me dói. Muitas noites eu sento e bebo vinho, vinho demais, embora ele coma o meu esôfago. Eu tenho câncer de estômago, sabe." Eu arregalei os olhos.

"E a minha segunda esposa, ela está com uma doença terminal há anos. Esse é o fato das nossas vidas. Somos vítimas dessas coisas, mas também podemos escolher não ser, recusar ler nosso papel em nossas próprias narrativas como o de vítimas. Quando o fazemos, vencemos."

Nós paramos no hotel da noite, onde a equipe Kamlangji aguarda nossa chegada. Os quartos são básicos, mas o jantar é outro suntuoso bufê tailandês. Chang, o guru do teatro, vestido com *jeans* e uma camiseta da ABBEY ROAD, me oferece uma porção de peixe apimentado.

"Não sei como vocês chamam esse tipo de peixe nos Estados Unidos. É peixe branco. Sem espinhas e sem filhos", ele diz.

"Que triste", Lorraine diz, levantando sua colher.

Naquela noite, a equipe organiza um passeio noturno. Acabamos no que parece um bar do Centro-Oeste, completo com um homem tocando violão e cantando "How Deep Is Your Love?" Para o deleite de todos, bebo uma mistura rosa espumosa numa taça de champanhe – "Não fique bêbada, professora", a equipe ri. Eu não fico. Mas, com Brian, fecho o lugar numa tentativa de banir a tristeza de hoje das nossas mentes. Bebemos rum local e conversamos sobre prisão e família e, às vezes, a prisão que a família tradicional pode ser. E em algum lugar no meio do vínculo, da conversa e da graciosa hospitalidade, sinto um gostinho daquele sentimento ilusório chamado *lar*.

* * *

"Elas dizem que têm praticado", anuncia Jaidee, enquanto Lorraine e eu cumprimentamos nossas alunas na manhã seguinte. Elas estão correndo para organizar o cenário e assumir seus papéis.

John digita diligentemente em seu escritório; a chefe irada desempenha seu papel com a autoridade de uma agente correcional. Lisa espera ansiosamente por John no restaurante, balançando seu rabo de cavalo para frente e para trás. Robert, na mesa ao lado, aproxima-se da moça solitária; logo a está enchendo de presentes na forma de uma cesta de origami e tulipas de feltro amarelo, enquanto John, desanimado, rola mensagens de texto suspeitas num chinelo servindo de telefone celular. O público, nossa turma, está hipnotizado.

"Como a cena do pedido de casamento deve acontecer?", paramos para perguntar a elas. "Onde?"

"Phuket!", vem a resposta, em uníssono.

Duas mulheres saltam de seus assentos para desempenhar o papel de palmeiras balançando ao sol. Mais duas imitam os sons das ondas ao fundo, e John se ajoelha diante de Lisa, que visivelmente lida com a sua resposta. Escolher o homem bem-intencionado, trabalhador, mas com dificuldades financeiras, ou o rico traficante de drogas que acena com todos os prazeres da vida de luxo? Divididas em quatro grupos, as alunas encenam sua versão de um final.

O grupo um assume o centro do palco. Lisa opta por John, correndo para o seu abraço dramático; os dois logo têm um filho e vivem felizes para sempre. Robert, enquanto isso, é preso e levado para fora do palco, chorando, com algemas imaginárias.

Aplausos!

Grupo dois: Lisa rejeita em lágrimas a proposta de John, mas também despreza os avanços de Robert. "Eu escolho a mim!" declara a prisioneira, saindo do palco pela esquerda com os braços erguidos em triunfo.

Grupo três: Lisa foge com Robert, se envolve num casaco de pele imaginário e, perdida na vida de luxo, se vicia em *yaba*. Encolhida num canto do palco, seu fim é tudo menos triunfante.

Finalmente, grupo quatro: Lisa foge com Robert, o traficante de drogas, após o que ambos são presos e encarcerados. Lisa, com o rabo de cavalo pendurado baixo, olha em lágrimas pela janela da sua cela e chama fracamente o nome de John.

As mulheres fazem suas reverências, e a classe não consegue parar de aplaudir.

Nosso exercício final é "o presente". Ficamos num círculo, damos as mãos e presenteamos a pessoa ao nosso lado com algo que achamos que ela se beneficiaria. Lorraine começa entregando uma coisa à sua vizinha: esperança.

"Eu lhe dou o presente de ir para casa logo", diz uma prisioneira para outra.

Eu lhe dou... ver sua família logo. Esquecer esse momento difícil. Ver seus filhos. Cuidar da sua mãe novamente.

A agente com cara de lua fica no círculo conosco. Seu presente, para a prisioneira que aperta a sua mão com força, é amor.

Minha vizinha me concede seu presente. "Eu lhe dou sucesso em sua carreira", ela sorri. Que ironia triste, eu penso, apertando sua mão. Todos os outros ganham amor e família; eu ganho trabalho. "E vir nos visitar novamente muito em breve", ela acrescenta, talvez lendo minha mente.

O que acontece a seguir é uma nova experiência para mim. Abraços. Abraços longos, apertados, estilo família, por todos os lados.

Muitas vezes em Otisville eu quis abraçar meus alunos. Quando Ron teve seu livramento condicional negado pela quinta vez, ou quando Julio começou a soluçar falando sobre o assassinato que cometeu vinte anos atrás, como um adolescente abusado cheio de raiva. Ou quando Marc ganhou seu primeiro A e disse que nunca acreditou que fosse bom em nada até então. Mas é claro que não existe abraço de uma mulher numa prisão masculina. Abraços são adiados até o retorno para casa.

As moças me agarram com força, uma por uma. Inevitavelmente, lágrimas caem de mim, Lorraine e todas as mulheres. Não tenho certeza de por que estamos chorando – passaram-se apenas dois dias, e eu nem sequer aprendi os nomes de todas essas mulheres. Parece menos uma despedida chorosa do que uma catarse. Ou talvez uma manifestação física do vínculo emocional cultivado pela nossa oficina. Como uma experiência de grupo total, o teatro gera comunidade de uma maneira notável. E a experiência de apresentar-se num espaço público, expor-se e ser testemunhada pelos pares e por pessoas de fora – é uma declaração profunda para uma pessoa encarcerada. *Eu sou vista. Eu existo.*

De repente, a declaração enigmática de Chang na semana passada, sobre teatro e budismo serem a mesma coisa, faz sentido. Atuar é reagir; para desempenhar o próprio papel, é preciso sentir o papel do outro. Isso também é um princípio do budismo, a noção de que o tecido conectivo da humanidade une "você" e "eu". É uma verdade simbolizada pela forma de saudação aqui, não um "oi" com um aceno de uma mão que é um "eu", mas um pressionar de palmas que significa você e eu como uma entidade integrada, os outros como "extensões de nós mesmos – facetas companheiras da mesma realidade", para citar um estudioso budista. O oposto disso parece a descrição potente de Ibsen de um asilo de lunáticos: "Cada um se fecha num barril de si mesmo, o barril tapado com uma rolha de si mesmo e envelhecido num poço de si mesmo."

As pessoas na prisão são parte de nossa rede humana – elas são nós e nós somos elas. Tratá-las mal é tratar a nós mesmos mal. Em três linhas concisas, Buda articulou um sistema de justiça criminal e reintegração de prisioneiros que praticamente diz tudo: "Veja a si mesmo nos outros. Então, quem você pode machucar? Que mal você pode fazer?"

Ao sairmos, Lorraine suspira.

"Eu poderia viver aqui", diz ela. É uma declaração ridícula e ela sabe disso, mas eu entendo o que ela quer dizer. Este lugar é, em sua essência, um *show* de horrores, um depósito de mulheres, mães e filhas, arrancadas de familiares. No entanto, dos escombros de famílias despedaçadas, Kamlangji conseguiu, de certa maneira, juntar uma irmandade – uma comuna e comunidade. É uma família fragmentada, cheia de rachaduras e colada desleixadamente, mas um tipo de família, mesmo assim. E é exatamente o oposto dos retratos violentos, animalescos e totalmente desumanos de prisioneiros promovidos pela cultura *pop*, retratos sensacionalistas que tornam fácil descartar pessoas atrás das grades como merecedoras das gaiolas em que vivem.

"Como foi a terapia de ioga?" Napaporn pergunta a Sanyasa enquanto subimos na van. Ele sorri.

Esse termo de novo. "Terapia".

É, claramente, a palavra da moda da semana, mas como o seu *slogan* gêmeo de prisão, "reabilitação", ela irrita. Não sei do que todas as mulheres com quem trabalhei foram acusadas ou condenadas; não sei quantas delas lutam contra o vício ou carregavam as drogas dos maridos. Mas conheço as estatísticas, graças a Napaporn e equipe. É provável que cerca de um quarto das nossas alunas hoje tenham sido vítimas; 23% das mulheres em Bangkok e 34% das mulheres na Tailândia rural foram abusadas por seus parceiros, com 39% especificando o abuso como sexual. É provável que venham de desvantagens econômicas, educacionais e sociais; não conheciam a lei quando a violaram, então sentiram o impacto de leis severas numa sociedade onde, mesmo se entendessem plenamente os crimes e punições, não poderiam pagar advogados – assim como os 80% dos americanos acusados de crimes que não têm fundos para representação. Em um estudo, 74% das mulheres tailandesas encarceradas não tinham advogados durante o interrogatório; 40% delas disseram que a polícia as intimidou com ameaças e 12% foram agredidas fisicamente.

São essas mulheres que precisam de cura e terapia ou a lei que as governa? Em todo o mundo, a política draconiana de drogas está lotando as prisões. Usuários e traficantes de drogas representam mais da metade dos presos em prisões federais nos Estados Unidos e no México, um quarto de todos os presos na Espanha e um quinto dos presos no Japão; na Malásia, eles constituem mais da metade das novecentas pessoas encarceradas aguardando execução. E esses são principalmente usuários de pequeno porte, mais de 83% deles, no mundo todo, condenados por posse.

Nem toda ioga e teatro do mundo vão curar essas duras realidades.

Minha mente volta aos belos lemas de empoderamento que empapelam as prisões, da África do Sul aos Estados Unidos, *slogans* de doze passos sobre *seu* poder de mudar *sua* vida por meio do pensamento positivo e como o futuro está aberto em *suas* mãos – liberte-se da prisão da mente! Tais *slogans* removem o ônus de sistemas e estruturas sociais injustos e o colocam direta e injustamente no indivíduo, que deve ser sobre-humano para superar as probabilidades, sistemas e estruturas que estão contra ele.

Juntos, a equipe volta para Bangkok. No bar do hotel naquela noite, mulheres tailandesas sorridentes que atendem Brian e eu poderiam ser gêmeas das prisioneiras das quais eu me havia despedido antes. São aqueles uniformes de hotel, os longos vestidos roxos, exatamente como os das prisioneiras, mas feitos de seda cara. Sou assombrada pelo fantasma de "Lisa" sentada no "restaurante", brincando recatadamente com seu cabelo, ou "John" digitando naquele computador imaginário no ar. No final, conheço essas mulheres apenas por suas *performances*. Mas às vezes a *performance* pode ser tão autêntica quanto o eu, porque é mais livre do que o eu, especialmente quando esse eu está trancado, enterrado atrás das grades.

* * *

Semanas depois, quando estou de volta a Nova York, o convite chega no meu e-mail. Voltarei à Tailândia em agosto, dessa vez para conhecer a princesa em pessoa?

Durante nossa reunião final como grupo, Napaporn falou sobre trazer toda a equipe de "Encontraremos o caminho de casa" de volta durante o verão, quando SAR fará uma visita a Ratchaburi. Eu disse sim na época, mas com alguma culpa, me perguntando por que os professores tailandeses não foram os escolhidos para esse trabalho.

Honro meu compromisso, pelo menos em parte porque estou avidamente curiosa para conhecer SAR em pessoa. E então, conforme o fim do verão se aproxima, encontro-me na estrada para Ratchaburi e, novamente, num mar de laranja, enquanto a cor de SAR adorna faixas, fitas, toalhas de mesa e tendas por toda a prisão. Centenas de repórteres, figuras do governo e pessoas com aparência oficial em ternos e gravatas perambulam. As mulheres encarceradas são, literalmente, marginalizadas, pacientemente sentadas em fileiras organizadas nas laterais. Eu examino seus rostos, procurando por alguma das minhas antigas alunas, mas não reconheço nenhum sorriso recatado. No entanto, espio a agente com cara de lua, sentada conosco na tenda real, onde um trono almofadado e um pequeno pódio foram erguidos.

A umidade desce com uma tenacidade cruel. Gotas de suor escorrem pelo meu braço, umedecendo meu vestido azul-bebê – nada de usar cores escuras perto de Sua Alteza Real, um e-mail de sua equipe havia instruído.

Esperamos pela princesa. E esperamos.

Enquanto nos preparamos para os procedimentos altamente coreografados, o dia se torna fantástico. De repente, estou desempenhando um papel principal numa peça para a qual não ensaiei, com instruções de palco me sendo dadas numa língua que não entendo completamente. *Vire aqui! Curve-se ali! Ande por este corredor, pé direito primeiro! Rasteje até o seu assento!* Sim, quando a princesa estiver sentada, você deve rastejar em direção a ela – pessoas que não são da realeza nunca podem estar num plano mais alto do que ela. Pratique suas reverências, Lorraine e eu somos instruídas. Primeiro ao se levantar, depois estenda uma mão para receber o presente da princesa. Sem contato visual! Então, sim, contato visual, enquanto você faz uma reverência pela segunda vez. Prisioneiras varrem o tapete vermelho com vassouras caseiras; o ministro da justiça chega e os *paparazzi* tiram fotos.

Finalmente, SAR aparece. Ela anda com um andar humilde, usando um sorriso tímido para combinar com o seu terno azul-claro, sapatos de grife e bolsa Chanel. Durante o momento do presente, milagrosamente acerto minha reverência e retomo meu assento.

Lorraine e eu finalmente nos revezamos no microfone dourado, ela dando uma palestra sobre a importância do teatro na prisão e eu promovendo o valor da educação atrás das grades. Napaporn fala sobre honrar a dignidade humana e pede uma reforma radical do judiciário e dos sistemas penais da Tailândia. As moças da aula de ioga de Sanyasi realizam uma coreografia hipnotizante, e fazem fila para receber certificados da princesa; uma por uma vêm suas elegantes reverências. Finalmente, de seu assento dourado, a princesa se inclina para o microfone.

"As prisões não devem ser cantos escuros da Terra", ela diz firmemente. O resto da sua palestra fica, para mim, perdido na tradução – exceto pelo que ela diz diretamente às prisioneiras: "Desejo a vocês muita felicidade". E com isso ela se foi.

Então as mulheres presas aparecem, como que do nada, cantando aquela canção de ninar assombrosa novamente, aquela que ainda não bani da minha mente. Dessa vez, a tradução de Chang é diferente. "Faça coisas boas e sua recompensa virá até você", ele sussurra para mim. "Dê esperança. Faça o bem. Faça o bem."

O dia acabou.

Ao sairmos, Napaporn está em êxtase. Membros da universidade estiveram presentes e estão ansiosos para buscar possibilidades do Prison-to-College Pipeline; a princesa ficou muito impressionada. Antes do meu voo para casa, sentamo-nos para jantar no Lin Fa, um restaurante chinês.

"Você percebeu que fizemos um *show* para você, não é?" Napaporn diz, enrolando uma panqueca de pato à Pequim.

"Durante todas as três visitas à prisão? Eu imaginei", confesso.

De fato, Kamlangji tem feito um excelente trabalho nessas prisões, ela explica; os programas não eram nenhuma farsa. Mas essa é uma rara exceção – a maioria das prisões femininas tailandesas, infelizmente, não é nada parecida com o que vimos. Ela sorri.

"Você viu os noticiários? Estamos em toda a mídia!" Ela saca o telefone e lá estamos nós, com legendas em tailandês, em todos os noticiários de TV do país, nas primeiras páginas dos jornais. Acontece que este é um jantar comemorativo. A manchete da semana é "A princesa e a prisão".

Uma revelação me atinge. O verdadeiro teatro na minha experiência tailandesa não foram nossos *workshops*, mas a totalidade de ambas as visitas. As prisões de Kamlangji não são representativas da realidade, mas *performances* de uma realidade *possível*, não o que é, mas o que pode ser. Isso não as diminui. Pelo contrário, a *performance* tem poder. Uma risada falsa pode se tornar real, e uma prisão modelo pode se tornar todas as prisões.

Ontem em Ratchaburi também foi uma grande *performance*. E isso também abre um caminho do possível para o real. Por que será que o público tailandês de repente prestou atenção nas prisioneiras e fixou seu olhar no lugar escuro e esquecido onde residem? Porque a sua amada princesa estava, bolsa Chanel na mão, bem no coração disso. Assim como nós, respeitados acadêmicos estrangeiros. Contemple o privilégio real – e o privilégio branco – em sua melhor encarnação possível, trabalhando em nome de uma causa maior, assim como o vi operar maravilhas em Ruanda, quando obtive permissão para Santos lançar o seu programa prisional. Agora entendo o verdadeiro motivo pelo qual Lorraine e eu éramos necessárias aqui. Não por nossa expertise ou experiência, mas exclusivamente por nossa estrangeirice e branquitude, ingredientes vitais em um dos maiores golpes de relações-públicas já encenados pelo ativismo prisional tailandês.

O que são RP senão um teatro elaboradamente trabalhado? E quando se trata de prisões e das pessoas dentro delas, o que é mais crítico do que RP? Os políticos criaram as leis de drogas que encarceraram essas mulheres, e suas ações políticas são ditadas pela opinião pública. Mude a opinião pública sobre o crime e a justiça, sobre os chamados criminosos na prisão – não são os monstros malignos que você pensa que sejam; são vítimas infelizes de leis de drogas implacáveis; são iogues fervorosos, súditos devotados de Sua Alteza Real – e os políticos terão que satisfazer seus corações e mentes. Os Estados Unidos provaram isso. Na corrida presidencial seminal de 1988 entre George H. W. Bush e Michael Dukakis, um anúncio de TV com conotação racial rotulando Dukakis como "brando com o crime" por seu apoio a um programa de licença de fim de semana que permitiu que Willie Horton, um prisioneiro, escapasse das mãos de agentes penitenciários e eventualmente estuprasse e roubasse novas vítimas é dito ter impulsionado a vitória de Bush e impactado profundamente o discurso político de tal forma que "brando com o crime" se tornou morte política instantânea.

Mas se o público criticar a prisão, os políticos o farão. Se a prisão pode ser vendida para o público, a antiprisão também o pode. Em outras palavras, mudar a *performance*, a apresentação, está longe de ser superficial. Muito pelo contrário, tem o poder de alterar radicalmente o cerne do próprio sistema.

5
SOLITÁRIAS E SUPERMÁXIMAS: BRASIL

> A fim de reformá-los, foram submetidos ao isolamento completo; mas essa solidão absoluta, se nada a interrompe, está além da força do homem; destrói o criminoso sem intermissão e sem piedade; não reforma, mata.
>
> *Alexis de Tocqueville*

> Não é bom que o homem esteja sozinho.
>
> *Gênesis 2,18*

Cascavel, além de nomear uma serpente, é o nome de uma pequena cidade no estado brasileiro do Paraná, perto da fronteira com a Argentina. Fica a duas curtas viagens de avião de São Paulo, e a viagem de uma hora do miniaeroporto até o meu destino, uma cidade ainda menor chamada Catanduvas, é inundada por vistas encantadoras. Uma unha de uma lua restante balança no céu da manhã. A vegetação opulenta é interrompida por pinheiros de aparência estranha em forma de arco-íris invertidos em palitos de fósforo – as pinturas de Dalí ganham vida.

Meu ano sabático acabou, mas consegui escapar por alguns dias do ensino de Inglês I para um grupo de alunos recém-matriculados no Prison-to-College Pipeline. Chegando ao meu destino, vejo algo perturbadoramente familiar, de quase todas as minhas viagens para prisões. A Penitenciária Federal de Catanduvas, a primeira prisão federal supermáxima do Brasil, parece um pedaço dos Estados Unidos jogado em terras estrangeiras. Vim aprender mais sobre este lar para os chamados piores dos piores prisioneiros em um país que tem feito avanços dramáticos no encarceramento em massa.

A população carcerária brasileira de 550 mil habitantes é a que mais cresce nas Américas, tendo quase quadruplicado nos últimos vinte anos ou mais. Quero dar uma olhada mais atenta na prática de confinamento solitário em prisões de segurança máxima "supermáxima", que nos últimos vinte e cinco anos começaram a proliferar em todo o mundo, mas ainda são relativamente novas no Brasil. Só nos Estados Unidos, estima-se que cerca de 80 mil indivíduos vivam em confinamento solitário. Se você incluir prisões, centros de detenção de imigrantes e instalações juvenis e militares na contagem, o total está mais próximo de 100 mil. Pais que criassem celas de confinamento solitário em suas casas provavelmente seriam processados por abuso infantil, no entanto milhares de jovens americanos cumprem pena em confinamento solitário. É uma realidade que eu acho quase impossível de assimilar.

André, um advogado especializado em crime de colarinho branco que é voluntário em prisões brasileiras, me acompanhou até aqui. "Estranho", ele diz enquanto desabotoa o cinto de segurança. "Da última vez, dois homens com armas grandes estavam me esperando." Hoje, há apenas um mar de metal e arame; o lugar parece exaurido de humanidade. Uma placa vermelha na cerca indica em português algo sobre "atenção" e "aviso".

André sai do carro e fala alto num interfone.

"Bom dia!"

Conheci André esta manhã, num táxi de São Paulo. Embora tecnicamente tivéssemos nos conhecido meses atrás, online, depois que li sobre ele no contexto de um programa único que acontece aqui. "Remição pela leitura" permite que as pessoas reduzam quatro dias de suas sentenças de prisão, até quarenta e oito dias por ano, para cada obra pré-aprovada de literatura, filosofia ou ciência que leiam e sobre a qual escrevam um resumo. Ao longo das nossas trocas de e-mail, André organizou minha visita e concordou em se juntar a mim como tradutor. Minha estadia não seria longa o suficiente para permitir o trabalho na prisão, mas me prometeram dois dias inteiros lá dentro e a oportunidade de entrevistar os homens, nas suas celas e nas salas de aula, sobre sua experiência numa supermáxima e com o programa de livros, o que me pareceu uma intervenção progressista intrigante e inesperada.

Voei para São Paulo e passei um fim de semana lá, absorvendo as três características proeminentes da metrópole: arte de rua magnífica, sambas divinos – e a onipresente força policial militar, notória por assassinatos. De acordo com o Fórum Brasileiro de Segurança Pública, policiais em todo o país mataram 11.197 pessoas entre 2009 e 2014 – em comparação com cerca de 11.090 mortos pela polícia dos Estados Unidos nos últimos trinta anos. O secretário de segurança pública do Rio certa vez se referiu às mortes de inocentes por policiais como a quebra de ovos para fazer uma omelete.

* * *

Do lado de fora do portão da prisão de Catanduvas, uma minivan finalmente aparece, com o logotipo do Depen. Por um momento, imagino que a palavra esteja sem o D final, mas não – é uma sigla para o Departamento Penitenciário Nacional do Brasil. A van está escoltando para fora um SUV Ford preto contendo os altos escalões da prisão, a caminho do almoço mais cedo. Uma janela escura está abaixada e somos convidados a nos juntarmos a eles.

Seguimos o Ford até a faixa empoeirada de fachadas de lojas com tinta descascada que é o centro da cidade. O sol está brilhando. Dentro do que parece um salão no estilo Velho Oeste, pesamos pratos de ensopados de carne no bufê e nos juntamos aos nossos anfitriões. O diretor da prisão veste um terno preto, e seus penetrantes olhos verdes sorriem por trás de óculos finos; Mara, a pedagoga chefe, joga seu cabelo loiro-sujo para um lado e estende uma mão bem cuidada para mim.

"Mais de sessenta pessoas do Estado do Paraná são empregadas pela minha prisão", diz o diretor, estufando o peito e explicando sua história, enquanto André traduz.

A ideia da supermáxima se consolidou como uma solução para as gangues, um elemento infame da vida prisional latino-americana. Seu alcance se estende do México, onde em 2012 membros presos dos Zetas assassinaram quarenta e quatro prisioneiros numa prisão em Apodaca, até a Venezuela, onde as gangues controlam quase todas as prisões e os guardas são meramente responsáveis pela segurança do perímetro, contagem de cabeças e transferências judiciais. No Brasil, a história realmente começa em 1991, no famoso Presídio Carandiru de São Paulo, agora fechado. Naquele ano, a polícia militar matou 111 pessoas encarceradas, inclusive presos preventivos, a maioria com metralhadoras à queima-roupa das portas de suas celas. Os homens sobreviventes foram despidos e muitos foram atacados por cães treinados para morder órgãos genitais; alguns foram esfaqueados, outros forçados a assistir a execuções, carregar corpos e limpar sangue porque a polícia temia contrair AIDS. Para vingar as mortes dos prisioneiros, a gangue Primeiro Comando da Capital foi formada e, desde então, o PCC – frequentemente comparado à gangue Números da África do Sul – floresceu numa entidade gigantesca que praticamente comanda a vida prisional em todo o país. Desde sua formação, a gangue está por trás de centenas de mortes e dezenas de revoltas prisionais. Um exemplo que pode ilustrar vários incidentes semelhantes ocorreu em 2014, aqui na prisão estadual de Catanduvas, quando uma rebelião de trinta horas envolveu dezenas de prisioneiros mascarados no telhado da prisão, desenrolando faixas do PCC, amarrando as mãos de outros prisioneiros atrás das costas, espancando-os e pendurando-os na beirada do telhado.

A supermáxima de Catanduvas, inaugurada em 2006, foi a resposta do governo à violência das gangues. Em um panfleto distribuído à população da cidade, o Departamento de Correções explicava que essa primeira prisão federal brasileira abrigaria aqueles considerados altamente perigosos num esforço para reduzir a atividade das gangues. Cerca de 25% da população seria formada por líderes do PCC de todo o país, removidos do sistema estadual e temporariamente depositados nessa supermáxima, lar de 208 celas de confinamento solitário. A estrutura custou cerca de US$ 18 milhões para ser construída, representando, portanto, um investimento financeiro sem precedentes em encarceramento, e mais quatro supermáximas idênticas logo se seguiram. O custo anual por prisioneiro nessa supermáxima é de incríveis US$ 120.000 por ano, em comparação com a média de US$ 36 por prisioneiro no empobrecido sistema estadual do Brasil, onde os prisioneiros geralmente precisam se alimentar e se vestir.

De volta à prisão depois do almoço, Mara nos guia por uma segurança minuciosa. Há dois conjuntos de detectores de metais sensíveis, impressões digitais eletrônicas, esteiras de raio-X, bastões de detecção de metais e revistas completas. Câmeras de vigilância transmitem todos os ângulos de nossa busca e desta prisão diretamente para Brasília, a capital do país.

Um agente em um uniforme azul-marinho, um entre dezenas que circulam pelo local, foi designado para escoltar Mara, André e eu. Ele carrega chaves enormes que tilintam e chocalham. Aparentemente, os portões eram inicialmente eletrônicos, mas depois que um vírus trancou todos lá dentro, o antigo sistema de chave e fechadura foi instalado. Passamos por um pátio de arame farpado coberto de cascalho, onde homens e mulheres em uniformes verdes empunham baldes e penduram sacos de lixo sobre os ombros. Eu os considero prisioneiros, mas na verdade são funcionários da limpeza. Somos envolvidos pelo cheiro pungente de desinfetante.

Está tudo muito quieto.

Onde estão os prisioneiros?

"Sua escola ensina direito, não é? Eu tenho um diploma em direito", declara nosso guia orgulhosamente. Os agentes no sistema federal, que ostenta salários mais altos e melhores benefícios do que os empregos em prisões estaduais, geralmente têm diplomas universitários e são encarregados não apenas da segurança, mas também da coleta de informações, principalmente sobre atividades de gangues. Há dois agentes para cada homem preso aqui, em oposição aos assustadores 350 prisioneiros para cada agente no sistema estadual.

"Use isto", diz Mara, me entregando um sobretudo que lembra um jaleco branco. Ela veste um também. Acho bizarro, como se fôssemos cientistas ou clínicos. Mas também é um uniforme adequado para um ambiente tão estéril.

No final do corredor, por uma porta ladeada por sacos de lixo transparentes cheios de pão velho, entramos numa ala que lembra um frigorífico. Talvez seja um necrotério?

Não, este estreito bloco de celas é a prisão dentro da prisão – uma solitária dentro de uma solitária. O Regime Disciplinar Diferenciado, ou RDD, é um regime de isolamento extremo usado para medidas disciplinares excepcionais. Os homens desta unidade, que muitos brasileiros condenaram por violar a proibição constitucional de tortura e tratamento desumano, são impedidos de qualquer contato com outros prisioneiros. Todos em Catanduvas passam seus primeiros vinte dias aqui.

Nosso agente abre a porta de metal para uma cela vazia, que parece uma casa de bonecas em tamanho real – ou a versão de pesadelo de uma. É imaculada, quase do tamanho de uma vaga de estacionamento, com uma mesa quadrada, assento circular e cama retangular: blocos de formas de concreto unidos sob longas lâmpadas fluorescentes. A luz suave do sol entra pelas frestas das janelas da catedral lá no alto, dançando nas paredes amarelas e criando sombras alaranjadas: quatro quadrados de céu. O pedaço de um "solário", que substitui um pátio e proporciona um suspiro de ar livre, é do tamanho de um chuveiro e tem uma pequena janela de observação, para que os guardas possam ficar de guarda. Linhas marcando os dias contados foram gravadas na porta de metal da cela, o único sinal de que a vida humana já esteve aqui.

Seres humanos vivem atrás de duas das portas fechadas neste bloco, embora eu não possa vê-los ou ouvi-los. Sei que eles estão aqui apenas porque seus nomes estão listados em papéis afixados nas portas, junto com suas datas de admissão. Ambos têm estado aqui, em extrema solidão, há duas semanas.

"Você está conseguindo um bom relatório, não é?", diz o agente, sorrindo para o meu caderno. "Vocês têm muitas supermáximas nos Estados Unidos. Muitas viagens foram feitas para lá para se construir esta e agora vocês vêm ver a nossa. Engraçado."

Os Estados Unidos inventaram a solitária e a supermáxima. Começando em 1787, os Quakers experimentaram celas solitárias na Walnut Street Jail, na Filadélfia, e depois, em 1829, na Eastern State Penitentiary, aberta como uma unidade exclusivamente de solitárias, modelada a partir de monastérios, onde os prisioneiros cobriam suas cabeças com capuzes como os de monge e Bíblias eram suas únicas posses. No final do século XIX, o modelo prisional de Auburn, em Nova York, envolvendo trabalho duro diário e grupos sincronizados, começou a prevalecer. Mas a solitária foi ressuscitada durante a década de 1930 no "Bloco D" de Alcatraz e outras "casas grandes" com vários andares como San Quentin, Folsom e Attica – instituições colossais projetadas para milhares e especializadas em rotinas monótonas e isolamento extremo de prisioneiros.

A solitária retornou totalmente em 1983, quando uma prisão em Marion, Illinois, se tornou a primeira dos Estados Unidos a adotar uma política de isolamento de celas de 23 horas por dia. À medida que a população carcerária dos Estados Unidos aumentava e a retórica linha-dura contra o crime se intensificava, outros estados seguiram o exemplo. Em 1989, a Califórnia, onde hoje a pena média em solitária é de 6,8 anos, construiu a Pelican Bay, considerada a primeira supermáxima e caracterizada por solitária extrema, uma total ausência de atividades ou espaços comuns e uma administração poderosa não sujeita a revisão externa ou sistemas de queixa. Em 1994, o Colorado ergueu a chamada Alcatraz das Montanhas Rochosas, ADX Florence, onde o prisioneiro federal isolado por mais tempo passou trinta e dois anos sob uma ordem de "nenhum contato humano". Em 1999, havia cinquenta e sete supermáximas em trinta e quatro estados; em Pelican Bay, 227 prisioneiros estão em solitária há mais de uma década.

A América Latina, enquanto isso, construiu suas prisões modernas entre 1830 e 1940 e modelou várias com base na Eastern State e algumas na Auburn. Agora, mais de um século depois, visitas oficiais aos Estados Unidos e outros países ostentando supermáximas no estilo das dos Estados Unidos – na Austrália, Canadá, México, Colômbia, Irlanda, Dinamarca, África do Sul e Rússia – nos trouxeram a Catanduvas.

A caminho do bloco de celas Charlie, como o agente o chama, finalmente ouço um som de vida: chamadas abafadas das alas de dois andares, ecoando por corredores labirínticos.

Os prisioneiros existem no coração desse labirinto – e esse termo é adequado, já que seus vestíbulos e pátios foram projetados para desorientar. "Embora viva na mesma cela por dez anos exaustivos", Alexis de Tocqueville escreveu uma vez sobre o prisioneiro americano em solitária, "ele não tem como saber, até a última hora, em que parte do prédio ela está situada."

Sou conduzida a uma cela onde uma fresta articulada na densa porta de metal range ao abrir. Espio através dela.

Olhos me cumprimentam. Pertencem a Carlos.

Ele fica em posição de sentido em sua cela imaculada e minúscula, como se estivesse numa fila.

"Bom dia!", diz André.

Aqueles olhos. Janelas para uma alma aflita.

É a mais bizarra e perturbadora conversa – entrevista? – que já conduzi. Falo por um buraco numa porta parecida com a de um cofre, André sussurra uma tradução apressada para mim, e estou cercada por ouvidos curiosos, enterrados atrás de portas de ferro vizinhas.

Carlos, 41 anos, é de uma favela notória do Rio. Essas são essencialmente favelas autônomas erguidas em terrenos baldios por uma classe crescente de pobres urbanos durante a década de 1980, muitas vezes comparadas às comunidades de guarnição de Kingston, Jamaica, ou às *townships* da África do Sul. Elas não têm serviços sociais básicos e são dominadas por gangues. Carlos passou dezesseis anos na prisão por homicídio, porte de arma, falsificação e sequestro, e mora em Catanduvas há dois anos e oito meses, após ser transferido do sistema estadual.

"Mas Mara", pergunto, voltando-me para trás, "não há um limite de 360 dias para a permanência de um prisioneiro em solitária aqui, após o qual ele deve ser transferido de volta para o estado?" Eu poderia jurar que o diretor me disse isso.

"Na maioria dos casos, sim", diz ela. "Mas nem sempre. Depende. Essa regra mudou."

Carlos ajeita uma prega em sua camiseta azul-celeste, que tem impresso INTERNO SISTEMA PENITENCIÁRIO FEDERAL. Ele explica que foi sentenciado a noventa e oito anos de prisão, mas ninguém na verdade cumpre mais de trinta anos no Brasil.

"Que bom que nosso país não é como os Estados Unidos", ele brinca.

Carlos solta três fotos da sua parede e exibe orgulhosamente seus cinco filhos, de 5 a 23 anos, e um neto de 7 anos. Como a maioria dos homens em Catanduvas, ele não teve nenhuma visita pessoal desde sua chegada. Sua família não tem dinheiro para voar até aqui – eles mal conseguem pagar a passagem de ônibus da favela para o centro de visitas virtuais da prisão no Rio, onde as famílias, usando um sistema semelhante ao Skype, fazem *login* para ver seus entes queridos detentos. Uma vez, depois que Carlos pintou a prisão inteira, o diretor pagou as taxas de transporte de sua família para o centro de visitas virtuais – custou cerca de vinte dólares – mas eles fizeram apenas mais três viagens até lá desde então.

"Como posso me reabilitar sem família?", ele pergunta.

"Eu sonho, pesadelos. De ser abandonado pela minha família, pelos meus filhos. Eu acordo em pânico com esse tipo de sonho, ansioso e com medo. Quero ter a chance de dar a eles um exemplo de como cometi um erro, sim, mas aprendi com os meus próprios erros e com os erros dos outros. Aprendi que os seres humanos merecem uma segunda chance, uma oportunidade de se mostrarem para que todos vejam que a pessoa mudou." Carlos faz uma pausa e engole em seco.

"Vinte e duas horas dentro desta cela. É um inferno. Meus dias são um inferno, para dizer a verdade. Estou sufocando. Estou morto. Não há mais nada a dizer. Enterrado, mas vivo, ainda."

Há mais a dizer, é claro. Mas falamos de Dostoiévski em vez disso. Carlos participa do Remição pela leitura, que Mara me havia explicado. Foi iniciado em 2009 por um juiz federal controverso que basicamente disse aos funcionários da prisão que, como não havia dinheiro para programas, deixassem os prisioneiros lerem livros! Assim como a supermáxima, tem precedentes americanos, como o *Changing Lives Through Literature* [mudando vidas pela literatura], um programa de "biblioterapia" sediado em Massachusetts que oferece opções alternativas de livramento condicional por meio de aulas de literatura. Boas histórias, explica o site do programa, nos provocam a sentir compaixão por personagens fictícios, uns pelos outros e por nós mesmos. Ao se colocarem no lugar do outro, continua, as pessoas na prisão podem processar suas lutas emocionais sem confessar.

Tirando uma cópia bem usada de *Crime e castigo* da sua estante, Carlos oferece sua análise.

"O crime traz consequências para a família. Pense antes de agir. Essa é a essência do romance. O personagem principal, também – ele confessa. A culpa o devora vivo. Ele assassinou e roubou e não consegue continuar. Ele é torturado em sua mente. Impossível fazer algo errado e não sentir culpa."

"Você sente culpa, Carlos?", pergunto.

"Todos os dias da minha vida. Sou um erro vivo – um erro ambulante. Você imagina como é isso? Ser um erro vivo? E apenas um erro? Mas mesmo no inferno, estou esperançoso. Tenho quase 42 anos agora, mas minha vida não acabou. Quero ir para a universidade. Estudar teologia e psicologia. Também estou escrevendo um livro; seu título é *Caminhantes da queda profunda*. Os caminhantes somos você e eu que olhamos para dentro e vemos que, como seres humanos, nosso trabalho é agarrar a corda e escalar. Para cima. Nunca vendo a longa queda."

Dois homens de branco empurram um carrinho de metal pelo corredor, passando pequenos pratos de comprimidos pelas frestas de cada cela. 80% dos homens presos aqui tomam medicamentos.

"Só os tomei quando cheguei aqui, sim...", diz Carlos. "Para dormir, comprimidos. E para ansiedade. Depressão. Ficar sozinho todas essas horas – impossível. Estou com medo."

O agente fecha a fresta da porta de Carlos e, sem um adeus, ele desaparece. O tempo acabou.

Através de ecos abafados, seguimos outro carrinho de metal carregando revistas para a biblioteca. Parece mais um armário, abarrotado de livros. Estão espalhados, especialmente os que estão na lista de aprovados da Remição pela leitura, títulos de José Saramago, Clarice Lispector, Dalai Lama, J. D. Salinger. Há uma Bíblia, um dicionário, um livro de canções evangélicas e pilha após pilha de revistas de celebridades.

"Muito Sidney Sheldon", diz Mara com desdém. Em Otisville também a pequena biblioteca tem uma pequena seção de história, alguns títulos de estudos latino-americanos – e uma seção de "fantasia" descomunal.

"Os prisioneiros estão implorando por mais livros, implorando ao governo. Em vez disso" – ela vasculha um monte de páginas brilhantes – "revistas bobas".

Do lado de fora dos portões, o ar está repentinamente fresco e a paisagem é um manto de esmeraldas. André e eu deixamos Mara em seu condomínio em Cascavel, um complexo fechado que é, como a prisão em que ela trabalha, um impressionante simulacro da moradia nos Estados Unidos.

"Obrigado, Estados Unidos, por exportarem esse estilo de moradia para nós também", graceja André.

Nosso hotel, por sua vez, parece Miami por volta de 1952. A cidade inteira pode muito bem existir em outro tempo e lugar. Parece os Estados Unidos dos anos de 1980, desde os estilos de cabelo grande das mulheres que passeiam, comendo pão de queijo, até a trilha sonora de *hard rock* que emana dos *pubs* irlandeses na estrada. André e eu nos sentamos em um deles, comemos peixe frito com farofa, um prato feito com farinha de mandioca, e desvendamos nosso dia. Torcendo as mãos, ele lamenta a devoção do seu país ao encarceramento. A Copa do Mundo da FIFA está chegando e as pessoas estão brincando, ele me conta, que aqueles novos estádios caros, quando as multidões forem para casa, se tornarão prisões. Ele aperta suas têmporas.

"Até minha família, meu irmão e meu pai – todos eles dizem para prender os criminosos e jogar a chave fora. Mas como isso é uma resposta?"

* * *

Na manhã seguinte, quando chegamos, pontos de cor fosforescente na forma de mulheres visitantes animam o arame farpado monótono. As regras do código de vestimenta proíbem quase todos os tons, exceto amarelo e rosa, porque o Big Brother em Brasília deve diferenciar facilmente, diante das câmeras, entre prisioneiros, funcionários e visitantes. O resultado é bizarramente cinematográfico. Todas essas mulheres vieram de mundos distantes, algumas tiveram suas viagens pagas pelo PCC porque seus maridos são membros proeminentes de gangues. Muitos dormiram do lado de fora dos portões na esperança de serem os primeiros da fila e todos estão prestes a suportar maratonas de espera, procedimentos de segurança e verificações de cavidades corporais, apenas para passar algumas horas com seus entes queridos. Mas aqui eles estão envoltos nas tonalidades mais alegres e exuberantes imagináveis.

Ao passarmos por eles e passarmos pela segurança, recebemos doses de cafezinho. Copos plásticos descartados deixam um rastro pela prisão; com agentes trabalhando em turnos noturnos, essa coisa forte, preta e doce é o óleo que mantém a máquina funcionando.

Hoje está frio e chuvoso. Serpenteando por corredores escuros de concreto, o frio penetra em meus ossos.

Ao virarmos uma esquina, raios estreitos de luz iluminam um campo enorme atrás das grades, com uma claraboia de arame farpado. Grupos de treze prisioneiros têm direito a duas horas por dia neste solário, que eu tinha espiado antes, e durante esse tempo eles são proibidos de falar com mais de três homens em qualquer momento.

A bola de futebol bate contra a parede. Corpos rasgam o espaço com uma vivacidade feroz, saltando, chutando e chamando uns aos outros. Corpos ofegam por ar; corpos descalços e peito nu sorriem, riem, saltam e vivem.

Então: Pare!

Silêncio.

A bola de futebol rola lentamente até parar. Os prisioneiros congelam, alinham-se contra a parede e abaixam suas cabeças. Sorrisos se dissolvem.

"Número um!", chama o agente.

A caminhada do prisioneiro ricamente coreografada começa. Um por um, cabeça baixa, marcham até o agente. Dão meia-volta, ajoelham-se, apresentam as mãos para serem algemadas através das grades. Viram-se e aproximam-se do próximo agente. Dão meia-volta novamente, enquanto a porta se abre e fecha, e o corpo é mais uma vez enterrado numa cela por vinte e duas horas.

"Número dois!", chama o agente.

O ritual se repete até que tudo o que resta no solário seja uma bola de futebol meio murcha. Os agentes andam pelo perímetro com luvas de plástico, verificando se há objetos deixados para trás.

Então, minutos depois, a porta se abre e treze homens marcham silenciosamente, em fila única, com a cabeça abaixada. Eles ficam de frente para a parede e são desalgemados, um por um.

"Liberados!", grita o agente. *Vocês estão livres!*

Instantaneamente, há apertos de mão e abraços, risos e sorrisos, cabeças erguidas. Eles conversam entre si e com os guardas. Cortes de cabelo são feitos, com um barbeador elétrico conectado perto das grades. Tufos de cabelo voam para o chão; a bola de futebol voa para o céu. A coisa toda é um rito de morte e ressurreição da mais profunda ordem.

Eu espio Carlos, parecendo ainda mais infantil agora que mais do que apenas seus olhos estão visíveis. INTERNO diz sua camiseta, mas eu li errado como INFERNO.

"Venha, deixe-me mostrar as celas deles", diz nosso agente.

"Você tem certeza de que está tudo bem?", pergunto, hesitando em invadir espaços privados.

"Claro. Esta prisão é *nossa*, não deles", insiste orgulhosamente o agente, guiando-nos para dentro da ala de celas no Bloco C.

Um exemplar gasto de *Querido John*, de Nicholas Sparks, repousa na prateleira de concreto amarelo-urina, perto de um chuveiro que borrifa água automaticamente no mesmo horário todos os dias. Quatro fotografias desbotadas de crianças estão pregadas acima da cama. Na mesa há uma caneta removida de seu invólucro de plástico, ao lado de desenhos em estêncil de dálmatas, mãos rezando e pássaros em gaiolas.

Camadas de luz rosa suave fluem através das altas janelas de catedral. Os ecos abafados de portas de metal rangendo ao abrir e as vozes baixas queixando-se umas às outras de blocos distantes nos alcançam como chamados à oração. Pela primeira vez, compreendo visceralmente a palavra "penitenciária", de "penitência". Este lugar tem a sensação de um mosteiro assustador e mal-assombrado. É como se eu estivesse num cruzamento assustador entre uma igreja e um campo de concentração.

As celas não têm espelhos, explica o agente. Na verdade, uma equipe de notícias que filmava aqui deixou uma câmera do lado de fora da fresta de uma cela durante a noite e voltou para encontrar o homem que mora na cela olhando para a lente da câmera, encantado com o próprio reflexo.

"Limpa, arrumada e eficiente, esta cela", diz o agente, como se ele mesmo a tivesse construído. "Não parece nada com a prisão estadual. Limpa, segura."

De fato, Catanduvas está a mundos de distância das prisões estaduais do Brasil, e é claramente por isso que estou aqui. O governo está ansioso para exibir seu investimento imaculado e caro. Em 2014 – o ano em que surgiu um vídeo mostrando prisioneiros brasileiros decapitando três companheiros de prisão – um órgão de direitos humanos da ONU expressou preocupação com o "estado terrível" das prisões violentas e superlotadas do Brasil, onde mais de 80% dos presos não podem pagar um advogado. Muitos estados não oferecem instalações separadas para mulheres, e agentes do sexo masculino em prisões femininas são conhecidos por extorquir favores sexuais; adolescentes podem ser presos com adultos em unidades sem banheiros. Em 2009, 16.466 pessoas foram encontradas presas irregularmente; muitas passaram muito mais tempo em prisão preventiva do que teriam cumprido como prisioneiros condenados – em um caso, um homem passou onze anos em prisão preventiva. No Estado do Espírito Santo, em meio a acusações de tortura e abuso entre 2009 e 2011, o governo proibiu a entrada nas celas da prisão até mesmo para o órgão oficialmente mandatado para monitorar o sistema.

É hora da refeição. Por outro corredor, mais carrinhos de metal são conduzidos por agentes usando óculos escuros envolventes. O ritual começa. Uma por uma, as bebidas são derramadas em copos de plástico, bandejas de metal são inseridas através da fresta da porta em mãos ansiosas, então as frestas são fechadas com força.

Mulheres visitantes de rosa passam por nós ao saírem, suas bochechas inchadas e úmidas. Eu percebo o choro de um bebê.

"Tão triste", diz Mara, esfregando os olhos. "Ele está visitando a família. Dizendo 'Papai!'"

* * *

Passamos o resto do meu tempo em Catanduvas em seus dois refúgios. Prisioneiros qualificados podem escapar de suas celas por algumas horas, vários dias por semana, se frequentarem aulas ou trabalharem. As opções de trabalho são limitadas e incomuns. Os homens podem fazer cestas de revistas descartadas ou criar brinquedos infantis de papel e palitos de picolé; ambos são vendidos em feiras de artesanato locais. Sou presenteada com um de cada produto, dentro de uma pequena sala onde uma dúzia de homens se sentam em mesas coletivas atrás das grades. Um pato de origami, diz Mara. E aqui estão Moisés, Jesus e João Batista, feitos de palitos de fósforo e olhos esbugalhados.

"Fale com eles", Mara insiste, apresentando a professora aos prisioneiros. Novamente engolindo a sensação desagradável e inquietante de ser um visitante num zoológico humano, eu me viro para os homens atrás das grades.

Carlos Augustus, cujos óculos de aro preto escondem um rosto cansado, me diz que gostaria de ir para a faculdade um dia e se tornar biólogo. Ele explica que, de acordo com a Lei de Execução Penal do Brasil, a cada cinco dias que um prisioneiro trabalha, um dia é descontado de sua pena, mas apenas cerca de um quarto dos prisioneiros consegue emprego.

"Trabalhar me acalma", ele me diz. "Qualquer coisa para não estar numa cela. Farei *qualquer coisa* para escapar de estar tão sozinho. Todas essas horas. Eu acredito no amor – no amor como redenção. Não há amor aqui."

Ao lado dele está uma dupla de aparência triste que Mara explica serem pai e filho. Olho fixamente para o pai, mas o que vejo, transposto para o seu rosto, é o Anthony da África do Sul, sua filha em outra ala de Pollsmoor, seu filho comprando drogas do mesmo traficante. E vejo também um estudante de volta a Nova York, cujo retorno foi prejudicado pela realidade de que, embora ele estivesse finalmente livre, seu filho de 18 anos continuava atrás das grades. A dor dessa visão de um pai e um filho, lado a lado numa supermáxima, faz meus olhos lacrimejarem. Com todos os pais ausentes correndo como um fio narrativo de pesadelo por histórias globais de prisão e pobreza, o único pai presente na vida de um prisioneiro está bem ao lado dele. A profundidade do fracasso que alguém deve sentir, não apenas por estar na prisão, mas por olhar para o lado e ver o seu filho aqui também, isso é difícil de entender.

Seguro minhas lágrimas para conversar com os homens sobre suas vidas e o que eles têm lido. Carlos Augustus faz um sermão comovente sobre *Anna Karenina* e o poder do amor verdadeiro, mas logo a conversa muda e eles começam a me entrevistar. Qual é a taxa de reincidência nos Estados Unidos? Há alguma diferença entre esta prisão e aquela em que você trabalha? Os Estados Unidos devem adotar nosso programa de Remição pela Leitura? É verdade que nos Estados Unidos ainda há pena de morte? *Sério, pena de morte?* E penas perpétuas?

É verdade que os Estados Unidos são responsáveis por esta prisão? Pela supermáxima?

Pelas horas que apodrecemos em nossas celas?

Ficando tonta, saio da área de trabalho e, entorpecida, sigo Mara. E o prisioneiro de 21 anos cuja acusação é assalto a banco? Pergunto a ela. Ele pode realmente representar o "pior dos piores"?

"Isso não é nada", diz ela. "No mês passado tivemos um garoto de 19 anos. Eu me perguntei: Quem é esse garotinho tão magro? Acontece que ele foi enviado para cá porque cuspiu na cara do promotor."

Nos Estados Unidos, o banimento para a Unidade Habitacional Solitária (SHU, na sigla em inglês) também pode acontecer por motivos aleatórios. Em Nova York, por exemplo, 84% das sentenças da SHU são por conduta não violenta, como não sair do chuveiro rapidamente, não obedecer a uma ordem prontamente, recusar-se a devolver uma bandeja de comida, possuir selos postais em excesso ou "olhar torto" – olhar para um policial da maneira errada. Em 2013, um homem da Carolina do Sul recebeu uma pena de 37,5 anos em solitária por postar no Facebook.

Passamos pelo solário novamente, onde a bola de futebol para e os prisioneiros correm para as grades, lançando perguntas veementes para mim. Eles exibem sorrisos contorcidos.

Você tem internet na sua prisão americana?

Você sobreviveria 22 horas numa cela?

Diga a Barack Obama que mandamos um oi!

A energia febril é tão avassaladora que me ataca com uma mistura enervante de tristeza e terror. Estou tremendo, tenho calafrios. Nunca testemunhei a humanidade tão flagrantemente à beira de enlouquecer completamente.

"Esses homens não têm trabalho, nem escola, nem programa – apenas 22 horas na cela", explica Mara. "Alguns há anos. Tão triste. Tão triste."

Não há assassinatos de gangues em Catanduvas, como há nas prisões estaduais do Brasil, e há o oposto da superlotação – quase metade das celas aqui estão vazias. Claramente, eles sofrem outro tipo de tortura, um genocídio psicológico gradual. "Um número considerável de prisioneiros caiu, mesmo após um curto confinamento, numa condição quase estúpida, da qual era quase impossível despertá-los, e outros ficaram violentamente insanos; outros ainda cometeram suicídio; enquanto aqueles que suportaram melhor a provação geralmente não foram reformados e, na maioria dos casos, não recuperaram atividade mental suficiente para serem de qualquer serviço subsequente à comunidade", declarou a Suprema Corte dos Estados Unidos em 1890 após pesquisar o uso de solitária de longo prazo.

Mais de um século depois, o psiquiatra de Boston, Stuart Grassian, entrevistou prisioneiros em solitária e descobriu que um terço desenvolveu psicose aguda e alucinações, que ele identificou como sintomas da Síndrome SHU: retraimento social, ataques de pânico, raiva irracional, perda de controle de impulso, paranoia, depressão grave e crônica, dificuldades de concentração e memória, e distorções perceptivas. A automutilação é uma prática comum; aqueles em solitária são conhecidos por morderem as próprias veias e deceparem dedos e testículos. As taxas de suicídio são cinco vezes maiores em solitária; na Califórnia, até 70% dos suicídios acontecem lá e os adolescentes têm dezenove vezes mais probabilidade de cometer suicídio lá. Um artigo de 2009 da *New Yorker* por Atul Gawande, sobre o "buraco infernal" que é a solitária, pinta um quadro visceral da experiência: "Ele falava sozinho. Andava de um lado para o outro compulsivamente, arrastando-se pelo mesmo caminho de menos de 2 metros por horas a fio. Logo, estava tendo ataques de pânico, gritando por ajuda. Alucinou que as cores das paredes estavam mudando. Ficou furioso com ruídos de rotina – o som de portas se abrindo enquanto os guardas faziam suas verificações de hora em hora, os sons de presos em celas próximas. Depois de um ano ou mais, ele estava ouvindo vozes na televisão falando diretamente com ele. Colocou a televisão debaixo da cama e raramente a tirava de novo." Em 1995, um juiz federal concluiu que as condições em Pelican Bay, na Califórnia, "podem muito bem pairar sobre o limite do que é humanamente tolerável".

Unidades solitárias como Catanduvas representam uma amputação brutal – cortar um problema para dissuadir, punir e manter os outros seguros. Mas não se pode esquecer que esse "problema" também é um *ser humano*, que pode eventualmente retornar à população carcerária e ao mundo. Como pode beneficiá-lo, ou a nós, devolvê-lo totalmente louco?

E, finalmente, será que induzir a insanidade pode alguma vez ser moralmente justificável?

No entanto, mesmo se deixarmos essa preocupação de lado, estudos sugerem que o confinamento solitário nem mesmo é eficaz. Um estudo de 2006 descobriu que aqueles que passaram três meses ou mais em solitária tinham mais probabilidade de reincidir e cometer um crime violento, enquanto um estudo de 2003 sobre supermáximas no Arizona, Illinois e Minnesota encontrou níveis de violência de prisioneiros inalterados. É por isso que o Reino Unido, por exemplo, se afastou dessa prática cara, ineficaz e desumana; em toda a Inglaterra hoje, há menos pessoas em solitária do que em todas as prisões do Maine. Em vez disso, os britânicos geralmente abrigam os seus mais voláteis em Centros de Supervisão Estreita, que são unidades pequenas e estáveis de menos de dez pessoas. Lá, eles recebem tratamento de saúde mental e educação e têm direitos a exercícios, telefonemas, visitas de contato e instalações de cozinha. A ideia é dar a esses homens mais controle, não menos, o que minimiza os cenários de humilhação e confronto que, concordam os especialistas, formam a raiz da violência na prisão.

* * *

Dentro de uma pequena sala de aula comandada por guardas, dez alunos de moletom azul e chinelos sentam-se em suas carteiras. Eles estão separados da mesa volumosa do professor por grades. Não consigo me imaginar dando aulas, literalmente, na frente das grades; nem mesmo em prisões de segurança máxima dos Estados Unidos vi algo parecido com isso. Mara aponta para uma linha vermelha no lado do piso de concreto onde está o professor, logo na frente das grades.

"Uma vez, um prisioneiro estava lendo um dicionário, procurando uma palavra", ela me conta, "e ele disse que não conseguia encontrar a palavra, então o professor se aproximou das grades para mostrar a ele no livro. E de repente os guardas sacaram suas armas e gritaram: 'Afaste-se! Você está desrespeitando o professor?' As mãos do prisioneiro tremiam e ele ficou vermelho de vergonha, humilhado. Então, Baz, não cruze a linha vermelha."

A aula de hoje, de nível misto, do quinto ano ao ensino médio, é liderada por uma professora gentil com cabelos loiros crespos e um desenho animado colorido costurado no bolso do seu jaleco branco. Ela se afasta depois de me apresentar, e eu digo algumas palavras sobre o Prison-to-College Pipeline e o valor da educação.

Então é como se os cavalos estivessem no portão: prontos, preparados – em erupção!

"Se você não nos educar, voltaremos para as ruas!", declara um homem de pele escura na primeira fila.

"Tenho 51 anos agora. É tarde demais para mim – mas não para ele." Ele aponta para um jovem de pele clara ao lado dele.

"Eu não tive a chance de obter educação na minha vida. Não havia escola na minha favela. Eu não tinha nada. Nem mesmo uma certidão de nascimento."

Eu deveria estar entrevistando os homens sobre o Remição pela leitura. Depois de dois dias aqui, porém, está claro que, embora o programa tenha boas intenções – é uma tábua de salvação em potencial para a sanidade –, também, considerando as circunstâncias terríveis aqui, beira o ridículo. O que é literatura diante de supermáximas extremamente solitárias e em proliferação? O que são alguns dias no contexto de penas de um quarto de século?

Em vez disso, por horas esta manhã e depois à tarde – quando a professora está ausente e sou empurrada para a frente da classe e me dizem: "Ensine!" – deixo as narrativas da vida caírem e queimarem ao meu redor.

Fábio, 40 anos: a mãe o teve aos 11 anos, quando foi estuprada; fugiu de casa aos 6 porque seu pai alcoólatra o espancava; foi parar em dezenas de orfanatos e se envolveu em crimes aos 7 anos; entrou na prisão aos 18 e viu sua mãe apenas uma outra vez, aos 26, atrás das grades.

Roberto, 38: nascido numa família de quatorze irmãos; foi recrutado por gangues e vendeu drogas para poder sustentar a família; entrou e saiu da prisão estadual, onde aprimorou suas habilidades criminosas e se viciou em metanfetamina; durante um assalto fracassado a uma pequena loja, atirou acidentalmente e matou um policial federal. Tem estado na solitária aqui há cinco anos.

As cabeças estão baixas e a sala parece uma bomba-relógio.

Minha família, minha família. As palavras ressoam como um coro de tristeza. Estar na solitária é uma tortura. Mas estar a milhares de quilômetros de distância de esposas, filhos, mães – isso, afirmam os homens, é o abismo absoluto.

Os prisioneiros continuam falando, mas André, exausto e incapaz de acompanhar, para de traduzir. Continuo concordando, de qualquer forma; sei o que estão dizendo. Porque ouvi isso nos Estados Unidos, na Jamaica e especialmente em Pollsmoor. O gueto é a guarnição, é a *township* – e a favela. Há dois elefantes na sala, e os homens estão apontando diretamente para eles.

Primeiro, raça.

Um legado de desigualdade racial produziu esses homens, suas favelas e essa prisão. Mais de dez vezes mais escravizados africanos foram trazidos para o Brasil do que para os Estados Unidos, e a escravidão continuou até o século XIX – o Brasil foi o último país das Américas a abolir a escravidão, em 1888. Depois disso, métodos policiais e punitivos foram usados para garantir uma força de trabalho para a produção de café e açúcar. Dezenas de milhares de negros pobres foram presos por pequenos delitos – vadiagem, desordem, embriaguez, prática de capoeira, um ritual de dança africano baseado em artes marciais que era ilegal até a década de 1930 – e colocados para trabalhar ou sentenciados a temporadas no exército. O Brasil adotou uma nova constituição federal em 1988, mas quase nada foi feito para integrar os descendentes de escravos na economia ou na vida pública. A segregação aqui é uma realidade em todas as esferas da vida, da educação e do mercado de trabalho à distribuição de terras, moradia e acesso a serviços públicos. Em 2009, por exemplo, apenas 17% da população negra e mestiça do Brasil estava envolvida em atividades educacionais. 80% têm menos de oito anos de escolaridade, quase dois em cada três estudantes não brancos não conseguem concluir o ensino médio e apenas 6,6% frequentam a universidade. Mais de 70% dos brasileiros que vivem abaixo da linha da pobreza são negros ou mestiços, ganhando um salário menor do que a metade do dos brancos, e a expectativa de vida dos brasileiros não brancos é seis anos menor do que a dos brancos. 97% dos executivos e 83% dos gerentes são brancos. Se o Brasil branco e o não branco fossem nações separadas, o primeiro ficaria em quadragésimo quarto lugar no Índice de Desenvolvimento Humano Mundial da ONU e o último, em 105º.

É de se admirar que as taxas de homicídio de brasileiros não brancos sejam quase o dobro das dos brancos – em algumas regiões, mais de três vezes maiores? Ou que os brasileiros não brancos, que representam dois terços dos presos, mas metade da população do país, têm duas vezes mais probabilidade do que os brancos de estarem na cadeia? Durante séculos, o sistema foi construído para devastá-los.

"Você vai desistir do crime?", Mara pergunta a um prisioneiro careca com dobras densas sob os olhos.

"Como posso desistir disso se nunca tive a chance de trabalhar?", ele pergunta, parecendo que vai pular da mesa. "Se eu for para a rua, quem vai me deixar trabalhar, quem vai me ajudar?"

Ele se vira para mim com um olhar furioso. "Como é nos Estados Unidos? O Estado ajuda? O Estado dá empregos para pessoas que não têm oportunidade? Anote meu nome. Lembre-se dele. Procure-me e veja se um dia finalmente consigo o emprego que mereço."

Atenta à linha vermelha, passo meu caderno pelas barras. *Pedro Henrique Procópio*, ele escreve, em uma caligrafia elegante. "Lembre-se de mim", ele diz, devolvendo-o.

O outro elefante na sala é a classe. O crime é motivado pela pobreza e pela desigualdade, um fato percebido nos Estados Unidos, onde a desigualdade de renda é a mais alta desde 1928, e o quinto mais rico das famílias detém 88,9% da riqueza do país. Mas o Brasil representa extremos ainda mais dramáticos tanto de pobreza quanto de desigualdade – a desigualdade de renda existe em taxas cerca de 25% mais altas do que nos Estados Unidos. As raízes disso estão entre 1870 e 1980, quando a economia do Brasil cresceu a uma taxa mais rápida do que quase qualquer outro país importante. Durante a década de 1950, estava a caminho de ultrapassar os Estados Unidos, e cerca de 20 milhões de pessoas migraram para as cidades do país, um dos maiores movimentos desse tipo na história. Mas um colapso repentino no crescimento empobreceu milhões; entre 1980 e 1990, o salário-mínimo diminuiu 46% e a renda *per capita* caiu 7,6%. A proporção da renda apropriada pelo quinto mais rico da população cresceu para 65%, enquanto a da metade mais pobre caiu para 12%. 3% do PIB do país é gasto em saúde e menos de 5% em educação, em comparação com 12% em pensões – quase dois terços das quais são usufruídas pelo quinto mais rico do Brasil. Enquanto isso, aqueles que trabalham na economia informal, cerca de 40% da força de trabalho, não recebem benefícios do Estado. Há uma grave crise imobiliária também. Uma em cada três famílias vive em moradias inadequadas, e o país tem uma escassez estimada de 5,8 milhões de unidades.

No entanto, apesar da pobreza espantosa e da falta generalizada de serviços sociais, o governo brasileiro cavou fundo em seus bolsos para gastar centenas de milhões construindo a prisão em que estou.

Por quê? Pergunto aos alunos, meus professores.

Eles resumem usando uma velha expressão brasileira: “Fazer *show* para inglês ver”.

O governo precisa das gangues, os prisioneiros me dizem; elas coordenam a vida no gueto e a vida na prisão. Isso também é verdade para a gangue Números em Pollsmoor. No entanto, os políticos aqui também fazem *shows* públicos regulares de erradicação dessas mesmas gangues, para serem reeleitos. Catanduvas e suas quatro instituições irmãs representam *shows públicos* muito grandiosos e muito caros. Não importa que seu uso da solitária seja claramente uma forma de tortura. Não importa que não só não esteja resolvendo problemas de crime, violência e desigualdade, ou mesmo o "problema" das gangues, porque uma temporada numa federal pode estigmatizar os prisioneiros como perigosos e, em última análise, promover líderes de gangues, que retornam aos seus estados com reputações infames. E não importa que essa estratégia tenha fracassado nos Estados Unidos, como explicado por David Skarbek no seu livro de 2014 *The Social Order of the Underworld* [A ordem social do submundo], que investiga as gangues prisionais da Califórnia e argumenta que elas, como a gangue PCC aqui, "acabam fornecendo governança de uma forma brutal, mas eficaz". A Califórnia primeiro tentou conter as gangues, separando-as e dispersando seus membros em prisões distantes para diluir sua influência, mas isso acabou permitindo que as gangues espalhassem sua influência e alcançassem os estados e o sistema federal.

Não importam todas essas realidades. Catanduvas inteira é um grande exercício de teatro político, e vidas humanas são seus atores principais.

"A mídia diz que sou um monstro", diz Fábio. "Eu não sou um monstro. As pessoas que criaram este lugar maligno são monstros."

As grades ficam embaçadas e minha dor de cabeça se intensifica. Tento servir palavras de inspiração. Ouça sobre um dos meus melhores amigos, Kirk, digo, que se formou na faculdade atrás das grades nos Estados Unidos e depois fez doutorado em serviço social em uma universidade da Ivy League. E meus outros alunos, que têm uma vaga garantida na universidade ao saírem da prisão. Os olhos dos prisioneiros cintilam.

"Vamos compartilhar alguma coisa com os seus alunos", eles dizem. "De um prisioneiro para outro, pelo mundo."

O que eles compartilham transborda de esperança, emergindo com força total do inferno.

A educação nos liberta. As únicas grades estão na minha cabeça e eu as removi por meio do aprendizado. O capitalismo vai te destruir, porque a vida não é o que você tem, mas o que você é. Aprenda. Não desista.

"Você é abençoada pelo Brasil", Carlos Augustus me chama enquanto pego minhas coisas e me preparo para ir embora. "Obrigado por se lembrar de nós."

Obrigado por se lembrar de nós. Que coisa peculiar de se dizer enquanto ainda se está vivo. Mas será que estão? A solitária, escreveu Dostoiévski, "drena a seiva vital do homem, enerva sua alma, a intimida e enfraquece, e então ergue a múmia moralmente murcha, meio imbecil, como um modelo de penitência e reforma". Para esses homens, serem vistos e capturados pela minha caneta representa um desenterramento momentâneo: não ser esquecido.

No escritório de Mara, para onde retornamos no fim do dia, a equipe está reunida em volta de uma tela de computador, sorrindo. Eles viram a tela para mim e revelam uma frase no Google Tradutor: "Os homens ficaram movidos." Movidos? Para onde? Para outra prisão?

"Não, não", explica Mara. "Os prisioneiros ficaram movidos pela sua presença. Eles disseram que foram inspirados pelas histórias de seus alunos na prisão. Eles ficaram *movidos*."

Também estou movida, embora seja um pequeno conforto.

André e eu vamos para o aeroporto em silêncio total. André, porque está inflamado de raiva pelo investimento grotesco do seu país. Ele já esteve aqui antes e é voluntário no sistema estadual; sua noiva também é uma defensora pública que trabalha em prisões femininas. Mas conhecer bem o sistema não é suficiente para atenuar o horror de testemunhá-lo no seu pior. Fico em silêncio porque entre soluços sinto o equivalente emocional da cor sugada do meu rosto.

De volta aos Estados Unidos, semanas depois, pedi aos meus alunos em Otisville que escrevessem de volta para os brasileiros sobre os quais eu havia falado. Eles o fazem, lindamente.

"Espero que você esteja com boa saúde e aprendendo com o que quer que tenha feito", escreve Richard. "A razão pela qual eu o chamo de meu irmão de armas é porque, embora possamos estar em mundos separados, você ainda é um homem e, espiritualmente, é meu irmão. Acredito que a educação é a chave para o sucesso. Só para lhe dar um pouco sobre mim, sou uma pessoa simples e amorosa que gosta de aprender."

Robert fica reflexivo:

> Nós dois estamos fisicamente encarcerados. No entanto, apesar das melhores tentativas dos governos de nos manter estagnados, eles nunca podem nos encarcerar mentalmente; isso é algo que só nós podemos fazer a nós mesmos. Hoje tenho 23 anos e estou na prisão desde os 16. Não percebi o quão importante a educação era para mim quando cheguei à prisão pela primeira vez e, como resultado, me vi em muitos problemas desnecessários. Quando peguei um livro, fiquei honestamente surpreso com o quão "livre" a leitura fez eu me sentir. Mesmo quando estava em confinamento por vinte e três horas por dia, perdia a noção de onde eu estava às vezes porque estava muito envolvido em minhas leituras. Senti que era importante compartilhar esse pequeno detalhe porque ouvi que você está na escola e quero que esta carta seja uma ferramenta motivacional para mantê-lo em movimento.

Palavras comoventes, palavras esperançosas, palavras lindas – são tudo isso. Mas ainda assim é a primeira vez que retorno de uma odisseia prisional sem nem mesmo um pingo de esperança.

Por um lado, a vela no escuro aqui, o programa de literatura, é tão infinitesimal que é irrelevante – parece até parte da grande farsa de relações públicas que é Catanduvas como um todo. E por outro lado, enquanto vários estados americanos começaram recentemente a repensar seu uso da solitária – em 2014, dez estados adotaram medidas destinadas a restringir a solitária, abolindo-a para menores ou doentes mentais, melhorando suas condições ou reintegrando prisioneiros isolados à população em geral –, Catanduvas conta uma história muito diferente. O bebê dos Estados Unidos mais uma vez ganhou vida nova além das suas terras. As supermáximas e a solitária não são apenas uma realidade global, são uma realidade global *crescente*: um pesadelo americano do qual o mundo escolheu não acordar.

6
PRISÕES PRIVADAS: AUSTRÁLIA

"Você já foi condenada por algum crime?", rola pela tela de um estiloso terminal eletrônico de imigração no Aeroporto de Sydney, dando-me boas-vindas à Austrália. Acho que deve ser a terceira vez que a Austrália me pergunta isso nos últimos dois dias. Acho que me lembro de ter aparecido duas vezes no formulário eletrônico de visto que preenchi antes de voar.

Essa linha de investigação em terra australiana parece ao mesmo tempo apropriada e irônica. Afinal, o país nasceu como uma colônia penal, o que significa que há dois séculos quase todos que chegavam aqui tinham um histórico criminal. Durante a era da pré-prisão, quando o banimento era o sistema de punição preferido da Europa, os países colonizadores enviaram mais de um quarto de milhão de pessoas apelidadas de "condenadas" para lugares distantes como Singapura, Guiana Francesa, Gibraltar, Bermudas e Maurício. A Austrália foi adicionada à lista após a Revolução Americana, quando a Grã-Bretanha já não conseguia despejar seu lixo humano em solo americano. Entre 1788 e 1868, 166 mil homens, mulheres e crianças foram enviados da Grã-Bretanha para a Austrália e, em 1830, eles e seus filhos constituíam 90% da população da nova colônia. Era mais do que apenas punição, porque, após a abolição do comércio de escravos em 1833, esses prisioneiros coloniais se tornaram a força de trabalho da Europa, construindo infraestruturas e economias. E bem depois de o transporte de prisioneiros ter cessado, seu valor econômico persistiu. Após a Guerra Civil dos Estados Unidos, por exemplo, o trabalho dos condenados locais reconstruiu o país, de ferrovias a plantações, com o Alabama arrendando seus prisioneiros ao governo federal até 1928.

Essas são as raízes do complexo industrial prisional, um emaranhado de interesses legais, negociais e governamentais que existe há séculos.

Viajei para a Austrália durante as minhas férias de inverno para lidar com essa confusão: a moderna fusão de capitalismo e "condenação" na forma da indústria prisional privada de US$ 22,7 bilhões. Ela remonta a 1985, quando a primeira prisão privada foi inaugurada no Condado de Marion, Kentucky. O modelo e seus lucros logo se proliferaram, a ponto de a receita da maior empresa prisional privada dos Estados Unidos, a Corrections Corporation of America (CCA), atingir recentemente o montante de US$ 1,7 bilhão. Prisões privadas surgiram em uma dúzia de países, de Grã-Bretanha e França a Nova Zelândia, Caribe e África do Sul.

Elas também se consolidaram na Austrália, um país tão distante fisicamente dos Estados Unidos, mas, em termos de política de justiça criminal, muito próximo. Desde a década de 1970, a Austrália copia nossa retórica dura contra o crime e nossas políticas punitivas. Apesar de suas já baixas taxas de homicídio e roubo – em 2011, essas taxas eram, respectivamente, de um e quatro em 100 mil, tendo diminuído nas últimas duas décadas –, sua população carcerária cresce 9% ao ano. O país abriga a maior proporção de presos em instalações privadas do mundo – cerca de 19% dos seus 33 mil presos. Também possui um sistema de detenção de imigrantes totalmente privado, administrado pela Serco, uma empresa britânica que também opera duas prisões privadas na Austrália Ocidental e tem oito mil pessoas sob seus cuidados.

"Serco? Isso é um sistema operacional? Tipo, Matrix?", brinquei com Brian, o criminologista com quem fiz amizade na Tailândia, quando ele me contou pela primeira vez sobre as prisões em que trabalha, por meio da Universidade Curtin, em Perth. Então, comecei a criticar a indústria prisional privada.

Eu estava pregando para convertidos. Porque para qualquer pessoa, mesmo que bem pouco progressista, prisões privadas são um anátema. Motivadas por resultados financeiros, elas fazem de tudo para manter o controle do dinheiro dos contribuintes e de vidas humanas. Uma vez que seu modelo de negócios depende de manter leitos ocupados, eles gastam milhões em *lobby* e contribuições de campanha para garantir que as políticas continuem punitivas. A CCA, por exemplo, gastou US$ 18 milhões em *lobby* federal nos Estados Unidos entre 1999 e 2009. Ela também está fortemente ligada ao Conselho Americano de Intercâmbio Legislativo, que promove modelos para leis de imigração e sentenças mais rígidas e tem feito ofertas a 48 estados para comprar prisões e cadeias estatais em troca de taxas de ocupação obrigatórias de 90%.

"Eu sei, eu sei", disse Brian. "Acredite, eu fiquei em pé de guerra quando todo esse movimento começou aqui. Fiquei na escadaria da Prefeitura por dias, protestando contra a privatização. Mas então percebi que a situação é mais complicada do que eu imaginava."

"Sério?", perguntei, ainda cética.

"Venha ver com os seus próprios olhos", respondeu Brian. Vários meses depois, aqui estou.

* * *

"Parece Phoenix", observa o americano sentado ao meu lado no avião, olhando para Perth enquanto nos aproximamos.

Hoje é sábado à tarde, 44 graus de sol árido do verão. Onde está todo mundo? A capital da Austrália Ocidental parece uma cidade fantasma. Depois de me registrar no meu hotel, embarco num ônibus gratuito da cidade, passo por um parque ribeirinho impecável, baldeio para um metrô impecável e finalmente chego a uma praia impecável. Ah, aqui estão todos. A areia em Scarborough está congestionada. Mulheres loiras sorridentes com bronzeado profundo distribuem limonada grátis; mais pessoas loiras alegremente pulam ondas tão grandes que parecem tocar as nuvens com as mãos.

Sentada no meio dessa cidade limpa e bonita, cercada por surfistas e banhistas, é difícil sequer imaginar que exista uma prisão aqui.

No entanto, a população carcerária da Austrália dobrou na última década. E esse Estado, a Austrália Ocidental, ostenta o maior número de prisioneiros *per capita* do país. Quase metade deles estão presos por delitos não violentos. E como nos Estados Unidos, no Brasil e na África do Sul, eles são minorias extremamente pobres. Os povos indígenas representam cerca de 2% da população da Austrália, mas são 27,5% de sua população carcerária. A Austrália Ocidental tem a maior taxa de prisão indígena do país, com proporções de pessoas aborígines presas que são, de maneira deprimente, ainda mais astronômicas do que as dos afro-americanos nos Estados Unidos. Eles têm quase vinte vezes mais chances de serem presos aqui – um em vinte e quatro está atrás das grades. Um jovem indígena tem cinquenta vezes mais chance do que qualquer outro australiano de ser sentenciado à prisão.

"Bem-vinda à Austrália!" Brian diz com um abraço, me pegando no meu hotel na manhã seguinte. É um reencontro alegre, embora vá acontecer principalmente em ambientes prisionais. Eu me liguei a Brian na Tailândia, em parte porque compartilhamos uma missão idêntica na vida, e porque seu otimismo zeloso me agita intensamente. É um otimismo que compartilho, mas encontrá-lo em alguém em quem não deveria existir, alguém que recebeu cartas extraordinariamente ruins na vida, é especialmente inspirador. Tento manter essas pessoas perto de mim como lembretes de que uma profunda e eterna esperança pode surgir.

No caminho para o Wandoo Reintegration Facility, uma prisão de segurança mínima para homens de 18 a 24 anos, Brian explica que esse estabelecimento costumava ser um centro de prisão preventiva juvenil. Ele fez parte da equipe por trás da sua transformação num estabelecimento para essa faixa etária vulnerável, legalmente com idade suficiente para ser alojada com adultos, mas também jovens o bastante para serem vitimados e perigosamente impactados por eles. A Serco assumiu a gerência de Wandoo em 2012.

"Você devia ver como era antes da conversão. Simplesmente horrível", explica Brian. "E fedia – surreal. Não é para seres humanos. Lixo podre."

O que eu cheiro, assim que chegamos, é o almoço. Sem verificação de segurança, somos conduzidos ao refeitório, apesar do meu lapso de memória induzido por *jetlag*.

"Esqueceu sua identidade? Não se preocupe, companheira. Apenas se apresse para a marmita", diz a mulher sorridente na recepção.

Imediatamente imagino que pousei num anúncio de TV: aquele recorrente, tarde da noite, de um centro de reabilitação em Malibu, todas as colinas verdes e brisa fresca – Passagens? Promessas? Uma náusea começa a se insinuar; estou condicionada a me sentir mal com o cheiro de comida atrás das grades, principalmente em virtude de associação com memórias dolorosas. Mas meu enjoo abruptamente faz uma pausa e reconsidera. Essa comida na verdade tem um cheiro delicioso.

Pizza artesanal, diz o cartaz no *buffet*. "Abóbora orgânica e queijo de cabra." Estamos num gazebo de vidro e estou sentada ao lado de uma mulher vestindo calças e uma camisa polo azul escura marcada com Serco em letras vermelhas na gola.

"Onde estão os prisioneiros?", eu pergunto a ela.

"Você quer dizer residentes?" Ela acena com a mão – eles estão circulando livremente. Como ninguém está usando uniformes tradicionais, não sei dizer quem é da equipe e quem não é.

"No entanto, muitos estão no trabalho e só voltarão mais tarde."

"Estou confusa", confesso.

"O mesmo acontece com muitos meninos que são transferidos para cá", ela ri. "Eles esperam punição tradicional. Estão acostumados com o regime penitenciário. A serem passivos, controlados. Aqui eles essencialmente administram o local". Ela não é agente correcional; esse termo não é usado em Wandoo. Ela é um membro da equipe. Sua formação também não é em justiça criminal, mas psicologia, e a Serco poderá em breve financiar seu doutorado.

"Uma xícara?" Ela pergunta, derramando meu chá. Eu tomo em silêncio.

"Wendy!" Os residentes chamam a alegre superintendente escocesa – não, "diretora de contrato" – enquanto ela nos leva do almoço para a sala de conferências. Papéis de parede de arte aborígine vívidos cobrem o edifício brilhante e arejado.

"O foco em Wandoo", explica Wendy, enquanto é servido o bolo chiffon de limão, "está na preparação dos residentes para a soltura. Fornecendo-lhes habilidades para a vida, educação e treinamento, e oportunidades de emprego. Os jovens ficam aqui por até três anos antes de serem soltos, e lhes oferecemos um gerenciamento intensivo de caso e um forte foco na reintegração. Eles vão às reuniões do NA e do AA na comunidade – na maioria das vezes estamos falando de crimes relacionados a drogas e propriedade – e temos oficinas regulares de arte e música.

"Mas eles" – Wendy gesticula para três jovens brancos sentados à mesa conosco – "podem lhe dizer melhor do que eu. Certo, meninos?"

Eles concordam, todos serenidade e sorrisos. Seus uniformes se assemelham a camisas de futebol, nas cores de antílopes sul-africanos.

"Eu me mantenho ocupado, é o que faço, companheira", diz James, 19 anos. Ele tem cabelos ruivos e manchas de tinta pontilham sua camisa verde. "Estou no laboratório de informática, nos aparelhos cardiovasculares e na biblioteca. Ocupado. Quando estou aqui, é assim. Principalmente trabalho externamente, no banco de alimentos. Até três e meia todos os dias. São nossas reparações, para a comunidade", explica ele.

Wandoo, Wendy interrompe, opera sobre princípios de justiça restaurativa, que ela chama de "o modelo relacional".

"É como um *campus*", explica Mac, mostrando EER SUPPORT TEAM impresso em sua camiseta amarela. Ele faz parte do grupo de prisioneiros que coordena o trabalho voluntário em toda a unidade. "Quando há um conflito, nós o resolvemos, como uma câmara municipal. Somos responsáveis por administrar as coisas. Você é solicitado, não informado, a fazer as coisas aqui".

"Eu acho que informo, ocasionalmente", um membro da equipe ri. "Mas nós todos somos trabalhos em andamento, não é?"

"Também estou no banco de alimentos", continua Mac. "Todos os jovens aqui estão escalados para trabalhar na comunidade diariamente e depois retornam a Wandoo após o dia de trabalho. E quando eu for para casa, em quatro meses, voltarei para dar palestras e visitar aqui. Estou apenas no caminho. Você tem pessoas que fazem isso, senhora, na sua prisão?" Eu contei a eles sobre o Prison-to-College Pipeline; eles amaram ouvir especialmente sobre os intercâmbios de aprendizagem, as interações entre detentos e alunos externos num contexto normal de sala de aula.

"Quando o pessoal do banco de alimentos, os clientes, quando eles nos tratam normalmente, como companheiros – é isso que é bom. Sentir-se regular, normal, novamente", disse Mac. O que os três prisioneiros não entendem é o nome do meu programa, uma brincadeira com a "tubulação escola-para-prisão" [*school-to-prison pipeline*] dos Estados Unidos, ou a maneira como as escolas disfuncionais se tornam campos de treinamento e alimentadores diretos do sistema de justiça criminal. *Detectores de metal nas escolas?* Todos os três prisioneiros repetem minhas palavras, com olhares vazios. *Tubulação escola-para-prisão*?

"Eu saio o tempo todo, para verificar o *surf*, amigo. Durante os intervalos do trabalho", diz um dos prisioneiros. De fato, ele parece um surfista, alto e magro, com cabelos loiros e olhos verdes, braços cobertos de tatuagens.

Ao sair de Wandoo, depois de despedidas e boas sortes, há um susto momentâneo. Uma pequena multidão de moradores e funcionários havia se reunido numa colina gramada, apontando e acenando.

Cobra!

"Não se assuste", diz Wendy. "Eles vão pegá-la."

Claramente, é a coisa mais perigosa aqui.

Pela primeira vez, deixo uma prisão segurando lágrimas de alegria. Há *humanidade* em Wandoo.

Mas pensamentos sobre meus alunos de Nova York chovem no meu desfile emocional. Dói-me que muitos deles poderiam ter passado seu tempo numa prisão como Wandoo, se existisse tal coisa nos Estados Unidos. Em vez disso, como Nova York é um dos dois únicos estados que condenam mesmo adolescentes de 16 e 17 anos a unidades para adultos, eles aterrissam em prisões adultas, muitos deles por crimes que equivalem a pouco mais do que tolices adolescentes ou oriundos de ambientes familiares profundamente disfuncionais. Lá eles perdem anos vitais, além de anos adicionais gastos revertendo os danos psicológicos causados atrás das grades numa idade hipervulnerável.

"Wandoo não deveria existir", diz Brian quando entramos no seu carro. "Esses rapazes deveriam estar na comunidade, em período integral. Quando estava em livramento condicional para trabalho, eu não precisava voltar para dentro; eu nunca violaria a condicional. Nenhum dos meus colegas o faria".

É engraçado, assim como desejo Wandoo para os meus alunos, Brian deseja livrar-se dela. O progresso é relativo.

"A única razão pela qual esses meninos não estão na comunidade, com suas famílias, é porque nós, como sociedade, somos avessos ao risco", continua Brian. "Mas nunca teremos uma sociedade sem riscos. É possível que se pratique um crime hoje à noite – não há nada que possamos fazer a respeito. O risco é intrínseco à vida. Uma vida governada pelo medo não é viver. O medo constrói prisões".

Ele está certo, é claro. Deixei escapar um desabafo sobre os jornais locais que venho examinando todas as manhãs com meu café.

"Há basicamente quatro tópicos cobertos, todos sobre medos. Tubarões, incêndios florestais, brigas de bêbados em *pubs*, fugas de prisioneiros. Ok, entendo esse último" – a Serco tem angariado uma má publicidade ultimamente devido a uma série de fugas durante o transporte de prisioneiros. "Mas caramba, Perth é o lugar mais limpo, mais seguro e mais animado em que já estive, então por que toda essa ansiedade?"

"Bem-vinda à imprensa do Rupert Murdoch", Brian grunhe.

Ah, sim. Tinha esquecido que o magnata da mídia por trás da Fox News e do *New York Post*, conhecido por vender a moda do ponto de exclamação e passar histeria por notícia, lançou seu império aqui. É um império que considero parcialmente responsável pelo encarceramento em massa em meu próprio país. A partir da década de 1980, a época em que, como se sabe, o Presidente Reagan falou do criminoso como "um predador humano" – "nada na natureza é mais cruel ou mais perigoso", ele disse – as notícias locais tornaram-se espetáculos amedrontadores saturados de crimes, mesmo tendo o crime diminuído. Entre 1993 e 1996, a taxa de assassinatos nos Estados Unidos caiu 20%, no entanto o número de assassinatos noticiados na ABC, NBC e CBS subiu 721%. Essa retórica pública ansiosa sobre a maldade do criminoso e a vulnerabilidade da vítima escorou as políticas cada vez mais punitivas dos Estados Unidos.

Quando chego ao meu hotel, estou fixada em medo, progresso e Wandoo. E estou me afogando em autocensura.

A prisão privada não era má.

Deveria ser. Eu conheço as estatísticas. Aqui na Austrália, todos os centros de detenção de imigrantes são privados, e as receitas da Serco de tais contratos somam mais de US$ 1,8 bilhão. Isso, novamente, reflete os Estados Unidos, onde o Serviço de Imigração e Controle de Aduanas, uma agência que gasta mais de US$ 1,9 bilhão anualmente em operações de custódia, está criando uma rede de grandes centros de detenção de imigrantes gerenciados em grande medida por empresas privadas. Eles estão transformando rapidamente esses detentos numa força de trabalho – uma força de trabalho *escravo*. Em 2013, pelo menos 60 mil imigrantes trabalharam nos centros de detenção nacionais do governo federal, mais do que trabalharam para qualquer outro empregador do país. Pagar a esses detentos treze centavos por hora, às vezes meramente em barras de doces, representa uma economia de pelo menos US$ 40 milhões por ano

Abro meu *laptop* e navego no site da Serco. Ela se autodenomina uma "empresa de serviços internacionais" com um lema genérico bacana: trazendo o serviço à vida. Com 100 mil funcionários em todo o mundo e um portfólio de US$ 10 bilhões, possui contratos de segurança, defesa, saúde e transporte em cerca de trinta países. Rolo para baixo até a seção Ethos, que fala em termos elevados sobre conceder responsabilidade à equipe e a oportunidade de fazer uma diferença real para seus clientes. Folheando o relatório anual da empresa, com sua fala corporativa genérica e fotos de retiros de equipe alegres, pode-se ignorar completamente o fato de que a Serco lida com prisões.

Pesquisas adicionais reforçam minha confusão. As instalações da Serco são menos caras de executar e, diferentemente das prisões do governo, os contratos da Serco envolvem medidas baseadas em reincidência. A parte do custo-efetividade não me surpreende; é um atrativo da privatização. Mas, enquanto as prisões privadas americanas são frequentemente acusadas de economizar através de menos treinamento, serviços abaixo do padrão e menores salários e benefícios para a equipe, isso dificilmente parece a cultura que eu testemunhei em Wandoo. O departamento de pesquisa da Serco, baseado de Londres, apresenta uma série de argumentos aparentemente atraentes. Tratar as pessoas na prisão mais humanamente, em última instância, custa menos, e as prisões privadas são mais responsáveis do que as prisões administradas pelo governo porque os contratos especificam multas financeiras por não atenderem aos padrões de saúde e serviços educacionais. As prisões privadas são mais baratas, afirma a Serco, devido a um gerenciamento saudável, aos níveis de eficiência da equipe e a práticas flexíveis.

* * *

Mas será que é necessária uma empresa privada para se gerir uma prisão humanitária? Estremeço com a frase oximorônica que emerge da minha boca dias depois, quando Brian me leva ao centro de pré-soltura de Boronia. É o lar de oitenta e duas mulheres a cinco anos da soltura. Como nos Estados Unidos, as mulheres são o grupo de prisioneiros que cresce mais rápido na Austrália, a maior parte delas cumprindo pena por crimes de drogas e contra a propriedade.

Encontro Brian em seu escritório na Universidade de Curtin. Ele me guia num *tour* pelo Centro de Estudos Aborígines e me oferece um curso intensivo sobre arte aborígine, seus intrincados pontos, *loops* e círculos que servem como códigos para narrativas complexas, conhecidas como contação de histórias. Passeamos da passarela arborizada do *campus*, passando por estudantes alegres comendo salada de couve e sanduíches orgânicos na lanchonete, até um prédio de tijolos com um pequeno cartaz e – espere, será que ainda estou no *campus* ou isso é a prisão? Não há arame farpado nem detector de metal. Nenhum uniforme, nenhuma indicação de classificação, nenhum sistema de alto-falantes explodindo tímpanos com "Brown para a sala de correspondência, imediatamente!" A prisão e a faculdade são vizinhas, e é quase impossível dizer onde uma começa e a outra termina.

Uma mulher vestindo um terninho vermelho sangue está dando um beijo de adeus no seu filho e o enviando num táxi. Será que ela é prisioneira ou estudante universitária? O ensolarado *deck* ao ar livre, onde funcionários e visitantes petiscam pratos de frutas e tiramissu, é adornado com vasos de flores vibrantes e postes de luz encantadores e cercado por gramados bem-cuidados. Uma horta, um centro de educação e saúde, um laboratório de informática e cópias de um boletim informativo colorido, *The Grapevine* [a videira], completam nosso *tour.*

"A ideia é simular a vida real o máximo possível", explica Brian. "E promover a agência e a responsabilidade, não a passividade". Como Wandoo, Boronia é um espaço aberto no qual as mulheres trabalham pela manhã e vão para as aulas durante a tarde.

"Trabalho significativo", explica a potência de um superintendente. "Não estamos aqui para oferecer trabalho escravo. Queremos empregadores solidários. Assim que um empregador me pergunta, 'Por que ela está aqui?', sei que não está a nosso favor."

Quando as mulheres têm saída temporária para visitar suas famílias, recebem duas diretivas: não acesse a internet e não engravide. A moradia é projetada de modo que a cada poucas semanas os filhos das prisioneiras possam passar uma noite na unidade, e um programa de parentalidade completo garante que seja um tempo de qualidade, não um tempo gasto estacionado na frente da televisão.

Pego um frasco de hidratante de marca no supermercado bem abastecido, onde uma pirâmide alimentar gigante está pendurada na parede e as prateleiras são codificadas por cores de acordo com o conteúdo nutricional. Verde significa saudável e vermelho não tão saudável, portanto, mais caro. As mulheres recebem cartões de crédito pré-pagos e compram à vontade, mas devem comprar dentro da pirâmide saudável ou seu dinheiro acaba num piscar de olhos.

"Você quer comprar três potes de margarina?", explica o superintendente. "Vá em frente. Mas não com o meu dinheiro!"

O "coordenador de *catering*" nos diz, com seu sotaque francês, que ele supervisiona os menus e as aulas de culinária para as mulheres, muitas das quais têm famílias numerosas e muitas vezes dependem no McDonald's para alimentá-las.

"Boronia tem tudo a ver com quebrar a mentalidade institucionalizada de nossas mulheres. Elas precisam pensar por si mesmas", conclui o superintendente. "Isso é o que a prisão faz com você: você entra na fila e segura a sua bandeja de comida e há comida. Você deixa as suas roupas do lado de fora e elas são lavadas. Você perde as suas habilidades básicas para a vida. Aqui, se você não cozinha, não come. Todo esse modo de pensar é um choque no começo, mas é crítico."

O que ela está descrevendo é a desinstitucionalização no seu melhor. Mas, novamente, e se a institucionalização nunca tivesse de acontecer em primeiro lugar? E se toda a experiência correcional de alguém pudesse ser feita dessa forma, não apenas a reta final? E será que o modelo poderia ser replicado em prisões de segurança superior?

"Claro", declara o superintendente. "Tudo se resume ao tamanho e ao gerenciamento. Uma máxima é apenas uma cerca. Passei quinze anos dirigindo uma máxima."

"Isso não estilhaçou o seu otimismo?"

"Não, me mostrou que está tudo errado – essa abordagem não funciona. Boronia definitivamente não é representativa da Austrália, mas é um passo muito grande e muito pequeno na direção certa, entende? Passos de bebê. Roma não foi construída em um dia."

* * *

Os dias seguem, teimosos em seu esplendor: outro dia perfeito na perfeita Perth. O sol sempre parece estar perfeitamente brilhante no céu azul sem nuvens; uma noite, passo uma hora tentando fotografar a lua, porque ninguém, tenho certeza, acreditará que ela pendia tão exageradamente perto. O que aconteceria com uma pessoa que vivesse nessa geneticamente modificada "cidade legal", onde o *boom* econômico da última década manifesta-se não no grande e ostentoso, mas no ecofabuloso? Estou a mundos de distância de onde essa viagem prisional começou, das *townships* de Polsmoor e das Uzis de Uganda. Esta é a terra estupidamente ensolarada da Austrália.

Eu digo isso, uma noite, para o meu novo amigo Craig. Ele é repórter da Rede de Notícias Indígenas e, à noite, comediante. Nós nos conhecemos via Facebook através de várias conexões, e está rapidamente se tornando o meu companheiro favorito, porque, como eu, ele adora cutucar buracos na fachada da perfeita Perth. O seu tópico favorito para espetar, com incisiva hilaridade, é o racismo australiano.

"Porque isso é o que está à espreita sob todo o sol da ensolarada Perth", diz Craig.

Também está em plena exibição na prisão, de aparência imperial, de Fremantle, que visito uma tarde. Construída na década de 1850 por trabalhadores condenados, modelada a partir da prisão de Pentonville da Inglaterra – ela própria refletindo as penitenciárias americanas – Fremantle foi a maior prisão colonial da região até fechar em 1991 e tornar-se um museu.

"Passeios históricos" são anunciados no caminho; eu os contorno e sigo sozinha, fascinada durante horas por uma galeria de murais e pinturas da prisão. São principalmente arte dos aborígines, porque são quem têm, há muito tempo, enchido as prisões aqui. Para as populações aborígines, a Austrália tem uma média de cinco vezes a taxa de encarceramento até mesmo dos sul-africanos negros no auge do *apartheid.* Aprendo que o *apartheid* foi na verdade modelado a partir da Lei dos Aborígines de 1905, da Austrália, que limitava o movimento, governava o sexo, estabelecia toques de recolher e muito mais. Em 1841, a Ilha de Rottnest, nas proximidades, tornou-se a prisão legal para homens aborígines e, em 1952, eles representavam até 40% da população carcerária do país. A mesma velha história: outra população minoritária marginalizada, estigmatizada, encarcerada em massa; outra força de trabalho produzida por meio de prisões, destinada a encher celas e depois ainda mais criminalizada por um sistema que permanece contrário a elas. Posso sentir a raiva brotando dentro de mim.

Para condenados, grandes e pequenos, lê-se no cartaz na loja de presentes. Aventais, canecas e prateleiras de vinho estão à venda, todos apresentando *designs* fofos de "pássaro engaiolado". Gostaria de comprar um adorável ímã de condenadinho, pergunta um lojista.

Esse casamento de condenado e comércio é ainda mais perturbador para mim do que as lojas de presentes de prisão na Tailândia, porque resume o *marketing* cor-de-rosa de um passado de colônia penal. Lidei com isso assim que cheguei, quando passei um fim de semana em Sydney. Seguindo a orientação de um folheto informativo de turismo intitulado "Condenados, criminosos e cultura", passei pela cidade visitando monumentos e museus, absorvendo a ideia de um país inteiro fundado em segundas chances. Eu não tomei um "café da manhã condenado" no Hyde Park Barracks Museum, ou tornei a minha refeição "verdadeiramente memorável ao jantar na antiga cela de confinamento solitário", como o folheto acenava. Mas visitei o fascinante museu, uma antiga prisão para os transportados. Segundo a narrativa, até 1822 todos viviam pacificamente na "terra de condenados e cangurus". Mas então um comissário britânico visitante hesitou. Eles estão vivendo pacificamente *demais*, decretou, acusando o líder local, o Governador Macquarie, daquele pecado político conhecido de ser condescendente com o crime, e exigindo condições severas. Chega de perdões ou livramento condicional para esses criminosos. Deem-lhes correntes, trabalhos forçados e disciplina draconiana.

Fazer um *tour* pelo museu equivalia a confrontar essa disciplina. A "esteira" era um dispositivo de tortura terrível, e os açoitamentos eram administrados por infrações tão pequenas quanto a insolência.

Enquanto eu assistia, crianças risonhas corriam de um lado para o outro, assoviando e gritando na exposição interativa, experimentando "roupas de condenado", brincando com ratinhos fofos que servem de guia em desenho animado. Na câmara apertada onde os prisioneiros dormiam, fileiras de redes evocavam navios de escravos – e três meninas estavam se balançando alegremente nelas. Parecia uma prisão estilo Disneylândia. Esse lugar de tristeza e sofrimento deve ter a solenidade de um campo de concentração.

Mas espere, você diz. As pessoas aqui dificilmente eram vítimas lamentáveis – eram "condenados". Assim explicou o turista ao meu lado ao seu filho, intrigado com os chicotes e correntes: "Esses eram criminosos muito ruins e era isso que eles mereciam, querido". É a mesma coisa que dizemos hoje: essas pessoas muito ruins estão conseguindo o que merecem, atrás das grades.

Mas quem são essas "pessoas más", realmente?

Os nefastos "condenados" da Austrália eram principalmente pessoas pobres que, talvez, tenham roubado um pedaço de pão. No século XVIII, uma série desses crimes menores poderia merecer uma pena de banimento – desaparecimento, como também é apropriadamente chamada. 83% dos "condenados" australianos, com idade média de apenas 26 anos, eram culpados de crimes contra a propriedade. Eram trabalhadores predominantemente alfabetizados e qualificados, um mercado de trabalho, não uma classe criminosa. Mas chame-os de condenados e, de repente, é fácil desconsiderar, justificar, sua escravidão e seu sofrimento. Isso ainda é verdade. Chame alguém de "criminoso" ou "ex-presidiário" ou "agressor" e você, de uma só vez, o reduziu ao seu pior ato e justificou-se por tolerar seu linchamento. Você também agrupou todos os atos criminosos, de fumar maconha a assassinar em massa, numa categoria genérica, embora mesmo as piores categorias de crimes possam ser tão amplas que não têm sentido. "Criminoso sexual" pode denotar o ato vil de um estupro ou o ato deplorável, mas bastante diferente, de se esfregar numa mulher de maneira inapropriada numa boate. "Crime violento" pode significar assassinato ou intimidação.

Termos como "condenado" e "agressor" são letras escarlates que, de maneira conveniente, capturam as pessoas nos seus piores momentos para sempre. Tais estigmas vergonhosos são a razão pela qual a linguagem, quando se trata de crime e punição, é profundamente importante. A Austrália somente por volta da última década começou a perder a vergonha de seus primeiros colonos. Costumava ser uma desonra encontrar um "condenado" na árvore genealógica de alguém, mas agora é considerado um distintivo de honra; onze locais históricos relacionados a "condenados" foram recentemente adicionados à lista do Patrimônio da Humanidade aqui. Como poderia ser diferente? Diz-se que um em cada dez australianos tem um ancestral "condenado". Essa é uma nação do outrora encarcerado. Eles não podem superá-lo, então o melhor que têm a fazer é mercantilizá-lo.

Essa é mais uma maneira pela qual a Austrália é o gêmeo distante dos Estados Unidos. No início do milênio, 5,6 milhões de americanos haviam cumprido pena. Aos 23 anos, pelo menos um terço deles foi preso; até 100 milhões de americanos têm antecedentes criminais e, em algumas grandes cidades, 80% dos jovens afro-americanos têm algum. O que é isso senão a versão atualizada de uma colônia penal, onde uma população inteira ostenta o rótulo que nosso país fabrica tão habilmente de forma abundante?

* * *

O dia da minha terceira e última visita a prisão chega, e o nome intriga. *Acácia.* Poderia ser um retiro de escritor, mas é uma prisão administrada pela Serco, que em breve será a maior da Austrália e, com 1.387 homens, considerável até pelos padrões americanos. É a última prisão da minha agenda aqui, e o percurso seco e empoeirado até lá leva Brian e eu através do Swan Valley, onde turistas entregam-se a passeios de degustação de vinho e, via estrada da memória, para Tailândia, Uganda e Brasil – outro caminho para o inferno pavimentado em paisagens divinas. Também repleto de sinais de alerta. *Cuidado com os incêndios florestais!* O sistema de classificação de risco de incêndio codificado por cores aqui me faz pensar nos Estados Unidos pós-11 de setembro, quando os "níveis de ameaça" terrorista laranja e vermelho apareciam em todas as telas de notícias, garantindo que nossa ansiedade nunca diminuísse.

Viramos para a fazenda Warloo, onde ovelhas vagam em campos dourados. E depois para arame farpado, telhados de estanho baixos e blocos de cimento. Comparada às prisões progressistas da Serco que visitei até agora, Acácia dá a sensação de uma prisão padrão; na verdade me parece uma versão mais ressequida de Otisville, no meu país. No centro de visitantes, com suas mesas e cabines telefônicas, prisioneiros empunhando vassouras usam uniformes verdes. Há uma academia enjaulada e blocos de celas feitos de zinco e concreto, incluindo o bloco conhecido como "Bronx" – há um "Queens" e um "Brooklyn" também – onde dezenas de homens tatuados fumam cigarros e fazem flexões em suas celas. Visito fábricas atrás das grades com linhas de montagem completas, onde centenas de homens recebem até nove dólares por dia para construir estrados de cama, lareiras ou peças de carro. Na granja e na estufa, abano o cheiro de esterco, desinfeto meus sapatos e inspeciono fileiras imaculadas de espinafre e rúcula. Tudo aqui é registrado, monetizado e eficientemente organizado em torno do treinamento de habilidades, da obtenção de certificados de comércio e canais diretos para as empresas. Minha mente oscila enquanto tento avaliar a cena. Certamente, trabalho produtivo e remunerado e treinamento profissional são melhores do que tempo ocioso e desperdiçado. Mas Acácia também é o complexo industrial prisional em sua encarnação mais intensa. Bem diante dos meus olhos estão evidências de uma prisão transformada num massivo empreendimento lucrativo.

Ao redor da cintura, trago um "botão do pânico", apresentado pelo guarda alemão que registrou minha entrada e explicou que, se me sentisse em perigo, eu deveria simplesmente pressioná-lo e a ajuda chegaria imediatamente. Isso era novo para mim. Assim como os vívidos traços de pensamento progressista aqui. É evidenciado pela arte aborígine em todos os lugares: serpentes, lagartos e luas pintados por homens encarcerados e voluntários alunos da Curtin University. É verdade que é um pouco como derrubar árvores para construir mansões e depois nomear ruas suburbanas com nomes de árvores derrubadas, mas aprecio o gesto mesmo assim. E as unidades de autocuidado que imitam apartamentos ou dormitórios, com cozinhas e áreas comuns compartilhadas por vários "cordeirinhos" – a única coisa que grita prisão nessas unidades são densas portas de ferro nos quartos, trancadas todas as noites. No caminho para as unidades de autocuidado há checagens computadorizadas. Via impressão digital, os homens podem receber mensagens, verificar suas contas e coordenar os horários do programa.

Sob uma árvore nodosa está uma roda de bate-papo designada para prisioneiros indígenas, uma espécie de área de reuniões da câmara municipal. E há muito planejamento para programas e estruturas mais esclarecidos, incluindo uma feira do dia da família, "esverdeando" o local com jardins, paredes biofílicas e luz natural terapêutica, semana de justiça restaurativa e caminhadas de caridade. Os guindastes de construção estão por toda parte; em breve, um novo centro educacional e espaço de artes cênicas revigorará os programas.

"Quero uma ópera rock. E a oficina de ator e um anfiteatro", diz Brent, gerente de educação da Acácia e um pacote de entusiasmo. Ele e uma psicóloga local conduzem nosso *tour.* Ela ostenta tatuagens descoladas pelo antebraço e, como Brent, usa um uniforme elegante da Serco – camisa de botão listrada, um broche de fita rosa. Ambos estão na casa dos trinta.

Conversamos durante um almoço de *wraps* vegetarianos e água da marca Serco, cuidadosamente organizados numa mesa lustrosa.

"Está na minha descrição de trabalho ser inovador", diz Brent, passando uma bandeja de melancia sem sementes. "Antes da Serco me recrutar, trabalhei em um hospital estadual. Não conseguia realizar quase nada lá – muita burocracia. Aqui, posso fazer as coisas acontecerem. Tenho colaborações em andamento com o Estado, com organizações de artes. É emocionante. E pode acontecer rapidamente."

Testemunho essa rapidez por mim mesma naquela tarde em um prédio de salas de aula, onde dezesseis membros da equipe educacional aguardam minha chegada. Uma série de programas educacionais aqui variam de certificações de negócios e contábeis a um curso de mineração, ensino a distância em nível universitário e salas de aula no estilo aborígine, privilegiando o trabalho oral orientado por narrativas ao aprendizado caneta e papel tradicional.

Como Brent, a equipe inteira é, na maioria das vezes, animada e jovem, mais jovem do que qualquer equipe de prisão que já conheci. Eu os informei sobre o Prison-to-College Pipeline e eles fazem todas as perguntas certas. Quantos se matricularam na universidade desde que voltaram para casa da prisão? Cerca de um terço, respondo. Será que a escola se preocupa em adquirir má reputação por educar esses supostos criminosos? Como você oferece acomodações especiais para estudantes indígenas?

Não temos muitos estudantes indígenas, explico; nossa versão disso – nossa comunidade superencarcerada e negligenciada – é afro-americana e latina. Olhos arregalam; cabeças assentem. O zelo é tangível e se intensifica durante minha sessão de discussão com quatro homens encarcerados, todos emocionados com a perspectiva de um programa universitário em Acácia. Eles compartilham histórias educacionais quase idênticas. Seja por tédio ou necessidades financeiras, eles abandonaram a escola muito cedo e agora lamentam profundamente essa decisão.

"O tempo aqui, é tempo morto", um deles me diz. "Precisamos da escola para pararmos de matar o tempo, companheiro."

"Eu gostaria de estudar sociologia ou psicologia, mas isso é ilegal para nós", diz outro. Brent e Brian explicam que certos temas são inteiramente proibidos para aqueles com registros criminais.

"Onde está a lógica nisso?", deixo escapar. "Psicologia? Quem pode servir melhor às pessoas impactadas pelo sistema de justiça criminal do que as pessoas que estiveram lá e fizeram isso?" Conto aos homens sobre meus colegas em várias organizações de reintegração cuja equipe incluía indivíduos anteriormente encarcerados, muitos deles com mestrado e doutorado. Também lhes conto sobre Martin, meu estudante de *prelaw* na Prison-to-College Pipeline, que é definitivamente elegível para a Faculdade de Direito, embora possa ser impedido de passar no exame de admissão ao exercício da advocacia por causa de uma condenação criminal aos 22 anos. Será que os que estão no sistema não deveriam se beneficiar de serem representados por aqueles que têm a sabedoria da experiência pessoal com ele?

"Gostaríamos muito de frequentar suas aulas", suspiram os prisioneiros.

"Adoraria lecionar aqui", digo a eles.

"Por que não?", diz Brent.

É tão fácil. Sou autorizada a voltar à Acácia na próxima semana e conduzir uma oficina de autobiografia de um dia, a oportunidade perfeita de mergulhar mais profundamente no lugar e contribuir de alguma forma.

Na saída, Brian e eu entregamos nossos botões do pânico. Muitas vezes hoje eu senti pânico, acho, mas esse sentimento não esteve nem uma vez conectado à segurança.

"Veja, Baz. A imagem é complicada", reflete Brian. "Ninguém odeia a ideia de uma prisão privada mais do que eu. Mas a realidade é que o setor privado está sendo monitorado; o governo não está. Veja a rapidez com que eles puderam agendar um programa. Quando estava preso, eu fui a todos os programas disponíveis, todos. E quase não havia nenhum para ir. Aqui, pelo menos eles têm pessoas inovando."

* * *

Quando começo a me preparar para a aula da próxima semana, meu amigo Craig me dá uma mão pesquisando política local de prisão privada. Não há escassez de escândalos para aprofundar meu dilema em torno da questão, especialmente quando se trata de centros de detenção, cheios até a borda aqui por conta das severas leis de detenção obrigatória da Austrália. Todos esses centros são executados de forma privada, seja pela Serco – o valor do seu contrato é de mais de US$ 756 milhões – ou pela G4S, uma empresa anglo-dinamarquesa cujo nome conota uma fábrica de mísseis.

A G4S tem sido criticada por negligência letal e uso abusivo de solitária; em 2007, seus motoristas ignoraram os gritos de detidos trancados numa van sufocante, deixando-os tão desidratados que um deles bebeu a própria urina. A empresa foi condenada a pagar US$ 500.000 pelo tratamento desumano, embora três das cinco vítimas já tivessem sido deportadas. Enquanto isso, a Serco está sendo ameaçada com uma ação judicial do sindicato dos trabalhadores, reivindicando melhores salários e condições. Tumultos, incêndios e protestos suicidas deixaram milhões de dólares em danos em centros administrados pela Serco em todo o país nos últimos anos, e a automutilação por detentos subiu doze vezes. Uma inspeção do governo informou sobre superlotação perigosa, funcionários inadequados e maltreinados, planejamento inadequado de crise e falta de uma exigência para a Serco de adicionar funcionários quando a população exceder a capacidade. Em um centro de detenção, imigrantes queixaram-se de condições ensandecedoras, como detenções longas e abertas; outro, no interior, foi fechado em meio a tumultos e greves de fome em 2002. Até mesmo o ex-inspetor-chefe prisional da Austrália Ocidental admitiu: "Essas grandes empresas globais, em relação a atividades específicas, são mais poderosas do que os governos com os quais estão lidando."

Tais histórias de horror também abundam nos Estados Unidos. No geocontrolado Centro de Detenção do Condado de Reeves, no Texas, por exemplo, os residentes se revoltaram em 2009 e 2010, depois que vários detidos morreram em solitária.

Mas então, novamente, tratamento abusivo de pessoas encarceradas abundam em todo o mundo – nas prisões administradas pelo governo também. Depois de um motim massivo no único centro de detenção juvenil não privado da Austrália Ocidental, por exemplo, mais de cem jovens, a maior parte deles com sérios problemas de saúde mental, foram transferidos para uma prisão adulta e trancados em suas celas por dezenove horas por dia. Craig me fala sobre uma prisão estadual no Território do Norte que se diz estar quase inteiramente cheia de aborígines, em condições atrozes que mal são monitoradas. Penso que talvez não se trate de privado ou público – trata-se de responsabilização e processo.

Junto minhas leituras para a aula de autobiografia e as envio para Brent, um pouco hesitantemente. Será que Malcolm X poderá ser aprovado pelos poderes constituídos? Alguma coisa será aprovada a tempo? Em Otisville pode levar semanas ou até meses para se obter o OK em textos atribuídos para a aula.

Mas depois de voltar de uma corrida ao longo do Rio Swan, passando por um parque cheio de ciclistas felizes e marcado por uma estátua intitulada Bosque da Paz, um e-mail de Brent chega. Todas as leituras estão aprovadas, impressas, xerografadas e me aguardando na Acácia.

* * *

"Diga-me como é que uma garota americana vem ter um sobrenome alemão e um nome bávaro?" O guarda alemão no portão da frente da Acácia pergunta enquanto escaneia minha identidade com os seus penetrantes olhos azuis.

"Na verdade, senhor, o sobrenome é húngaro. E o primeiro nome, hebraico. Da Bíblia."

"Hebraico? Hebraico?" Ele murmura baixinho para si. E para mim: "Não, senhora, esse é um nome alemão. *Drei*: 'três', *singer*: três cantores, que cantariam a cada 6 de janeiro, na Epifania. Essa é você: *drei singer*. Epifania."

"Bem, na verdade, meu bisavô..."

Dispensando-me com um gesto, ele me entrega um botão do pânico.

Na sala da equipe, professores de aparência hipster passam biscoitos Cadbury. Conversamos sobre ensinar na prisão – na sua aula em nível de ensino médio ela está trabalhando em um projeto que pede aos alunos que concebam mundos perfeitos. Então Brent me leva para a minha sala de aula, onde reorganizo os assentos em um grande círculo. Em vez de pôsteres infantilizantes que vendem *slogans* de autoajuda, as paredes de concreto aqui estão cobertas com fotos de graduação e artigos de jornais relevantes. "A educação pode adicionar anos à sua vida", diz uma. Uma garrafa de água da Serco repousa na minha mesa.

Os alunos vão chegando aos poucos lentamente.

"É aqui a aula de gerenciamento de negócios?", uma cabeça aparece. Ao lado, digo a ele.

Os quatro homens que conheci na semana passada estão aqui. Com a exceção de um prisioneiro do Sri Lanka, toda a turma é branca, e Brent explicaria mais tarde o porquê. Ele selecionou apenas estudantes prontos para a faculdade e os prisioneiros aborígines são vítimas de uma enorme desvantagem educacional. Isso não chega a me surpreender.

Então, Frederick Douglass e Malcolm X desembarcaram numa sala de homens brancos australianos encarcerados.

Como em Uganda, meus alunos nunca ouviram falar de uma narrativa de escravos. Mas, diferentemente de Uganda, quanto mais a lemos em voz alta, mais eles ficam visivelmente comovidos.

"A segregação ainda existe hoje, companheiro", afirma Sam, de Fremantle, seus braços volumosos acarpetados com tatuagens. "A Austrália é uma das sociedades mais racistas da Terra."

"Pior que os Estados Unidos?", seu colega de classe o desafia. "Os Estados Unidos são facilmente o lugar mais racista da terra. Escravidão e tudo."

"Olhe para o nosso mundo dominado por brancos, companheiro", afirma Sam. "O problema do racismo australiano, veja, é que não é fácil de abalar porque as pessoas nem o veem. E para os aborígenes, torna-se anos de opressão mental."

Muitas vezes desejei ser uma besta. Qualquer uma, não importa qual, para me livrar de pensar!

As palavras de Frederick Douglass sobre aprender a ler ressoam na sala de aula da prisão.

"Conhecemos esse sentimento", suspira Andrei. Ele é gordinho com cabelos pretos e espetados; outro dia, ele me disse que é músico e sua mãe era uma bailarina renomada.

"Você se livraria de pensar?", eu pergunto. "Será que a ignorância é uma bênção?"

"Por que deveria ser?", Sam desafia. "Conhecimento é poder."

"Mas conhecer intelectualmente as circunstâncias da sua opressão e ser impotente para fazer qualquer coisa a respeito – isso é tortura", argumenta Andrei, apontando vigorosamente para o texto. "Como o homem diz, a educação torna alguém inapto para ser escravo."

Um homem de uniforme da Serco chega com uma câmera, fotografando. Andrei continua. "Nessas circunstâncias, eu preferiria ser uma besta a um ser humano pensante numa cela."

"Esse cara, Malcolm X, não pensa assim", seu colega de classe interrompe, lendo o próximo texto:

> Eu sabia ali na prisão que a leitura havia mudado para sempre o curso da minha vida. Como a vejo hoje, a capacidade de ler acordou dentro de mim algum desejo, há muito adormecido, de estar mentalmente vivo... Há pouco tempo, um escritor inglês me telefonou de Londres, fazendo perguntas. Uma era: "Qual é a sua *alma mater*?" Eu disse a ele: "Livros". Você nunca vai me pegar com quinze minutos livres nos quais eu não esteja estudando algo que eu sinta que seja capaz de ajudar o homem negro.

“Ele definitivamente tem menos humildade do que o tal Douglass”, diz um aluno de 50 e poucos anos usando pequenos óculos redondos. “Ele esfrega na cara. Essa última linha começa com ‘você’ – como se ele estivesse desafiando o leitor.”

“Isso acontece porque há cem anos entre eles e pouco mudou – ainda há o mesmo tipo de escravidão, só que agora está na cela da prisão”, argumenta Sam. “O amigo está de saco cheio. E a expectativa é maior. Não se trata de solicitar liberdade gentilmente. Trata-se de exigir: ‘nos dê todos os direitos já’.”

“Ele não será um Tio – do que você chama?”, um aluno intervém. “Tio Tom, não é?”

É milagroso; a turma ensina a si mesma. Eu não poderia ter feito um *script* melhor, essa atenção às nuances, as sensibilidades raciais, uma imersão total no material e anotações escrupulosas. Quando eu volto para a segunda parte à tarde – não fazia inicialmente parte do plano, mas, depois que os homens insistiram, Brent acomodou rapidamente – analisamos um conto de Chimamanda Ngozi Adichie sobre um adolescente de classe média que acaba numa prisão nigeriana. Os homens não apenas analisam habilmente as complexas dinâmicas de raça, classe e gênero de um país africano do qual eles mal ouviram falar, como também transformam a análise numa discussão moral pesada sobre as lições aprendidas e não aprendidas atrás das grades, e utilitarismo *versus* absolutos morais. A sala se torna uma câmara de eco de questões autorreferenciais. O que significa viver confortavelmente numa sociedade profundamente corrupta? Será que alguém alguma vez pode estar completamente livre de hipocrisia? Será que é moral sacrificar alguns em nome do todo maior?

“Somos essas pessoas, bem aqui em Acácia. Sacrificadas pelo bem de todas as outras. Um exemplo, dissuasores. Bodes expiatórios”, diz Sam.

Mais tarde, ele lê o início da sua autobiografia. “Tenho 28 anos, mas só nasci há cerca de dois anos”, começa. Dois anos atrás foi quando ele chegou à prisão e perdeu o amor da sua família.

> É engraçado como uma vida inteira pode ser definida por um único momento, se o corpo dessa vida foi saudável e preenchido em grande medida pelo bem, um único lapso de julgamento, um momento de má decisão, pode deixar até aqueles mais próximos de você com a opinião de que toda a sua vida tem sido uma gigantesca ladeira escorregadia para a destruição, a morte, a prisão.

Sam prossegue contando suas memórias de uma infância alegre, seus irmãos discutindo sobre quem o ama mais. Não mais, ele continua:

> Quando me sento na minha cela e me pergunto o que a minha família está fazendo, não posso deixar de imaginá-los sentados discutindo sobre quem mais me detesta, quem "viu que ia dar nisso", quem ficou mais chocado, o mais magoado. A ironia é que, se eles pudessem ter alguma forma de contato comigo, sendo eles meu irmão Ben e minhas duas irmãs Rebecca e Gabe, eles veriam que não apenas eu ainda sou o seu irmão mais novo que os ama, os admira e sente falta deles, mas também que tenho mais a oferecer-lhes como pessoa e amigo agora do que jamais teria tido se a minha vida e o meu estilo de vida tivessem permanecido da maneira como eram antes da prisão.

Como a de Sam, todas as redações dos outros homens são surpreendentemente bem escritas e ponderadas. Andrei detalha sua infância na Inglaterra: ele está há dezessete anos na prisão e foi um engenheiro de som de renome até que a heroína desviasse sua vida. "As pessoas não se dão conta de quão fácil é tornar-se um de nós", declara.

Um outro aluno escreve sobre matar seu querido amigo numa explosão de raiva no calor do momento; ainda outro narra lembranças do seu pai, que trabalhava nas minas de ouro da Austrália. "Era o mineiro por excelência e trabalhador ferroviário da Austrália histórica", ele lê em voz alta. "Grande constituição, firme como uma rocha, cabelos pretos como carvão sempre penteados para trás com um punhado de brilhantina, e adorava uma lata ou dez da cerveja mais barata que conseguisse encontrar."

O homem para de ler porque começa a soluçar. "Isso foi difícil", diz ele, enterrando um rosto raiado de lágrimas nas mãos tatuadas. "Sinto falta do meu pai. Eu realmente sinto falta dele."

A sala fica imóvel.

Na semana passada, quando perguntei aos quatro homens se eles gostavam de escrever, apenas um disse que sim. Hoje todos me imploram para voltar e dizem que vão continuar suas autobiografias.

"Estávamos com tanta fome disso", Andrei me diz.

Suas palavras me lembram Uganda, onde lecionei basicamente o mesmo curso num contexto radicalmente diferente; Luzira é, literal e metaforicamente, tão diferente de Acácia quanto o preto é do branco. No entanto, a recepção à escrita foi a mesma. Ambos os conjuntos de homens acessaram poços de dor enterrada. Ambos expressaram profunda fome de uma delícia abundante e profunda ao descobrirem que se expressar no papel proporciona um sopro momentâneo de liberdade.

Através do calor seco de forno, Brent me acompanha até a saída de Acácia. É uma das minhas saídas de prisão mais fáceis, porque, dada a estrutura estabelecida aqui, parto confiante de que qualquer pequeno impacto que eu tenha causado durará por muito tempo depois que eu tiver ido. Brent está todo empolgado, pronto para trazer mais instrutores de nível universitário e usar a de hoje como uma aula magna.

"É melhor devolvermos isso à biblioteca", diz ele, pegando uma cópia desgastada de *A arte da guerra* abandonada no chão. Ele prossegue, detalhando sua visão.

"Posso mudar o ensino superior aqui em menos de um ano, e é isso que vou fazer. Vou mantê-la informada sobre isso".

* * *

Ele o faz. Assim que volto aos Estados Unidos, Brent escreve para me informar que ele está rastreando o próximo professor convidado para o Prisoner Brain Trust, o nome que ele deu ao coletivo de estudantes de nível universitário aos quais ensinei.

Não é Wandoo ou Boronia, com seus ambientes terapêuticos e fundações de justiça restaurativa. Mas Acácia é a prova de que algo simples pode revolucionar até mesmo uma configuração prisional tradicional: *as pessoas*. Ler o e-mail de Brent me faz pensar em Mara no Brasil, trabalhando para fazer nem que seja alguma mínima diferença num inferno de confinamento solitário. Penso em um agente da Tailândia que me disse que na sua prisão há um agente para mil prisioneiros, e que, só nos últimos cinco meses, dois agentes foram esfaqueados. E em alguns agentes correcionais de Otisville, que fazem a contagem regressiva para a aposentadoria numa linguagem que apaga a linha entre as cercas: precisamos cumprir mais cinco anos, eles me dizem. "Os guardas estão tão trancados quanto você enquanto prisioneiro", disse um dos estudantes que participaram do famoso experimento de aprisionamento de Stanford de 1971, durante o qual alguns desempenharam o papel de prisioneiros e outros, seus captores. "Eles têm apenas o corredor do bloco de celas, mas têm uma porta trancada atrás deles, que não podem abrir, e então na verdade vocês estão todos juntos, e o que vocês criam, vocês criam juntos."

Durante meses, Brent me mantém a par dos programas que está lançando em Acácia: atividades teatrais, uma série de palestrantes, um festival de cinema. Podem ser um *band-aid*, mas como o diretor de Boronia havia dito, Roma não foi construída em um dia.

De volta a Nova York, continuo a refletir sobre o relacionamento vexado entre capitalismo e "condenado". Há uma nova palavra da moda no mundo da reforma prisional: o vínculo de impacto social (SIB, na sigla em inglês). O governo define um resultado preciso e mensurável que ele quer alcançar numa população específica, então promete pagar uma organização externa – que quer um retorno sobre o capital, mas também procura fazer o bem para a comunidade – apenas se a organização alcançar esse resultado. Os investidores fornecem capital de giro para a organização contratar e gerenciar provedores de serviços, e um avaliador terceirizado determina se o resultado foi alcançado. Se o projeto for bem sucedido, o governo paga a organização externa, que então paga os investidores com juros. Se o projeto fracassa, os investidores não são pagos com fundos públicos.

Fazer manchetes é um desses SIB lançado em Rikers Island, bem perto da minha casa – a maior colônia penal do mundo. Li que a cidade de Nova York contratou uma organização de pesquisa social sem fins lucrativos e apartidária para reduzir a taxa de reincidência em pelo menos 10% em quatro anos entre grupos anuais de cerca de três mil homens jovens que saem de Riker. Para fazê-lo, gerenciarão dois provedores de serviços sem fins lucrativos; o capital de giro para a intervenção, US$ 9,6 milhões em quatro anos, é fornecido pela Goldman Sachs como um empréstimo. É uma perspectiva emocionante, essa união de progressividade e praticidade.

No John Jay College, encontro-me com uma mulher lançando a Reset Foundation, preparando-se para estabelecer unidades prisionais parecidas com Wandoo na Califórnia e em Nova York para jovens infratores, baseadas no modelo escola charter de educação pública. Eles redirecionarão o financiamento existente para construir um *campus* em vez de uma prisão, e são responsabilizados por resultados melhores, como crescimento acadêmico, ganhos ao longo da vida e reincidência reduzida.

Tudo reitera o importante ponto de que nem todo capitalismo é criado igual. As prisões privadas são um vilão muito conveniente e muito saliente – e, de fato, como está hoje, há uma quantidade aterrorizante de coisas maléficas acerca delas.

Mas não precisa necessariamente haver. Talvez exista algo como uma privatização com consciência, implementada moral e progressivamente em nome de verdadeiras correções. Imagine: agências adotando abordagens no estilo SIB, impedidas de causar impacto na política e mantidas sob um conjunto de padrões elevados que envolvem reincidência e taxas de sucesso pós-soltura, não leitos ocupados e dinheiro economizado a todo custo. Está de acordo com o aumento, hoje em dia, de Empresas B, empresas com fins lucrativos que se comprometem a alcançar objetivos sociais assim como de negócios. Existem hoje mais de mil delas nos Estados Unidos – como a Warby Parker, uma empresa chique de óculos que fez parceria com uma organização sem fins lucrativos que doa óculos para necessitados de todo o mundo. O colunista da *New Yorker*, James Surowiecki, argumentou que a Empresa B é um modelo vencedor porque protege as empresas da pressão dos investidores e, por estarem vinculadas a uma causa mais elevada, atrai funcionários fortes e consumidores comprometidos. Chamando isso de retorno às eras de negócios de Henry Ford ou Johnson e Johnson, ele apelida o crescimento de Empresas B "um lembrete de que a ideia de que as empresas deveriam ser apenas máquinas enxutas, malvadas, maximizadoras de lucro não é ditada pela natureza inerente ao capitalismo, e muito menos pela natureza humana".

No final, é uma confusão na qual continuarei a me embrenhar enquanto visito outro país cuja cultura, então e agora, está mergulhada nas prisões e no lucro: Singapura.

7
REINSERÇÃO: SINGAPURA

> Os grilhões caíram. Eu os peguei. Eu queria segurá-los na minha mão, olhá-los pela última vez. Eu parecia já estar me perguntando se eles poderiam ter estado nas minhas pernas um minuto antes.
>
> "Bem, com a bênção de Deus, com a bênção de Deus!", disseram os condenados em vozes graves e abruptas, nas quais, no entanto, havia uma nota de prazer.
>
> Sim, com a bênção de Deus! Liberdade, nova vida, ressurreição dos mortos... Que momento glorioso!
>
> Fiódor Dostoiévski, *Memórias da casa dos mortos*

Algo parecido com um dirigível oblongo está empoleirado num telhado. Ou talvez seja uma prancha de *surf* superdimensionada, esparramada por três arranha-céus reluzentes. As árvores brotam dele, crescendo em direção aos céus.

"O que *é* aquilo?", deixo escapar, para ninguém em particular. Estou olhando para Marina Bay Sands, o edifício mais caro do mundo.

Tendo chegado recentemente a Singapura, estou apreciando o horizonte futurista da cidade-Estado. Além do edifício prancha-de-*surf*-no-céu, há um edifício branco em forma de uma grande flor de lótus, uma coisa com a aparência de um cubo de

Rubik de vidro patinando na água e com a marca Louis Vuitton, e estruturas imponentes que se assemelham a uma cruz entre margaridas enormes e torres de controle de aeroporto – um transeunte explica que esses são os Jardins da Baía. Singapura se parece um pouco com a Disneylândia.

Disneylândia com pena de morte, isso sim. Assim um jornalista notavelmente a apelidou, aludindo ao sistema de justiça criminal draconiano pelo qual o país é conhecido. Os doces gratuitos distribuídos no aeroporto são lembretes sutis dessa abordagem direta – chiclete é ilegal aqui. Meu cartão de desembarque apresenta uma mensagem muito menos sutil. "Aviso: morte para traficantes de drogas sob a lei de Singapura" está carimbado em negrito no final.

SINGAPURA É UM BELO PAÍS diz o *slogan* em bugigangas turísticas vendidas por toda a Chinatown, onde passeei no dia seguinte à minha chegada. Você pode ganhar uma multa pesada por muitas coisas em Singapura, desde postar a coisa errada no Facebook até comer fétidos duriões no metrô. Alguém pode ser açoitado por trinta crimes diferentes, inclusive o mais famoso, grafite; em 1994, quando estava visitando Singapura, o americano Michael Fay foi açoitado por vandalismo e roubo, a prática brutal fez manchetes internacionais. O jornal diário revela tanto quanto qualquer estatística. Durante os meus primeiros dias aqui, li sobre adolescentes acusados de pichar palavrões, descarregar um extintor de incêndio, invadir, furtar e causar dano a propriedade. Sua punição? Multas, prisão por até três anos, três a oito golpes de chibata. E um homem condenado por roubo, consumo de drogas e por faltar a um teste de drogas foi sentenciado a dez anos e doze golpes da chibata.

Essa lealdade à punição faz parte da razão pela qual Singapura é a penúltima parada em minha viagem prisional. Mas a outra razão pela qual estou aqui remonta a um anúncio de Singapura que descobri no YouTube enquanto estava na Tailândia, quando estava pesquisando sobre prisões, relações públicas e a princesa. Nele, um homem jovem e de aparência melancólica de camisa e gravata segue com seus afazeres diários, um zumbido desolador ao fundo. Aqui ele está pegando o transporte lotado para um emprego corporativo, empoleirado humildemente na mesa da sala de reuniões, apaticamente empurrando um carrinho de compras pelo corredor do supermercado. Mas o tempo todo ele está arrastando uma bola e uma corrente pesadas, que o impedem a cada passo. Uma única declaração aparece: "Ajude ex-presidiários a levarem uma vida normal". E então, "SCORE: Singapore Corporation of Reabilitative Enterprises" [Corporação de Empresas de Reabilitação de Singapura]. Quem são eles, eu me perguntei? Seu *marketing* formidável me assombrou, exatamente como era para ser.

Acontece que a SCORE faz parte do esforço do governo de Singapura para enfrentar esse contratempo na solução prisional para o crime: o fato de essa "solução" ser temporária. A maioria dos prisioneiros eventualmente deixa a prisão. O que a sociedade faz com eles quando o fazem?

Esse processo, conhecido como reinserção, é um chavão global de justiça criminal. Foi inventado nos Estados Unidos e atingiu posição nacional na Lei da Segunda Chance do Presidente George W. Bush, em 2008, que incluiu apoio aos prisioneiros que voltam para casa. Prefeitos e governadores de todo o país abriram serviços de reinserção e lançaram comitês, como o Conselho de Reinserção e Reintegração Comunitária de Nova York, estabelecido pelo Governador Andrew Cuomo em 2014. Fundações patrocinaram estudos sobre o tema e universidades abriram institutos de pesquisa dedicados a ele; o meu próprio Prison-to-College Pipeline, o primeiro programa educacional do país, explicitamente concebido tendo a reinserção em mente, está situado no Instituto de Reinserção de Prisioneiros da John Jay.

Reinserção. Soa tão perfeitamente simples, como se você tivesse saído de casa temporariamente e estivesse agora apenas retornando, pronto para continuar de onde você parou. Mas o processo é tudo, menos simples. É uma dramática volta à vida, uma ressurreição extenuante, uma crise completa.

Imagine que você passe cinco, dez, vinte e cinco anos trancado num universo alternativo que segue regras totalmente diferentes. Você cumpre pena; o tempo, suspenso, faz coisas com você, faz coisas sem você. Então um dia você é solto. Para onde você vai? Onde você mora? Como você se adapta ao totalmente *outro* mundo no qual você subitamente está – socialmente, tecnologicamente etc.? Como você encontra um emprego? Você se vira? Tem certeza de que o país que o trancafiou o ajudará a se reajustar depois de você ter pagado a sua dívida?

Não. É provável que você, como a maioria das pessoas que voltam para casa da prisão, não seja elegível para a segurança social, vale-alimentação ou habitação social. Como 80% dos encarcerados nas prisões dos Estados Unidos, você não tem seguro de saúde; se você já foi inscrito no Medicaid, sua inscrição foi cancelada enquanto você estava na prisão e o governo não o reinscreveu. Os empregadores não querem contratá-lo; em uma amostra de quatro grandes mercados de trabalho urbano, 40% admitiram abertamente que não contratariam alguém com antecedentes criminais. Se você efetivamente consegue um emprego, ganha cerca de 40% menos do que seus colegas que não tenham sido anteriormente encarcerados, e se você mora em qualquer estado, à exceção de apenas quatro, você não tem o que dizer sobre essa realidade, ou qualquer outra política governamental que devaste sua vida, porque você não pode votar; você é um dos 5,85 milhões de americanos – 7,2% de nossos cidadãos – impactados pelas leis de "privação do direito de voto de criminosos". Desse total, mais de dois milhões são afro-americanos, um dos muitos fatores nomeados pela professora de Direito Michelle Alexander em seu livro campeão de vendas de 2012, *The New Jim Crow*, que descreve como é a segregação no século XXI:

um novo sistema de castas raciais nascido da punição invisível que é a reinserção. A "casta inferior de indivíduos que são permanentemente barrados pela lei e pelos costumes da sociedade dominante", escreve ela, é concebida para "armazenar uma população considerada descartável", isto é, negros e latinos, e para aprofundar as desigualdades sociais. A desigualdade produz crime, o que significa que, ironicamente, esse sistema "Novo Jim Crow" em última instância diminui a segurança; às massas de pessoas entrando e saindo do sistema estão sendo negados recursos econômicos, sociais e políticos que as ajudariam a ficar fora da prisão. O resultado de tudo isso é que a taxa de reincidência dos Estados Unidos paira os 60%.

A taxa de reincidência de Singapura, no entanto, é de apenas 25%. Cerca de nove mil pessoas aqui voltam para casa da prisão todos os anos, e o país lançou uma série de empreendimentos para lidar com esse influxo. Estou ansiosa para dar uma olhada nesses movimentos progressistas na terra das penalidades. À medida que a minha viagem termina, estou pronta para abordar o assunto da saída da prisão.

* * *

Na manha do meu primeiro encontro com as autoridades da prisão, porém, pergunto-me sobre ir à prisão. A pergunta me incomodou. *Como cheguei aqui?* Singapura dificilmente é conhecida pela transparência – o governo praticamente administra a imprensa, e o país é notoriamente reservado sobre seu sistema de justiça. A resposta simples é que conheci alguém que conhecia alguém, numa conferência de justiça criminal no ano passado. E ser professora na John Jay certamente ajuda a abrir portas. Mas ainda assim eu me perguntava, por que eles deixariam uma forasteira questionadora entrar?

Minha pergunta é respondida durante uma orientação durante todo o dia nos bem-cuidados escritórios da SCORE.

Adornando o muro do escritório, perto da impressionante biblioteca e do centro de saúde "faça você mesmo", está pendurado um artigo ampliado do *Straits Times* de 2011 sobre grandes revisões do Serviço Prisional de Singapura, ou SPS. "Que diferença uma década faz", diz a manchete. As prisões já foram velhos quartéis militares, mas agora são "construídas com um propósito". Os agentes da prisão, antigamente impedidos até mesmo de conversar com os prisioneiros – "para evitar que esses últimos os manipulem ou corrompam" –, agora ostentam diplomas em economia, direito, ciência e artes, e *devem* conversar com os prisioneiros a fim de "saberem do que precisam".

Uma palavra vital entrou no vocabulário do SPS em 1996: *reabilitação*. De uma só vez, Singapura decidiu falar da prisão como mais do que apenas punição; a filosofia de operações do SPS e a declaração corporativa foram revisadas de acordo. Novas prisões, terminologia e acrônimos vertiginosos nasceram, como o MAS (esquema obrigatório de acompanhamento, na sigla em inglês), CBS (sentenças baseadas na comunidade, na sigla em inglês) – a lista continua. Essa nova abordagem produziu resultados. A taxa de reincidência do país caiu de 40% em 2000 para 23,6% em 2010. Estou aqui porque o governo está ansioso para mostrar sua identidade renascida.

Saber disso me deixou ainda mais ansiosa para ver o sistema em funcionamento. Não apenas porque reflete uma mudança tão dramática em um curto período, mas porque é justiça por opção e não por necessidade econômica. Muitos países, inclusive os Estados Unidos, deixaram que os cifrões ditassem, pelo menos em parte, as condições de suas prisões. Eles simplesmente não podem pagar por melhores condições ou não conseguem gerenciar as finanças com competência para produzi-las. Singapura, no entanto, com seu lucrativo mercado de trabalho, eficiência governamental e vasta prosperidade – é uma das nações mais ricas do mundo, supostamente possuidora de mais de US$ 500 bilhões em fundos soberanos de riqueza – podem fazer o que escolher. Durante décadas, sua escolha foi dura punição. Qual é a escolha agora? A coisa toda parece um notável cenário de tubo de ensaio, cortando o coração das ideologias quanto a retribuição, reforma e justiça.

* * *

No dia seguinte, meu destino é Changi, um complexo desconexo vizinho do aeroporto que abriga todas as quatorze prisões de Singapura, exceto uma. Foi uma prisão colonial construída pela Administração Britânica dos Estabelecimentos dos Estreitos em 1936, e agora abriga confortavelmente cerca de 12 mil prisioneiros e 2.500 agentes correcionais. Durante a Segunda Guerra Mundial, os militares japoneses detiveram civis lá, e o antigo Quartel Seralang, onde passarei hoje, foi um acampamento de prisioneiros de guerra para até 50 mil mil soldados britânicos e australianos. Com exceção desses quartéis e uma única parede em ruínas, o complexo foi recentemente demolido e a prisão reconstruída.

O quartel militar, então, renasceu como Seralang Park Community Supervision Center, uma unidade de soltura para trabalho para os prisioneiros que se aproximam do final de suas sentenças e para ex-prisioneiros falarem com supervisores após a soltura. Abro um caminho através do arame farpado numa vista de zinco esverdeado pela oxidação.

Mais da metade dos prisioneiros do país passa por aqui em algum momento, a maioria após a soltura. Eles se reportam a uma área que parece um auditório de escola pública. Centenas de pessoas anteriormente encarceradas estão se registrando em terminais eletrônicos de autorregistro, sentando-se na área de espera e se encontrando com seus supervisores para discutir a vida do lado de fora – seus empregos como limpadores, operadores de *telemarketing* ou cozinheiros. Singapura tem uma taxa de sucesso de 99% em encontrar empregos para os anteriormente encarcerados, principalmente nas indústrias de alimentos e bebidas, varejo e turismo. Graças aos treinadores de emprego e colaboração consistente com os departamentos de recursos humanos, eles ostentam que 59% dos "colocados", como eles chamam, mantêm seus empregos por pelo menos seis meses após a soltura. Isso é radicalmente diferente dos Estados Unidos, onde cerca de metade dos anteriormente encarcerados permanece sem emprego até um ano após a soltura. Pesquisas mostram que os empregadores não têm vergonha de discriminar abertamente pessoas com antecedentes criminais, expressando francamente visões negativas sobre elas de maneiras que eles podem hesitar em fazer em relação a outros fatores como gênero, idade ou raça.

Os dormitórios, onde até 120 homens residem nos últimos meses de prisão e alguns cumprem toda a pena, são cinzentos e vazios. A única decoração são os armários de metal e os beliches em tamanho infantil equipados com lençóis cobertos de desenhos animados, uma melhoria em relação às esteiras de palha nas quais se dorme na prisão. OTIMISMO, lê-se num cartaz na parede monótona. Os que estão na prisão aqui não usam uniformes e são colocados em empregos do lado de fora; eles também têm direito a saída temporária e se voluntariam em projetos comunitários.

"Não há confusão; os prisioneiros se comportam", um oficial me diz. "Eles valorizam este lugar. Não querem estragar tudo." Os que o fazem são expostos num mural de fotos de identificação. Eu escaneio os pôsteres. "Deixou de notificar o empregador de que estava doente", lê-se em um. "Mentiu para o agente a fim de ganhar uma extensão do toque de recolher." "Tentou enganar a empresa falsificando inscrições de associação."

O agente é um ex-engenheiro. "Eu costumava construir casas, mas agora construo pessoas", ele declara enquanto saímos.

A soltura para trabalho, que eu também vislumbrei em Wandoo, na Austrália, é uma espécie de escolha óbvia. Um estudo realizado em Minnesota, por exemplo, descobriu que a soltura para trabalho reduziu a probabilidade de um prisioneiro retornar por um novo crime, aumentou significativamente as chances de encontrar um emprego, e aumentou as horas trabalhadas e os salários ganhos. Também permitiu que o governo do estado economizasse cerca de US$ 1,25 milhão. No entanto, mal existe nos Estados Unidos, principalmente por causa da nossa extrema aversão ao risco. Deixar as pessoas fora do complexo prisional simplesmente deixa as pessoas nervosas demais.

* * *

Após a visita ao Seralang Park, janto cedo num dos famosos centros de vendedores ambulantes de Singapura. São firmemente regulamentados pelo governo e ostentam a comida de rua mais segura que o dinheiro pode comprar. E sua variedade de ofertas, uma convergência de culinária malaia, chinesa e indiana, é uma manifestação deleitável do multiculturalismo local. Dizem que os singapurenses atuam a tolerância étnica simplesmente comendo.

De volta ao meu hotel, uma mensagem espera por mim. “Baz!”, vem o correio de voz que soa extático. “É o Jonathan! Estou em casa! Ligue para mim!” Meu aluno de 23 anos está livre, depois de seis anos atrás das grades. Emocionada, ligo de volta.

“O Jonathan está? É a professora dele.” Pausa. Então, do outro lado, soluços.

“Nunca pensei que ouviria alguém dizer isso”, grita a irmã de Jonathan, que atendeu o telefone. Digo a ela o quanto estou orgulhosa do seu irmão e que aluno talentoso ele é. Ela passa o telefone para ele.

“Mal posso esperar para ir para a faculdade, Baz”, declara Jonathan. Posso praticamente ver o sorriso em seu rosto.

Ao desligar, ainda luto contra as lágrimas. Regressos da prisão a casa nunca perdem seu impacto emocional.

Mas, para mim, regressos da prisão a casa também se tornaram agridoce. Porque começam com um otimismo quase infantil – do tipo que acabei de ouvir na voz de Jonathan. O tipo que beira o pensamento mágico, que faz Richard, uma semana antes da soltura, dizer à minha turma que ele é como aquele alquimista no romance que ele adora, "porque posso ser transformado". O otimismo anima meus alunos durante os dias, horas, semanas de embotadora burocracia pós-prisão: postos de identificação, reuniões com agentes de condicional, sessões de gerenciamento de raiva, esse programa e aquele programa, e mais postos do governo do que posso acompanhar. O otimismo os mantém pacientes e calmos enquanto aprendem a usar uma tecnologia nascida enquanto estavam em banimento. "Oi Baz", um dos meus alunos me escreveu uma mensagem de texto no seu segundo dia em casa. "Apenas praticando mensagens de texto." "Quando os talheres ficaram tão pesados?", maravilhou-se outro, levantando um garfo de metal pela primeira vez em treze anos.

Mas esse otimismo geralmente tem uma data de validade. O período de lua de mel com a liberdade termina quando as realidades da vida no novo Jim Crow se instalam. O trauma pós-prisão também se instala. Quando você foi preso aos 17 anos, o tempo congelou. Então, mesmo que você tenha 38 anos, ainda tem 17 quando se trata de habilidades de construção de relacionamentos e comunicação, e muito mais. Não existem sistemas de apoio sólidos em vigor para ajudá-lo a elaborar esse obstáculo desenvolvimental e o trauma do que aconteceu com você, ou não aconteceu com você, atrás das grades. E como a prisão pode empurrar seus habitantes para um estado de negação acerca dos seus crimes, porque a sobrevivência frequentemente exige o bloqueio de qualquer coisa muito emocionalmente perturbadora, tampouco há apoio enquanto você elabora o processo de lidar com seus erros, o que geralmente o atinge com um baque doloroso quando você retorna para o mundo.

Muitos dos meus alunos passam por um período de ausência durante essa fase de pós-lua de mel. Eu acordo várias noites preocupada que algo possa ter dado terrivelmente errado; verifico na internet para ter certeza de que eles não voltaram para a prisão. Mas faço o meu melhor para deixá-los ser. Então, um dia, eles ressurgem. E lentamente pegam as peças, recuperando fatias de esperança gasta e remendando algo que se aproxima de um novo começo.

* * *

"Bloco A. E ali, Bloco B. Os blocos C e D nunca foram construídos porque não tínhamos prisioneiros suficientes, por isso não precisávamos deles." Fee Leng, meu anfitrião da SCORE e ex-agente de correções, está me levando ao coração da seção moderna da prisão de Changi. Digitalizamos nossas impressões digitais na entrada do complexo recém-construído. Em minhas mãos há uma cópia da *Panopticon*, a revista da SPS.

"O Bloco A foi construído em 2009 e o Bloco B em 2011. Nós não somos" – Fee Leng ri – "tão criativo com nomes".

Atrás das prisões, do lado de fora do arame farpado, há um mar de armazéns. Os dois blocos de edifícios semelhantes a caixas – todos com fachadas laranja e azul e uma aparência arrumada e vítrea – se misturam perfeitamente. Nada nessa área pode ser mais alto do que quatro andares, porque o aeroporto fica ao lado, o que significa que grande parte da prisão teve que ser construída no subsolo. Isso cria terríveis problemas de ventilação lá dentro.

Seguimos um caminho ladeado por árvores que parecem dedos enrugados. O Bloco A, explica Leng, é principalmente o lar do corredor da morte e dos prisioneiros de longo prazo, e o Bloco B, nosso destino hoje, abriga os que estão em prisão preventiva ou cumprindo pena por drogas – 60 a 70% da população carcerária total.

"Por aqui, para o *lounge* VIP", diz o agente no lado de dentro, conduzindo-nos a pinturas de flamingos cor-de-rosa e pores do sol pulsantes.

"*Lounge* dos *visitantes*", interrompe Fee Leng.

Parece-me VIP, com seus sofás de veludo vermelhos, bar, mesas de pebolim e conjuntos de hóquei de ar. Há um modelo enorme do Bloco B no meio da sala; a unidade possui celas de um, quatro e oito homens. Nunca uma cela de dois homens, explica Fee Leng, porque se algo der errado entre eles, não haveria o testemunho de um terceiro.

Seja o tipo de pessoa que você deseja conhecer.

Se houver alguma vontade, há um caminho.

Henry Ford, Confúcio, Abraham Lincoln, Dale Carnegie: a sabedoria "você pode" deles está rabiscada em todas as superfícies no caminho do *lounge* até o nosso destino.

Não importa de onde você está vindo. Tudo o que importa é para onde você está indo.

A configuração assemelha-se a um esquema de moradia, com grades metálicas e passarelas elegantes, e é tão tranquila que chega a ser estéril. Há pinturas de pássaros coloridos e estrelas do mar, uma parede de inspiração servindo mais citações otimistas em recortes em forma de coração, um mural de orquídeas roxas de Singapura – nada que sugira uma prisão. Nem mesmo o cheiro. De fato, não há cheiro.

Mas quando saímos de um elevador, o som de *walkie-talkies* se intromete e uma porta eletrônica é aberta. Eis as grades azuis, abertas para nos deixar passar. O mundo dentro delas parece, ao mesmo tempo, uma estranha mistura de prisão e pré-escola.

"Bom dia, senhor/senhora! Obrigado, senhor/senhora!"

A saudação vem quase como um ataque, de trinta e seis prisioneiros vestindo camisetas azuis e em posição de sentido. Esta é a unidade de reabilitação, a primeira parte de um programa de dez meses aqui no novo centro de pré-soltura de Changi.

"É um programa criminogênico integrado, o que chamamos de ambiente terapêutico, para prisioneiros que vão para casa em breve", diz o agente guia de hoje, um homem de muitos sorrisos e dinamismo fervoroso. Este é o primeiro e único centro desse tipo na Ásia, modelado a partir de outros semelhantes no Canadá, no Reino Unido e na Austrália, onde eu o vi em primeira mão, em Boronia. "Tem que começar aqui, não no dia em que os chutamos porta afora", disse o superintendente de lá, resumindo sucintamente o *ethos* do modelo.

Vivendo aqui estão 343 homens em dez grupos. Nos dois anos desde o lançamento do programa, 530 homens passaram e todos, exceto 30, ficaram fora da prisão.

"Toda vez que alguém volta, recebemos um relatório, e é uma facada no coração", disse o agente espirituoso, todo sinceridade. "Meu resultado são meus números. É preciso reduzir a reincidência."

O programa consiste em três fases, atribuindo incrementalmente aos presos cada vez mais responsabilidade pessoal. Cada fase é codificada por cores; o bloco de moradias da Reabilitação é azul. É uma unidade de dois andares com um corredor compartilhado e uma área comum, onde uma dúzia de homens sem camisa ostentando uma variedade de tatuagens coloridas estão reunidos em mesas de piquenique de metal. Tênis Black Vans estão asseadamente organizados do lado de fora de suas celas, ao lado de uma caixa para formulários de *feedback*, com instruções nas quatro línguas de Singapura: inglês, mandarim, tâmil e malaio. No final do corredor fica um telefone solitário – banido de todas as unidades prisionais de Singapura, exceto esta, porque faz parte do programa de pré-soltura o incentivo ao contato com a família.

Grupos, deliberadamente diversos em idade e etnicidade – "eles precisam aprender a tolerar as peculiaridades e idiossincrasias uns dos outros", explica o agente – são administrados como comunidades, com seus próprios conselhos disciplinares, líderes eleitos e regras. Agentes treinados conhecidos como coordenadores de casos supervisionam os grupos e usam práticas restaurativas quando possível. Em vez de pegar pesado com homens que quebram regras, eles descobrem por que a infração foi cometida e que opções de restituição estão disponíveis.

"Na minha situação anterior, uma prisão máxima, não conversávamos com os presos, muito menos dávamos aulas", diz o agente.

Examino o fluxo interminável de citações na parede.

Eu o farei. Eu o farei. Eu o farei.

"Você pode ser um prisioneiro modelo, mas um cidadão terrível", continua o agente. "Em breve eles serão cidadãos na sociedade novamente. Este programa tem a ver com levá-los de volta a esse lugar. Desaprendendo comportamentos e maneiras básicas, do tempo na prisão e de antes."

Ele aponta para uma pintura cor de ferrugem e azul. "*Invadindo o passado.* É um turbilhão, e você é um navio que deve recuperar o equilíbrio. Esse é o símbolo da Reabilitação."

Passamos à Renovação, do outro lado da sala.

Esteja pronto para a sua oportunidade quando ela chegar.

Não existe na vida de ninguém um dia sem importância.

"Bom dia, senhor/senhora! Obrigado, senhor/senhora!" Os prisioneiros em posição de sentido aqui usam verde.

"Eis o símbolo dessa unidade." O agente aponta para outra pintura. "A árvore, as mãos – este é o próximo passo no processo de crescimento."

Grande parte desse processo envolve renunciar a gangues, que em Singapura têm origens chinesas e giram em torno de drogas, principalmente heroína. Os funcionários estimam que 40% dos homens aqui sejam membros ativos de gangues, e outros 20% membros adormecidos; nosso agente guia está especialmente empolgado com o programa antigangue, conduzido por pares, no qual os prisioneiros se sentam em círculo e compartilham questões emocionais que levaram ao seu envolvimento com drogas e gangues.

"A prisão tem muitos pês – programas", diz ele. "E este tem um apelido, 'a mãe de todos os pês'. Os prisioneiros o odeiam no início. É difícil falar sobre a vida, mais difícil para eles do que punição ou açoite. Esses são criminosos endurecidos e não podem se sentar numa sala de aula e falar sobre sentimentos. Eles suam; imploram por drogas psicológicas. No final, têm a opção de renunciar à sua gangue. Muitos o fazem."

No minimercado, escaneio os códigos de cores. Os residentes da Reabilitação têm autorização para compras básicas, por meio de pontos adquiridos por boa conduta: achocolatado, biscoitos recheados, cartões para suas famílias, todos estampados em verde. Residentes da Renovação, mais próximos da soltura, podem comprar escovas de dentes ou óculos de leitura. Residentes da Reinício, mais próximos de retornarem ao mundo, são elegíveis para comprarem coisas como tapetes de ioga, para ajudá-los a se ajustarem a dormir em camas novamente.

Nizam, um prisioneiro indiano que fica com as mãos atrás das costas, é o supervisor aqui. "Você pode falar com ele", o agente provoca, depois de nos apresentar. Eu hesito; as instruções detalhadas da equipe da SCORE incluíam uma diretiva da empresa sobre não abordar nenhum prisioneiro durante a minha visita. Nizam, espontaneamente, me diz que cumpriu sete anos e esteve dentro e fora da prisão onze vezes. Ele estará em casa em cinco meses.

"Sou grato por esse programa, senhora. Sou um ex-*gangster*, senhora, e é muito diferente dessa vez, indo para casa, por causa desse programa. Conheço-me agora. Aplicarei o que aprendi sobre responsabilidade aqui, senhora." Ele inclina a cabeça.

Nizam usa amarelo, a cor da Reinício. O símbolo deles é um penhasco ao pôr do sol, e os homens na sua unidade estão reunidos em torno de um *laptop*, preparando-se para a cerimônia de graduação no final desta semana.

"Bom dia, senhor/senhora! Obrigado, senhor/senhora!" Novamente a inquietante saudação.

Um prisioneiro vestindo pequenos óculos mostra o Power-Point que está desenvolvendo e explica que seu grupo cantará duas músicas.

"Uma é uma música chinesa. A outra é do Bon Jovi. *'Living on a Prayer.'*"

Quando é óbvio que os objetivos não podem ser alcançados, não ajuste os objetivos, ajuste os passos.

Enquanto caminhamos, o agente explica que todas as citações das paredes devem ser aprovadas por um comitê, e muitas também aparecem em chinês e malaio. Há também uma competição de citações de prisioneiros.

"E aqui está a vencedora, em mandarim." Ele lê os caracteres chineses suspensos. *O amor é uma luz que continua a guiá-lo para casa.*

A área do pátio, essencialmente uma enorme academia de ginástica, foi projetada para funcionar como um centro comunitário, completo com uma biblioteca bem-abastecida com romances em inglês e chinês, juntamente com textos budistas e hindus. Alguns homens se sentam, conversando casualmente, atrás de uma barreira rotulada RESPONSABILIDADE, um dos cinco valores principais do centro; outros jogam futsal, um jogo popular que está banido de outras prisões porque é um esporte de contato, mas permitido aqui como parte do esforço de reinserção – em breve o jogarão do lado de fora. Na extremidade oposta da sala, uma fila de homens está recebendo cortes de cabelo, também regulamentados pelo grupo, conforme indicado por um diagrama na parede. Os residentes da Reabilitação devem receber cortes em um estilo específico, mas os homens na Reinício podem receber qualquer estilo de corte, desde que seja curto e arrumado.

E com isso meu passeio está concluído. Fee Leng me acompanha através de longos corredores, em direção a uma saída.

A hora mais escura é logo antes do amanhecer.

* * *

Mais tarde naquela semana, ainda processando o que vi até então, dou um passeio nas nuvens. Na verdade, Singapura oferece aos visitantes a oportunidade de fazer isso, tendo criado uma "floresta nublada" nos Jardins da Baía. Revelou-se uma das atrações turísticas mais incrivelmente belas que eu já vi. Certamente, penso esquivando-me de hordas de visitantes coreanos tirando *selfies* no céu, um país que fabricou uma zona climática pode moldar um sistema de justiça criminal impecável.

Não que tenha uma necessidade especialmente terrível de um. O número de casos de crime em Singapura caiu recentemente 4,3% para a sua taxa mais baixa em trinta anos. Passeando por becos escuros e encantadores de Chinatown à noite, desfruto desse sentimento generalizado de segurança. Também me lembro da minha primeira visita aqui, sete anos atrás. Foi uma viagem breve, para uma conferência, mas uma determinada experiência no *shopping* ficou comigo. Entreguei à caixa uma nota de vinte dólares; pensando tratar-se de uma nota de um dólar, ela não ofereceu troco. Quando me opus, ela pediu meu número e disse que me ligaria se, no final do dia, o balanço demonstrasse haver dinheiro a mais. *Sim, sei,* pensou a cínica nova-iorquina.

Às 11h01 meu telefone tocou.

"Senhora, temos seus dezenove dólares", veio a voz na linha. Fiquei boquiaberta. Como seria, eu me maravilhei, viver num país tão cumpridor da lei? Os habitantes locais com os quais estive conversando desta vez explicaram que os singapurenses são mimados por viverem numa "nação com ar-condicionado" de problemas de Primeiro Mundo. Fee Leng comentou que uma viagem de compras de fim de semana à Malásia é suficiente para fazer os locais apreciarem o lar. "Às vezes, precisamos ser lembrados de não tomar por garantidas proteção e segurança econômica", disse ela.

O governo se empenha em muitas ações de rememoração, promovendo uma narrativa nacional na qual Singapura é um país excepcional e um milagre. "Uma ilha cidade-Estado não poderia ser comum se fosse para sobreviver", escreve o falecido Lee Kuan Yew, que foi eleito em 1959 como o primeiro primeiro-ministro de uma Singapura autônoma, em seu livro *From Third World to First* [Do Terceiro ao Primeiro Mundo]. Eu o pego numa livraria local – as obras de Lee parecem estar em exibição em todas as lojas em que entro – e passo uma tarde num banco na marina, absorvida nele. "Tivemos de fazer esforços extraordinários para nos tornarmos pessoas coesas, robustas e adaptáveis que pudessem fazer coisas melhores e mais baratas do que as feitas pelos nossos vizinhos. Tínhamos de ser diferentes."

As probabilidades estavam contra ele. Na época da independência, primeiro da Grã-Bretanha e depois da Malásia, o país praticamente não tinha mercado interno e tinha baixos níveis de educação, e dependia quase completamente de esmolas britânicas. Espremido entre a Indonésia e a Malásia, duas potências muito maiores, também teve que administrar uma mistura étnica potencialmente divisiva – cerca de 75% chinesa, 14% malaia e 7% indiana. Em 1964, houve conflitos raciais. Mas, sob a liderança de Lee, a paz prevaleceu e o país passou de um PIB *per capita* de US$ 400 em 1959 para US$ 52.052 em 2012.

Lee conseguiu isso planejando infraestrutura, criando um banco de desenvolvimento econômico, construindo parques industriais para atrair investidores americanos e europeus e pagando generosamente aos funcionários públicos para reduzirem a corrupção; tudo fazia parte do seu esforço para fundir o espírito competitivo do capitalismo com a solidariedade coletiva gerada pelo socialismo. A propriedade da moradia dá a todos uma participação na sociedade, permitindo que os singapurenses comprem moradias públicas espaçosas a preços acessíveis, com uma espera que raramente ultrapassa seis meses; cotas residenciais promovem a integração racial. A ajuda externa era um anátema para Lee, assim como o bem-estar social; em vez disso, centros comunitários e serviços ao cidadão desempenham o papel de guardiões fraternos. Ele também embelezou o aeroporto e a cidade para causar uma boa primeira impressão nos investidores, lançou um movimento verde e uma unidade governamental para cuidar dos jardins exuberantes e das árvores plantadas, proibiu anúncios de cigarro e, sim, chicletes, e até promoveu o fim de "hábitos do Terceiro Mundo", como cuspir na rua.

A leitura do livro de Lee me lembra de uma conexão que eu havia esquecido entre Singapura e o lugar em que comecei minha viagem: Ruanda. O Presidente Paul Kagame afirmou publicamente que modelou a Ruanda pós-genocídio a partir da Singapura pós-colonial, pegando páginas do livro de Lee. Ele criou um ambiente de investimento atraente, reduziu a corrupção, construiu infraestrutura para uma economia de alta tecnologia e assim por diante. Como é verdade dos singapurenses, quase todos os ruandeses têm seguro de saúde e acesso à educação. Eles vivem em terras de proficiência e produtividade, terras onde reinam acrônimos de linguagem corporativa. Ruanda e Singapura são ambas grandes exceções regionais.

E eu também sei que existem custos associados a ser essas exceções, esses "oásis" de estabilidade social e econômica. Esses incluem uma falta retumbante de liberdades sociais, de grande e pequena escala; proibições de coisas como sacos plásticos, em Ruanda, e, aqui, goma de mascar; e uma imprensa controlada pelo governo e liberdade de expressão reduzida. "Se este é um 'Estado babá'", escreve Lee, dirigindo-se a seus críticos, "tenho orgulho de ter promovido um". Mais tarde, encontro um web site local brincalhão que zomba desse caráter babá, com uma lista de características singapurenses. A número 42 fala da eficiência do país: "Você fica irritado se não vir um cartaz dizendo de quanto tempo será sua espera de um ônibus, de um trem ou na via expressa". Mas muitos outros parodiam o preço pago por isso. Número 10: "Você perde a capacidade de criticar as pessoas em posições mais altas do que a sua, mesmo que estejam erradas". Número 55: "Você concorda que o que o governo pensa dos seus hábitos pessoais e estilo de vida deve determinar se você recebe uma moradia e quanto paga por ela". E número 27: "Você justifica todos os argumentos com a frase 'a fim de que sejamos competitivos no século XXI'".

Essa última é especialmente poderosa. Porque ser uma exceção milagrosa significa que você também existe em um estado de ansiedade perpétua, sempre *tão perto* de se tornar exatamente como os vizinhos. A fragilidade torna fácil justificar qualquer coisa. Você quer outro genocídio? Mais tumultos raciais? Agitação econômica e política, como na Indonésia, na Malásia, no Congo? Então confie no seu governo e não faça muitas perguntas, o que pode perturbar a ordem social duramente conquistada que você usufrui diariamente.

Naquela noite, nas barracas de *satay* do lado de fora do meu hotel, ainda estou ponderando sobre Lee e esse grande compromisso social. Juntam-se a mim dois estudantes de Direito progressistas que me foram apresentados via e-mail por um amigo dos Estados Unidos. Eles coordenam uma campanha contra a pena de morte aqui e em breve lançarão uma contra o açoitamento.

"Essa será ainda mais difícil de vender", Damien me conta. "Os singapurenses são muito apegados ao castigo como um todo, e especialmente ao castigo corporal. E eles também acham que o açoitamento é como a surra que toda criança aqui recebe, enquanto cresce. Eles não percebem o que realmente é. Precisaremos usar fotos. Você já viu um açoitamento? Você sabe que a carne literalmente voa?" Ele balança a cabeça com nojo.

"O governo, veja, eles apontam para os Estados Unidos, quando há um tiroteio na escola ou algo trágico. E eles dizem, você quer *isso*? Os Estados Unidos são como uma democracia que deu errado. Então, se você não quer todas essas tragédias e esse crime, fique quieto e se contente com o *status quo*".

O medo é o instrumento mais poderoso de controle social. Isso é verdade em Ruanda e Singapura, mas também na Austrália e nos Estados Unidos – onde alimentou o nascimento do encarceramento em massa para começar.

Mas ainda assim, digo a Damien, a segurança, a tranquilidade, o estilo de vida. Em Singapura, nunca é preciso, digamos, pechinchar com um taxista, no estilo de Uganda; todos os taxímetros são lacrados e monitorados. Mesmo dádivas simples e diárias de qualidade de vida como essa são difíceis de desdenhar. Ele assente, apreciando o dilema. E por vários momentos comemos em silêncio.

"Estou surpreso de que a tenham deixado falar com os prisioneiros", observa Damien ao partirmos. Eu explico que, na verdade, mal consegui falar até agora. De fato, durante minha jornada, os países onde tive a menor quantidade de contato com pessoas na prisão foram Ruanda e aqui. Isso faz sentido; os prisioneiros são verrugas na narrativa nacional da perfeição social projetada. Eles são interrupções na máquina política bem lubrificada, então devem ser postos em quarentena, punidos, corrigidos, silenciados.

* * *

Estou tão longe de trabalhar estreitamente com pessoas encarceradas aqui que passo uma tarde envolvida com falsos prisioneiros na TV. São atores em anúncios, como o anúncio bola e corrente que eu vi na Tailândia, criado por um grupo chamado The Yellow Ribbon Project [Projeto Fita Amarela]. Trata-se de um empreendimento de uma década, dirigido por relações públicas, dedicado a ajudar egressos do sistema carcerário; eles ostentam um fundo de bolsas de estudos de mais de US$ 2 milhões, um banco de empregos com mais de 3.800 empregadores e mais de mil parceiros da comunidade. Eles fazem campanha para promover a aceitação de ex-detentos na cultura *mainstream*, lançando anúncios e *outdoors* e realizando eventos promocionais regulares, principalmente durante setembro, que é o Mês da Fita Amarela. Ao longo dos anos, o YRP organizou *shows*, exibições de filmes e desfiles de moda, publicou livros de poesia e álbuns de música, organizou exposições de arte prisional, desenvolveu um aplicativo de telefone celular e distribuiu milhões de fitas amarelas para que as pessoas usassem em suas lapelas, significando apoio aos ex-detentos.

"Não estávamos tentando entrar na onda da fita – fitas cor-de-rosa e fitas vermelhas e coisas assim", disse-me Jin, gerente de *marketing* do YRP. O nome nasceu quando o CEO da SCORE estava em um *lounge* de karaokê há cerca de uma década, ruminando sobre um nome para este novo projeto. Uma velha música de Tony Orlando veio crescendo nos alto-falantes.

> Eu realmente ainda estou na prisão e meu amor, ela segura a chave
>
> Uma simples fita amarela é o que eu preciso para me libertar
>
> E eu escrevi e disse a ela por favor
>
> Uau, amarre uma fita amarela em volta do velho carvalho
>
> Faz três longos anos, você ainda me quer?

A canção é sobre veteranos que chegam em casa da guerra, e o paralelo parecia perfeito: veteranos que retornam e prisioneiros que retornam, os quais ambos sobreviveram ao trauma e, portanto, precisam de ajuda extra para reiniciar suas vidas como civis.

"Temos uma nova campanha todo setembro", diz Jin.

"Por que não o ano todo?", eu pergunto.

"Dinheiro. Nós não somos a Coca-Cola, entende? Mas quando os anúncios deixam de ser veiculados, alimentamos histórias para a imprensa". Uma coisa oportuna sobre a mídia controlada pelo governo, penso comigo mesma.

Ele prepara vários anúncios no projetor. Na maioria deles, homens são identificáveis como ex-detentos porque ostentam tatuagens. Manifestação física de um passado criminoso, as tatuagens são populares em prisões e gangues e, portanto, representam a suprema letra escarlate de Singapura. Jin me mostra um infomercial sincero, em três partes, representando a vida de um prisioneiro que retorna através de diferentes perspectivas, incluindo os olhos de um orgulhoso agente prisional, um dedicado voluntário da prisão e um empregador gratificado. Observando novamente o anúncio bola e corrente, perco-me nos olhos intensamente melancólicos do ator. Devo ter espiado versões daqueles olhos dezenas de vezes agora, atrás de grades ao redor do mundo.

"Ele já cumpriu sua pena. Mas você ainda o julgará?", pergunta um dos anúncios impressos do YRP, em uma foto de um homem saindo do pátio da prisão. "Para ficar fora da prisão, tudo o que ele precisa é de um tempo" está impresso abaixo de um homem de aparência desamparada, aguardando uma entrevista de emprego.

"Precisamos dessa campanha nos Estados Unidos", deixo escapar, empolgada. Lembro-me da campanha ultradescolada "Verdade", que fazia propaganda contra as empresas de tabagismo e tabaco por meio de *flash mobs* e anúncios descolados e orientados para os jovens. Digo a Jin sobre isso, e sobre a campanha "Proíba a caixa de seleção", dos Estados Unidos, que promove limitar a exposição dos empregadores a informações criminais até uma etapa mais tardia do processo de contratação. Graças em parte a essa campanha, uma legislação "Proíba a caixa de seleção" foi aprovada em mais de cinquenta cidades e condados, e várias grandes redes, como o Walmart e a Target, eliminaram as perguntas sobre histórico criminal de seus formulários de inscrição.

"Embora nos Estados Unidos, a propósito", digo a Jin, incapaz de me impedir de entrar no modo professora, "as pessoas progressistas não usem termos como 'ex-condenado' ou 'detento' ou 'agressor'. É ofensivo rotular alguém pelo seu pior ato".

Ele olha para mim sem expressão.

"A linguagem é tão poderosa, parte desse mesmo processo de mudar as percepções das pessoas", prossigo. "Uso 'prisioneiro' em minha pesquisa apenas raramente. Também odeio esse termo, mas pelo menos se refere a um lugar, não a uma condição ou estado de caráter."

"Então, como você chama os ex-condenados?", Jin pergunta.

"Dizemos 'anteriormente encarcerado'."

Jin explode numa gargalhada.

"'Anteriormente encarcerado'? Se você disser isso em Singapura, as pessoas não a entenderão. *'Anteriormente encarcerado.'* Elas vão pensar que você está dizendo 'anteriormente em um castelo'."

Ele ainda está rindo enquanto prepara outro anúncio.

* * *

"Móveis", diz o motorista do táxi, depois que anuncio meu destino de manhã. "Bons móveis. Muitos deles."

"Não, lar de reinserção", repito. "Lar de Reinserção Helping Hands."

"Sim, móveis", ele repete, assentindo. "Móveis. Dos prisioneiros."

Eu não sabia disso. O que eu sei é que a minha visita hoje é a um dos vinte lares de reinserção de Singapura, nascido em 1987 como uma organização cristã de ex-viciados, mas agora aberto a todas as religiões e tipos de pessoas anteriormente encarceradas. É uma organização voluntária de bem-estar sob o Ministério da Comunidade, Juventude e Esportes, com *status* de caráter público, o que significa que é uma empresa social com fins lucrativos, um casamento de capitalismo e caridade. E é o lar de até cem homens, alguns cumprindo os últimos seis meses de sua pena, alguns tendo acabado de deixar a prisão e outros simplesmente visitantes.

"Os homens lá também fazem mudança", continua meu motorista. "Na última vez em que fiz mudança, eu os usei. Eu vejo a pele" – ele bate no antebraço – "tatuagens. Primeiro, quando os vejo, vejo tatuagem e tamanho grande, e eles falam grosso e me sinto com medo. Mas eles fazem um bom trabalho. E eu digo, é bom, eles estão trabalhando. Costumavam ser prisioneiros, mas agora fazem um bom trabalho."

Chegamos ao nosso destino, a cerca de quinze minutos do centro da cidade, com facilidade. Ainda não vi nada além de trânsito leve nas ruas de Singapura.

"Aberto ao público – por favor, não liguem para as nossas tatuagens", diz a enorme placa de plástico colocada sobre um complexo de apartamentos de três andares. "Tudo com 50% de desconto (alguns itens com 70% de desconto)." O doce aroma de mogno paira no ar. Nos fundos de um amplo estacionamento, homens de camisetas castanhas embalam em plástico lindos baús indonésios, majestosos relógios de pêndulo e bancos talhados em troncos. Atrás deles há uma sala repleta de vasos brilhantes e luminárias em formato de ovo revestidas com conchas brilhantes. O CEO, engenheiro por formação, explica que os produtos são importados da Indonésia e preparados para venda pelos residentes. O local opera com quatro milhões de dólares cingapurianos por ano, metade fornecidos pelo governo e metade gerada pelos negócios de móveis e mudanças.

"Eu mesmo estava na heroína, nos anos de 1970", diz Richard, o gerente do programa, peremptoriamente, me guiando pela escada de concreto acima para um *tour*. "Cheguei a um lar de reinserção para tratamento, mas não consegui ficar longe das drogas. Fui preso. Voltei para cá. Agora trabalho aqui."

"Como você venceu o vício?", eu pergunto. Richard vira para me olhar de frente.

"Você sabe o que me manteve fora das drogas? Jesus. Nada mais." Eu hesito silenciosamente. Que tipo de plano de reabilitação é esse?

Os dormitórios vazios, arrumados e sem graça, se parecem muito com os do Seralang Park, o centro de soltura para trabalho. Um velho ventilador luta contra a densa umidade. Oito pequenas beliches ostentam lençóis do Mickey Mouse; há um tapete do Garfield no chão e uma toalha do Yellow Ribbon Project pendurada na cama de baixo.

A decoração infantilizante me lembra o centro de pré-soltura. Isso mostra uma certa abordagem paternalista e pré-escolar da reinserção. Uma abordagem bem-intencionada, mas que também insulta e menospreza – como se tudo o que fosse preciso para resolver os problemas de envolvimento com gangues ou drogas de alguém fossem citações inspiracionais na parede e algum estímulo como "você consegue".

"É bom", murmuro. De fato, é limpo e aparentemente seguro, mais do que posso dizer acerca de muitas das opções de moradia pós-soltura onde meus alunos de Nova York desembarcam. No John Jay College, meus colegas fizeram um estudo sobre eles em 2013, expondo o crescente mercado de "casas de três quartos": residências não regulamentadas, com fins lucrativos, operadas de forma privada – pequenos prédios que alugam beliches, na verdade. O relatório descobriu violações generalizadas do código de obras, superlotação perigosa e práticas escandalosamente ilegais, como despejos ilegais e laços com programas obscuros que faturam com o Medicaid.

"Os quartos são ok", responde Richard, com um encolher de ombros. Ele explica que os homens aqui devem trabalhar e participar de aulas de habilidades para a vida, jantares e reabilitação de drogas; os serviços religiosos são incentivados, mas opcionais. E muitos fazem o que Richard fez, ficando mais tempo e conseguindo um emprego aqui. 80% da equipe é de ex-detentos.

Richard aponta para as persianas de alumínio nas janelas.

"Adicionamos essas persianas depois que os vizinhos reclamaram. Os homens ficavam em seus quartos sem camisa, com as tatuagens expostas e as pessoas os viam pela janela. Um homem foi ao governo e reclamou, dizendo que os prisioneiros tatuados estão dominando o bairro. Então agora, depois das cinco da tarde, os homens devem usar camisas para sair".

O barulho do tráfego da estrada logo do lado de fora da porta afoga todo o ruído.

"Que tipo de bairro é esse?", eu pergunto.

"Apenas um bairro de pessoas normais. Nós o chamamos de região central. Algumas casas ricas agora, mas não somos uma Marina Bay, nem uma Beverly Hills, como vocês dizem. Apenas tentamos manter a discrição".

"Nos Estados Unidos, usamos a frase 'NINBY': não no meu quintal. Todo mundo quer prisões, lares de reinserção, abrigos para sem-teto – só que não nos seus preciosos bairros."

"Não é fácil", o CEO interrompe, suspirando. "Ninguém quer financiar esse tipo de coisa. Órfãos, idosos, sim." Ele segura as mãos em direção ao chão. Detentos e ex-detentos, estamos aqui, no fundo. A cultura asiática diz que é um desperdício de dinheiro reabilitar ex-infratores. "Por que vocês não se viram sozinhos?", dizem as pessoas. "Vocês não deveriam contar com a ajuda dos outros." Isso me lembra da abordagem conservadora em relação ao crime nos Estados Unidos, profundamente ofensiva porque ignora as estruturas sociais em favor daquele mito ingênuo de "fazer por merecer".

Após o *tour*, dentro de uma sala de conferências com ar-condicionado, quatro homens de camisetas castanhas fazem fila para falar comigo. O CEO sugere que eu os entreviste em particular – "eles estarão mais livres para falar sem todos nós aqui", diz ele. Minha escolta oficial do SCORE, no entanto, tem outras ideias. Ele permanece.

Os quatro homens, todos condenados por acusações relacionadas a drogas, examinam a sala com um forte desconforto. Sou informada de que Kimsing está no lar há três semanas, e tem o mesmo olhar desamparado e ansioso que o ator nos anúncios do Yellow Ribbon. Son Keong, no lar há pouco mais de dois meses, também o tem, e ambos parecem levemente chocados, dando-me respostas de uma palavra e esperando claramente que essa entrevista oficial termine rapidamente.

Os outros dois homens, ex-residentes que se tornaram funcionários, sentem-se mais à vontade conversando. Shan passou seis anos preso e trabalha no Helping Hand há dois anos. Gary, que entrou e saiu da prisão seis vezes, está sóbrio há dezenove anos. Falta-lhe uma fileira de dentes da frente, e os poucos fios de cabelo que lhe restam na cabeça parecem fileiras de agulhas cinzentas. Faço uma pergunta que costumo fazer aos alunos: Qual é o seu emprego dos sonhos?

"Emprego dos sonhos?" Son Keong repete, perplexo. "Estou velho. Não resta mais nada para mim, nenhum emprego dos sonhos. Apenas uma vida livre das drogas. Esse é o sonho."

"Ser o meu próprio patrão. Em qualquer coisa", é a resposta curta de Kimsing.

Shan assente. "Nunca pensei nisso. Emprego dos sonhos? Acho que ser o meu próprio patrão... Eu não sei", diz ele tranquilamente.

E Gary? "Policial. Ou concorrer a algum cargo." Ele cai numa grave gargalhada. "Mas nunca. Não posso conseguir esses empregos com um registro prisional."

"Qual seria a sua plataforma política?", eu o pressiono. Ele me encara.

"Singapura, nosso problema não é o crime", ele declara. "Nosso problema são as *drogas*. No seu país, se você tem um problema com as drogas, você vai para a reabilitação. Mas aqui não temos reabilitação. Temos o lar de reinserção. Então vimos aqui ou vamos para a prisão."

Minha escolta oficial se mexe nervosamente em seu assento.

"Eu não sou um criminoso", continua Gary. "Eu prejudico a mim mesmo, então eles me puseram de lado. A prisão não é uma solução."

"Ela ajuda em alguma coisa?", eu pergunto.

"Não. E depois voltamos para casa e eles não nos contratam. Só para labuta. Cozinhas, labuta."

"Você acha isso justo?", eu me viro para Shan.

"Bem, essa é a lei. Usei heroína. Quebrei a lei." Shan junta as mãos sobre a mesa.

"É a lei, sim, mas será que é *justo*?"

"É apenas – a lei. Eu carrego estigma. Eu volto, recebo de sete a treze anos. Não vou voltar."

A escolta oficial se inclina em minha direção.

"Por que você não pergunta a eles por que eles foram atraídos por gangues e drogas?", ele diz firmemente.

"Má companhia", responde Shan. "Eu tive influência negativa de colegas quando era jovem e me juntei a uma gangue."

Kimsing e Son Keong concordam, murmurando algo sobre a pressão dos colegas e más influências. Parece retirado de um roteiro de peça de escola.

Finalmente, Gary não consegue se conter. "Por que eu usei drogas?", ele deixa escapar, exasperado. "As drogas são fantásticas! Você já experimentou? Você se sente fantástico!"

Espero minha escolta oficial detê-lo, mas Gary desabafa, um fluxo de franqueza.

"Eu digo, legalize as drogas! Por que não? Porque em Singapura é uma piada. Não há tratamento na prisão. Punição, sim, mas tratamento, não. 'Apenas diga não', eles dizem. Uma piada! Tailândia, Malásia, eles têm centros de reabilitação adequados. Estados Unidos, reabilitação. Aqui: prisão e lar de reinserção. Nada me ajudou, a não ser finalmente querer mudar. Mas, então, tarde demais. Minha vida desperdiçada."

Sua torrente é uma lufada de ar fresco. As leis de drogas aqui superam até mesmo as da Tailândia em sua severidade. Eles têm suas raízes no século XIX, quando conter o comportamento "desviante" dos imigrantes chineses, especialmente seu lucrativo comércio de ópio, era uma prioridade colonial. Hoje, o consumo de drogas acarreta uma pena obrigatória de um ano por uma primeira infração. Há uma presunção de tráfico para quantidades relativamente pequenas, como trinta gramas de maconha, e para aqueles que portam chaves de locais que contenham drogas. Os policiais podem prender alguém por simplesmente estar na companhia de um usuário, investigar locais e indivíduos "suspeitos" sem mandados, e exigir exame de urina no local. Em 2012 a lei foi mitigada e a pena de morte já não é obrigatória para traficantes de drogas que sejam meros correios, que cooperem com a polícia ou que sejam considerados portadores de transtornos mentais.

Mas à luz das palavras de Gary, a lei aqui parece ainda mais agudamente injusta. Como se pode punir quando praticamente não há tratamento disponível? A reabilitação de drogas certamente pode ser um processo de má qualidade e inacessível, mesmo nos Estados Unidos, mas pelo menos existem opções; os tratamentos comportamentais baseados em evidências demonstraram funcionar, especialmente quando combinados com abordagens farmacêuticas – métodos como terapia cognitivo-comportamental, que ajuda os viciados a reconhecerem gatilhos de dependência, e gerenciamento de contingência, fornecendo incentivos e recompensas a pacientes que permanecem limpos. Em Singapura, por outro lado, as mínimas opções de reabilitação que existem também podem conduzir direto para a prisão. Se os viciados buscam a ajuda de um médico, esse médico é legalmente obrigado a enviar seus detalhes ao Escritório Central de Narcóticos. Quando isso acontece eles se tornam alvos, e passam a ser monitorados de perto e sujeitos a testes aleatórios por anos após a reabilitação. Que usuário procuraria ajuda nessas circunstâncias?

Exasperado, Gary se despediu, juntamente com os outros três homens. Mas enquanto estou coletando minhas anotações, sozinha na sala de conferências, Shan retorna. Ele olha em volta apreensivamente, depois fala suavemente comigo.

"O Bloco B, você sabe, é pior do que o prédio antigo", ele me diz. "Sem ar, sem luz – ficamos pálidos porque nunca saímos, por talvez cinco, dez anos."

Pergunto-lhe se ele foi açoitado.

"Muitas vezes."

"O que é mais traumático, a prisão ou o açoitamento?" Eu o pressiono. Shan não vacila.

"A prisão. A prisão é pior do que o açoitamento. A dor da prisão, a terrível punição que continua e continua. E então, o estigma. Estigma. Ele nunca vai embora. Vou me casar em breve, estou me mantendo limpo e começando uma nova vida. Mas ainda assim, o estigma." Ele balança a cabeça e repete o mantra assombroso. *O estigma.*

Com cada iteração da palavra, ouço meus alunos e amigos ex-detentos. Anos depois de cumprir pena, qualquer um ainda pode encontrar seus nomes num sistema on-line de "consulta de presos". Se forem criminosos sexuais, é muito pior; o estigma torna a vida praticamente insuportável. Quando Shan fala, ouço Mike, um dos meus alunos com um crime sexual. Ele ficou na prisão um ano após a data do seu livramento condicional porque não era elegível para viver em quase nenhum lugar, devido a regulações habitacionais relacionadas a crime sexual. Mesmo alguns dos lares de reinserção menos atrativos barram pessoas com essa marca de crime. A luta de Mike, em particular, ressalta o que é tão mau nesse estigma: ele revela a nossa flagrante falta de fé no sistema de justiça padronizada que erigimos. Porque se realmente acreditássemos que as pessoas fossem corrigidas numa chamada instituição correcional, não teríamos que as manter numa coleira tão violentamente apertada depois que elas dela saíssem.

Enquanto Richard me acompanha até a saída do Helping Hand, o cheiro doce de molho de amendoim afoga o cheiro dos móveis. O almoço está sendo servido na lanchonete ao ar livre.

"Este lugar faz um bom trabalho", ele afirma enquanto nos despedimos. "Nós tentamos."

Bons lares de reinserção tentam e podem fazer um bom trabalho. Eles oferecem fortes serviços integrais: assistência intensiva e individualizada em todas as arenas, desde aconselhamento e planejamento familiar até treinamento profissional. Eles fornecem condições de trabalho justas, moradias seguras, equipe solidária e programação relevante. Infelizmente, nas terras americanas, isso dificilmente existe em todos os âmbitos, e é por isso que um estudo de 2013 mostrou que os indivíduos ex-detentos nos lares de reinserção têm taxas de reincidência mais altas do que aqueles que moram em outros lugares. Um contundente artigo da revista *New Yorker* no ano seguinte expôs horríveis condições de trabalho, abuso sexual e uso desenfreado de drogas em lares pós-soltura em todo o país. Esses lares não têm incentivo para reduzir a reincidência porque são com fins lucrativos e exigem programas de abuso de substâncias que frequentemente interferem na educação e no emprego dos inquilinos, tudo porque os proprietários supostamente recebem propinas desses programas. Certa vez, um aluno perdeu várias oportunidades de emprego ao voltar para casa porque teve de comparecer a um tratamento de drogas no seu lar de reinserção para não ser despejado – embora ele nunca tenha tido um problema com drogas.

Abro esse artigo da *New Yorker* quando chego no hotel. Leio novamente sobre o crescimento de empresas privadas de livramento condicional e o que está começando a ser apelidado de complexo industrial de reinserção de prisioneiro. É uma indústria lucrativa, com centenas de milhares de pessoas multadas por infrações menores, como deixar de pagar multas de estacionamento, então sentenciadas a livramento condicional gerenciado por empresas privadas – que ganham milhões. Os principais bancos, como o JPMorgan Chase, também estão lucrando com o uso, pelo sistema correcional, de cartões de débito pré-pagos, ou os chamados cartões de soltura, contendo os fundos remanescentes deixados numa lojinha de prisão; não regulamentados, esses cartões cobram taxas exorbitantes de transação e manutenção. Aqui em Singapura, as indústrias de reinserção abundam claramente, seja a Helping Hands ou as outras organizações intituladas com acrônimos, me oferecendo apresentações em PowerPoint durante o meu tempo aqui. Todas, como disse o CEO, estão realmente tentando.

Mas é a voz estridente de Gary que ressoa na minha cabeça. Porque ele está realmente perguntando a mesma coisa que me perguntei na Tailândia, terra de leis de drogas similarmente draconianas. O que é um bom programa diante de pessoas que nunca mereceram realmente ser trancadas – que, quando muito, precisam de tratamento e não punição? O que significa criar um excelente plano de reinserção para aqueles que, para começar, nunca deveriam ter tido de ser reinseridos? A esquizofrenia no cerne das políticas de justiça criminal de Singapura repentinamente toca em um ponto sensível. Puna esses chamados desajustados, mas então não o faça. É como se as leis de drogas do país fabricassem infratores, não de modo que se possa ter o prazer de apedrejá-los – essa era a maneira antiga, sedenta de vingança – mas de modo a que se possa ter a alegria hipócrita de *reabilitá-los*. Tudo resulta em mais uma maneira de encenar a eficiência de Singapura: *veja quão produtivamente, quão humanamente fazemos a reinserção.*

O problema é que essa *performance* exige um pecador, e hoje eu conheci quatro deles. Pecadores que mais parecem bodes expiatórios.

* * *

Afixo a fita amarela no meu colarinho branco. Cerca de cinquenta pessoas fazem o mesmo, circulando pelo antisséptico saguão central da prisão e se preparando para o *brunch*.

Sim, *brunch*. Hoje é o Refeição atrás das grades, um evento de angariação de fundos do Projeto Yellow Ribbon realizado várias vezes por ano, e a atividade final do meu itinerário oficial.

"Os ônibus estão lá fora!", vem o aviso. Entramos para sermos transportados para o Bloco A. Para o lustroso Changi Tearoom, na verdade, que tem a sua própria entrada, de modo que mal temos de penetrar na terra do arame farpado. Uma banda de sete prisioneiros calçados com oxfords cinza-ardósia impecáveis, cabeças raspadas, nos cumprimentam com música instrumental numa sala elegantemente arrumada com toalhas de mesa vermelhas e paredes de arte feita por prisioneiros para leilão. *Life Was Slower Then* [A vida era mais lenta naquela época] é o título de uma pintura à venda; é uma cena plácida de humildes barcos de pesca ao longo do Rio Singapura, nos dias antes do desenvolvimento assumir o controle. Uma das potências por trás desse desenvolvimento está na minha mesa, o vice-presidente sênior do Marina Bay Sands.

Na deixa, a música aumenta. Três cantores em suntuosos coletes roxos fazem sua entrada, desfilando em direção ao palco com microfones nas mãos.

"Amarre uma fita amarela em volta do velho carvalho", eles cantam, todos sorrindo e estalando os dedos. Meus companheiros de mesa cantarolam junto, balançando suas cabeças.

Poder-se-ia imaginar que, a essa altura das minhas viagens, eu estaria imune a cenas de prisão tão bizarras e inquietantes. Mas você nunca se acostuma a elas. Então, quando somos orientados a fazer fila para um *tour* do Meio A, fico aliviada por entrar na coisa real.

Exceto que o *tour* de prisão real prova ser apenas um pouco menos performático.

"Não nos chame de agentes", diz nosso guia sorridente de uniforme, ajustando a fita amarela ao lado do crachá e explicando a nova terminologia penal. "Nós somos *Capitães de vidas*."

O agente nos leva para uma cela modelo, desocupada, onde tudo é etiquetado: escova de dentes, uniforme, "parede da modéstia" separando o chuveiro da área de dormir. E, claro, os tapetes de palha pelos quais as prisões de Singapura são famosas.

"Mas por que não lhes dar camas? Não é cruel?", alguém pergunta.

"Isso é punição, ainda", responde o nosso guia. "Reabilitação, sim, mas punição. Não podemos dar camas a pessoas que estamos punindo. Elas devem dormir em esteiras."

O pátio é essencialmente uma caverna de concreto com uma rede de vôlei, desprovida de luz natural. Eu incomodo o agente com perguntas sobre agendamento, e ele deixa escapar que o primeiro décimo da sentença de cada prisioneiro é conhecido como fase de dissuasão, vinte e três horas por dia passadas na cela "para refletir sobre sua ação". Depois disso, os prisioneiros podem ser elegíveis para programas.

Mas quais programas? E por quantas horas por dia? Tanto tempo na cela, mesmo com colegas de cela, começa a me parecer tratar-se de uma solitária por outro nome. Empregos, aconselhamento, ele diz, me acenando. Eu o pressiono para obter detalhes, mas ele pronuncia algo sobre 30% dos prisioneiros terem empregos, depois nos conduz em frente.

Apenas 30%? E os outros definham em celas úmidas o dia todo?

"Bom dia, senhor/senhora! Obrigado, senhor/senhora!"

A saudação ataca novamente, enquanto usamos máscaras e redes de cabelo para entrar na padaria da SCORE. Um prisioneiro usando um microfone de cabeça apresenta o local para a nossa inspeção. Temos certificação *halal*, e fabricamos pães e bolos de estilo europeu. Aqui está a linha de montagem, e aqui está a luz UV capaz de detectar qualquer objeto estranho que possa ter entrado no pão, e quaisquer defeitos.

Está intensamente quente, e o cheiro delicioso de guloseimas no forno atormenta. Como esses homens aguentam? Ao contrário de nós, eles não terminam seu turno desfrutando dos frutos de seu trabalho: *muffins* de chocolate, *éclairs*, pão francês – o pão servido nos voos da Singapore Airlines.

"Nossa padaria tem muitos clientes corporativos. A prisão também abriga a maior lavanderia do sudeste da Ásia", pronuncia o agente. "Servimos cerca de 90% de todos os hospitais. Quarenta milhões por ano em receita". Homens encarcerados recebem um estipêndio, ele continua, e o treinamento de habilidades que eles recebem é inestimável.

É hora de voltarmos ao salão de chá e tomarmos nossos assentos para a grande refeição. As portas se abrem teatralmente; a música aumenta e os cantores desfilam, agora ostentando aventais listrados e chapéus de *chef*. Uma fila de agentes os segue, e mais prisioneiros em *blazers* e gravatas borboletas. O primeiro prato é rabanete e trufa de verão com *beurre monté*, seguido de sopa de alho-poró, depois um delicioso suflê de peixe. Todos supervisionados pelo *chef* celebridade local Ryan Hong, que aparece após a refeição para fazer uma reverência e elogios aos seus aprendizes encarcerados.

Minha mesa está impressionada, estão todos extasiados. A comida é divina, o Yellow Ribbon Project faz um excelente trabalho, os prisioneiros estão obtendo habilidades profissionais.

"E as empresas podem parar de contratar trabalhadores estrangeiros", murmura uma voz à minha direita. Minhas orelhas se levantam.

Aprendo que em 2013 Singapura teve o seu primeiro tumulto trabalhista em cinquenta anos. Girou em torno de mais de um milhão de trabalhadores estrangeiros de baixa qualificação em Singapura. Não importa que façam os trabalhos que os locais não querem fazer, foi o refrão. Os estrangeiros estão inundando nossos portões; estão tomando conta.

Eu tenho um momento de "dã". Esse grande impulso do governo para contratar ex-detentos concerne tão simplesmente a economia e política, motivado muito mais por objetivos práticos do que os morais. Em um país economicamente pujante, onde uma abundância de empregos de baixo nível precisa ser preenchida e, onde há uma longa história de xenofobia, a atitude é, melhor preenchê-los com os nossos, mesmo que sejam "ex-presidiários".

O resultado é um movimento e, convenientemente, uma força de trabalho. Os prisioneiros têm sido a espinha dorsal da força de trabalho de Singapura desde o início do país. Como a Austrália, esse era uma colônia penal. Entre 1825 e 1867, 15 mil "condenados" da Índia, da Birmânia e do Ceilão foram enviados para cá para se tornarem, essencialmente, o Departamento de Obras Públicas, limpar a selva, aterrar pântanos e construir estradas, muros de contenção e a maioria dos edifícios históricos do país. Eles controlavam cães vadios e cuidavam de jardins e cemitérios; apesar das surras cruéis, suas condições de trabalho eram consideradas muito melhores do que as da Índia – os prisioneiros recebiam dois terços do salário do trabalho livre – e, após suas sentenças, eram integrados suavemente à força de trabalho para manter a colônia funcionando.

Eu posso estar sentada na mais nova prisão de Singapura, mas é realmente estranho o quão pouco mudou aqui.

"*Paz* foi vendida ao cavalheiro na mesa dois", anuncia o superintendente, marcando o fim do leilão silencioso de hoje. Todas as pinturas fabricadas por prisioneiros foram compradas.

"*Sweet Innocence* vai para a mulher na mesa um." A banda da prisão segue para uma interpretação final de "Tie a Yellow Ribbon Round the Ole Oak Tree".

Como sabemos, em todo o mundo, as prisões, há muito, têm servido para fabricar e administrar forças de trabalho. Os historiadores argumentam que, nos Estados Unidos, o início do *boom* prisional no final dos anos de 1970 coincidiu com um corte dramático nos empregos para trabalhadores de baixa qualificação e não qualificados. A prisão era um método para lidar com um aumento repentino de trabalhadores desempregados, simplesmente tirando-os do mercado.

Mas será que importa *por que* Singapura está promovendo a reinserção e a reintegração, contanto que o esteja fazendo? Quem dera os Estados Unidos tivessem uma campanha de relações públicas em torno do encarceramento em massa com tanto impacto quanto a do Yellow Ribbon Fund. Quem dera pudéssemos nos gabar de ter mais executivos de alto escalão, como o vice-presidente na minha mesa, que contribuem para causas relacionadas à prisão, quanto mais colocar os pés numa prisão e se comprometer a contratar ex-detentos. E quem dera meus alunos tivessem uma entidade nacional, como a SCORE, para encontrar empregos para eles após a soltura.

Mas, ainda assim, a voz de Gary ressoa na minha cabeça. *Eles não vão nos contratar. Só para trabalhos braçais. Cozinhas, trabalho braçal.*

Ressoando, também, está a voz de Jaden, que conheci no início da semana em Tanah Merah, uma prisão de segurança máxima transformada em 2011 numa escola prisional. Meu *tour* pelo lugar revelou mais do mesmo de Singapura: progressividade projetada e supervisão gentil, mas paternalista. Murais exibiam estrelas do mar e faróis – "Isso simboliza a escola prisional como promessa para o futuro. Você é o criador da sua própria realidade", o agente leu em seu roteiro. A vida cotidiana envolve assembleias, ensaios de coral, aulas de gaita e tutoriais noturnos; os professores são recrutados do sistema escolar para períodos de dois anos. Eu até visitei um centro multimídia, onde um robô rastejou por uma tela de TV enorme e um prisioneiro usando um microfone sem fio fez uma palestra cuidadosamente preparada, bem ensaiada, no estilo TED, sobre as muitas ofertas aqui, incluindo trabalho de produção e "Notícias atrás das grades", feitas por e para pessoas na prisão.

Tudo isso foi animador. Mesmo que Tanah Merah tenha apenas 182 alunos, é um lugar para aprender, aspirar, planejar futuros, perseguir sonhos. Mas então veio Jaden. Ele foi apresentado a mim para uma entrevista, vestindo uma camiseta vermelha e tênis Converse, e aparentando ter cerca de 25 anos. Ele está em casa há dois anos e, deixando escapar o mesmo desconforto que os homens no lar de reinserção, foi levado a fazer seu discurso. Eu estava numa gangue do ensino médio, ele explicou, torcendo as mãos. Tive problemas com a lei por cheirar cola, cigarros, experimentar metanfetamina. Crime.

"Nos Estados Unidos, simplesmente chamamos isso de 'adolescência'", eu interpus. Aqui, porém, basta colocar um adolescente na prisão, seguido pelo trauma adicional da reinserção.

O superintendente relatou que Jaden está estudando construção e edificação e trabalha numa academia, e deveríamos estar muito orgulhosos de quão longe ele chegou. Eu assenti.

Mas no andar de baixo, quando todos saímos do complexo, Jaden e eu conversamos mais casualmente. Ele perguntou sobre meus alunos e minha aula de inglês.

"Eu realmente quero ser um escritor, sabe?", ele confessou.

"Sério? Então, por que você não volta para a escola?", perguntei. "E tenta ser publicado?"

Ele quase caiu na gargalhada. "O *short* não serve", ele disse. Ele quis dizer isso literalmente. Em Singapura, depois que você abandona a escola, não pode voltar e usar aquele uniforme novamente; você deve pagar por educação privada, que a maioria não pode pagar. Isso faz do Tanah Merah uma exceção importante – o raro lugar onde opções educacionais, e a chance de perseguir *carreiras* em vez de empregos, estão abertas a prisioneiros e ex-prisioneiros. Não é de se admirar que os homens no lar de reinserção não conseguissem entender a noção de "emprego dos sonhos".

A injustiça disso me atingiu quando conversei com Jaden, e me atinge novamente enquanto me despeço do Bloco A hoje. Transferir ex-prisioneiros para períodos de trabalho, para padarias, lavanderias e lojas de varejo, em vez de oferecer a eles toda a gama de oportunidades. É uma injustiça que lembra o meu próprio país, onde programas universitários prisionais como o meu são uma raridade, mas o treinamento vocacional banal prospera. Onde até mesmo universidades públicas têm o direito de negar admissão a pessoas por conta de delitos menores ou juvenis selados pelos tribunais anos atrás.

A mensagem é clara. Você é bom o suficiente para trabalhar com as mãos, mas não com a mente. Nunca esquecerei o olhar no rosto do meu aluno detento José quando eu lhe disse que ele poderia considerar fazer um doutorado. Era o mesmo olhar que Jaden tinha me dado esta semana, um olhar que dizia tudo sobre a mensagem transmitida a detentos e ex-detentos durante grande parte de suas vidas. Empregos dos sonhos, ensino superior, perseguir aspirações – isso não é para *o seu tipo de pessoa*.

“A reinserção de prisioneiros é como construir um pronto-socorro para resolver o câncer”, disse uma das minhas inspirações ativistas, Glenn Martin da JustLeadership USA. Mais uma vez, coloquei os olhos num Band-Aid global. Um supremamente concebido, do qual há muito a aprender, mas ainda assim um Band-Aid. Avante.

8
JUSTIÇA? NORUEGA

A tristeza é inevitável, mas não o inferno
criado pelo homem.
Nils Christie

O amor é um relacionamento inacabado. Em seu estado de ser inacabado, o amor é ilimitado. Não sabemos onde nos levará, não sabemos onde irá parar; dessa forma, não tem limites. Ele cessa, acaba, quando é testado e quando seus limites são esclarecidos e determinados – finalmente traçados.
Thomas Mathiesen

Uma verdadeira revolução de valores em breve nos levará a questionar a equidade e a justiça de muitas de nossas políticas passadas e presentes. Por um lado, somos chamados a bancar o Bom Samaritano na beira da estrada da vida, mas esse será apenas um ato inicial. Um dia, devemos compreender que toda a estrada de Jericó precisa ser transformada para que homens e mulheres não sejam constantemente espancados e roubados enquanto fazem sua jornada pela estrada da vida. A verdadeira compaixão é mais do que jogar uma moeda para um mendigo. É ver que um edifício que produz mendigos precisa de reestruturação.
Martin Luther King Jr.

O despertador, às 7h, me sacode do sono. Saio da cama e abro as cortinas. *Escuridão.* Já é manhã, ou ainda é a noite passada? A Noruega em novembro não sabe a diferença. A luz mínima aqui me faz sentir como se eu tivesse aterrissado em um mundo onde o crepúsculo é perpétuo. Céus carregados de nuvens assemelham-se a um enorme cobertor de plumas, emudecendo todas as cores, de vez em quando levantando uma ponta para nos provocar com uma pitada de brilho. A vida foi reduzida a três tons: azul-gelo, cinza-ardósia, vermelho-sangue seco.

Eu me agasalho e me encaminho até o bonde. Como de costume, ninguem verifica minha passagem; o transporte público aqui opera em um sistema de confiança. Lá fora, a iluminação pública é fraca. Oslo pode ser a capital que mais cresce na Europa, mas, como cidade, não anuncia sua presença de modo exagerado. O lugar é apaziguadoramente tranquilo, humilde em sua beleza. Esperando meu trem, dou uma olhada na livraria da estação, abarrotada de livros sobre crimes, extremamente populares por aqui. É irônico para um país cuja paisagem melancólica e *noir* é feita sob medida para o crime, mas cuja realidade contém tão pouco dele. A Noruega é um dos lugares mais seguros do mundo.

É por isso que estou aqui. Se alguma vez existiu uma utopia, a Noruega tem a reputação de sê-la. É uma sociedade rica em petróleo e de bem-estar social – educação, saúde e creche de alta qualidade são fornecidos quase inteiramente pelo Estado – com uma cultura antiga de igualdade, segurança e comunitarismo. Em vez de servidão ou de uma sociedade feudal, a vida econômica da Noruega foi, durante séculos, baseada em pequenas unidades rurais e autogoverno democrático local; a nobreza foi abolida há mais de duzentos anos e nunca houve uma classe alta distinta. O clima e a geografia da Noruega limitaram a imigração, e a coesão foi fortalecida pela população uniforme do país. Quando o cineasta de propaganda política Michael Moore quis, em seu documentário *Sicko*, retratar um mundo que é o oposto do nosso – a antítese do *ethos* capitalista americano do cada um por si, uma Disneylândia de serviços sociais e profunda paridade –, ele filmou na Noruega.

Ele filmou, especialmente, na Prisão de Bastoy, meu destino hoje. Nada representa o estilo de vida norueguês como o seu sistema prisional, que adotou um "Princípio de Normalidade", segundo o qual a punição é a própria restrição da liberdade, e que determina que ninguém cumpra sua pena em circunstâncias mais rigorosas do que as exigidas pela segurança da comunidade. O criminologista John Pratt resume a abordagem escandinava usando o termo "excepcionalismo penal", referindo-se às baixas taxas de encarceramento e às condições humanas desses países. As prisões aqui são pequenas, a maioria abrigando menos de cinquenta pessoas e algumas apenas um punhado delas. Elas estão espalhadas por todo o país, o que mantém os presos próximos de suas famílias e comunidades, e são projetadas para se assemelharem o máximo possível à vida externa. A comunidade de um detento continua a lidar com seus cuidados de saúde, educação e outros serviços sociais enquanto ele está preso; o modelo de importação norueguês, como é conhecido, conecta, portanto, as pessoas na prisão às mesmas organizações de bem-estar social que os outros cidadãos, e cria o que é chamado de sentença sem costura – o que significa que a pessoa pertence ao mesmo município antes e depois da prisão. As penas aqui são curtas, em média de oito meses, em comparação com os três anos dos Estados Unidos. Quase ninguém cumpre toda a sua pena, e, após completar um terço dela, uma pessoa na prisão pode solicitar saída temporária e cumprir até metade da pena fora das instalações.

O aspecto mais elogiado do sistema prisional humanizado norueguês é o fato de que ele parece funcionar. As taxas de criminalidade são muito baixas e a taxa de reincidência é de apenas 20%. Onde mais eu poderia concluir minhas viagens? Sei o que esperar; sou uma dos muitos que admiram esse sistema. Se ele corresponde à expectativa é a verdadeira questão. Será que a Noruega finalmente me levará àquela coisa elusiva que eu tenho procurado em sua forma plena e florescente: a justiça?

* * *

"Prisão?", pergunto a dois marinheiros depois que o trem me levou até a balsa e agora embarquei numa pequena embarcação com destino, assim espero, à Ilha Bastoy.

"Sim", diz um dos homens, esfregando as mãos para se aquecer. Ele me olha de cima a baixo com arrogantes olhos azuis. "Mas desculpe, é só para homens." Então ele ri. "Vamos, vamos, você está no lugar certo."

Olho para o mastro e noto que está coroado por um cisne morto e empalhado.

"Nós o encontramos congelado num bloco de gelo, anos atrás", diz o outro marinheiro. Ele usa um gorro de esqui preto e tem um rosto enrugado e gentil.

"É assustador", eu digo.

"Você acha? Nossa mascote. Você tem medo de criminosos?", ele pergunta de repente. E, antes que eu possa responder, "Somos criminosos". Olho nos seus olhos; eles estão rindo. Ele está brincando?

"Sério, nós somos. Criminosos. Você tem medo?"

"Por que eu teria?" Dou de ombros. Ainda não tenho certeza se ele está brincando.

"Sou Wiggo", ele diz, oferecendo um aperto de mão. Ele é de fato um prisioneiro, cumprindo uma pena de 21 anos, a máxima na Noruega, mas provavelmente será solto no ano que vem.

Cato, o outro marinheiro, está cumprindo um ano e meio por intenção de cometer um ato criminoso, embora insista que é inocente. Ele e Wiggo me levam a um vestíbulo para me mostrar sua programação diária, afixada na parede.

"Trabalhamos no turno das seis ao meio-dia", diz Cato. "Depois voltamos para a prisão e relaxamos. Fazemos um pouco de exercício e depois relaxamos no meu quarto. Venha, quer conhecer o capitão? Ele não é um prisioneiro. O único que não é, neste barco."

No andar de cima, o robusto capitão aperta minha mão.

"Você está falando com aqueles criminosos?", pergunta ele, com uma risada. Estou saboreando essa zombaria brincalhona da mentalidade de criminosos assustadores. Claramente não há nada a temer aqui e todos parecem saber disso.

Enquanto o barco zarpa, avisto Bastoy, um aglomerado de pinheiros desengonçados num mar cinzento, estendendo-se em direção a um céu cinzento. Dentro da pequena área de estar do barco, Cato senta-se ao meu lado e liga a TV, mudando para o History Channel.

"Você tem Facebook?", ele pergunta.

"Você tem permissão para usar o Facebook? E a internet?", retruco.

"Não enquanto estiver lá." Ele aponta para os pinheiros. "Mas sim, quando estamos em saída temporária." Anoto meu nome em um pedaço de papel. Pela primeira vez desde a minha chegada, uma fina linha de céu azul aparece acima.

"Dizem que Bastoy é um acampamento de verão", diz Wiggo, enquanto saio da cabine para desembarcar. Ele está quase me repreendendo. "Você talvez pense assim. Mas não, é uma prisão. Acredite em mim. Nossa vida parou. Congelada."

Aponto para o cisne. "Como a sua mascote. Congelada. Mesmo numa ilha linda."

Wiggo concorda enfaticamente.

"De volta ao continente!", ele grita para Cato, pronto para outra corrida. Um Caronte moderno, penso. Transportando novas almas por meio do rio para o submundo.

Mas dificilmente parece o submundo. Wiggo tinha razão, parece um acampamento de verão. Ou, nesta época do ano, uma pintura de calendário para outubro. Folhas manchadas caem sobre ciclistas – sim, eles são prisioneiros – e uma carruagem puxada por cavalos passa a galope. Casinhas de gengibre pontilham a paisagem; são de um amarelo opaco, com detalhes verdes e telhados vermelhos. Vejo ovelhas e vacas, mas nenhuma cerca ou arame farpado; Bastoy, afinal, é uma prisão a céu aberto, um conceito nascido na Finlândia, na década de 1930, e agora parte da norma em toda a Escandinávia, onde os prisioneiros às vezes podem manter seus empregos do lado de fora enquanto cumprem pena, deslocando-se diariamente. 30% das prisões da Noruega são abertas, e Bastoy, um famoso reformatório para meninos convertido em prisão em 1984, é considerado a joia da coroa de todas elas.

Uma pequena van amarela dirigida por um policial sorridente me leva a uma cabine onde deixo meu celular, a primeira coisa que remotamente sugere "prisão". Tom, o governador – não diretor ou superintendente, mas *governador* –, parece o Kevin Costner. Ele me oferece uma xícara de café e nos sentamos em seu escritório, que, com suas cortinas florais, plantas de aloe vera, e levemente perfumado, com cheiro de cinzas, me lembra uma pitoresca pousada em algum lugar da Nova Inglaterra.

"Não funciona. Só o fazemos porque somos preguiçosos", diz Tom, secamente. Ele está falando sobre o sistema prisional tradicional, onde trabalhou por 22 anos antes de comandar esta prisão aberta. Uma mosca zumbe ruidosamente perto da janela enquanto Tom continua.

"Comecei cético. Isso mudou rapidamente. Mais prisões deveriam ser abertas – quase todas deveriam ser assim. Acolhemos o máximo que podemos aqui, mas não há espaço para todos." Prisioneiros de todo o país podem se candidatar para se mudar para uma prisão aberta como Bastoy quando faltam três anos para a soltura. A ilha abriga 115 homens supervisionados por 73 funcionários, mas há uma lista de espera de cerca de 30.

"Há uma percepção de que: 'Ah, essa é a prisão leve; você só leva os caras legais para a prisão acampamento de verão'. Mas, na verdade, não. Nossos caras estão, desculpem o meu francês, metidos em merda da pesada. Drogas e violência. E a verdade é que alguns foram problemáticos em outras prisões, mas depois eles vêm para cá e os achamos fáceis. Dizemos: 'Esse é o mesmo cara que você chamou de difícil?' É realmente muito simples: trate as pessoas como lixo e elas serão lixo. Trate-as como seres humanos e elas agirão como seres humanos."

Ele abre a janela para soltar a mosca.

"Venha, vamos dar um passeio."

Passeamos pela floresta, passando por cavalos pastando, uma área de criação de pássaros, uma estufa e uma churrasqueira onde os homens podem preparar o almoço. Os prisioneiros vivem em casas compartilhadas que lembram cabanas de madeira. O delicioso cheiro de lenha queimando paira no ar, e a Ilha Robben, na África do Sul, vem à mente. Bastoy é o oposto de seu sósia: não um gêmeo sombrio e maligno, mas a versão humana daquela ilha-prisão do inferno.

"Não se trata de administrar uma prisão, mas sim de administrar uma ilha", explica Tom. Esta é uma reserva natural, que cultiva cerca de 25% de seus alimentos. A maioria dos veículos é elétrica e tudo é reciclado.

"A agricultura é uma parte importante da nossa filosofia. Somos humanos, ecológicos. Os animais também têm uma função social, ensinando empatia. Todos trabalham a terra."

"Você mora na ilha?", eu pergunto.

"Vou de barco todos os dias. Eu amo isso. Chega de dirigir no trânsito até Oslo." Ele balança a cabeça. "Eu não sabia nada sobre isso, sabe? Eu era um garoto da cidade. Agora a minha vida foi muito restaurada por este lugar, este estilo de vida. Assim como para os prisioneiros."

Tom me mostra uma igreja de madeira ornamentada por um lustre de latão – “A Noruega é secular, então este é mais um espaço cultural; o capelão é mais um terapeuta do que um pastor à moda antiga”, ele explica. Ele também me leva a um supermercado reluzente, que se vende chocolate de cacau *premium* e suco de aloe vera. Há cabines telefônicas vermelhas para uso ilimitado, embora Tom ache que celulares e internet deveriam ser permitidos em todas as prisões.

“Do que temos medo? Você não pode matar ninguém pela internet ou por telefone”, ele murmura.

Pergunto sobre estigma e reinserção social.

“Na Noruega, quando você é solto, você é solto”, ele responde. “Sem grande estigma. Um cara que eu conheço passou dezoito anos na prisão e agora mora no meu bairro, um velho normal, ninguém se importa. Você vê isso com frequência. Tenho muitos amigos que já estiveram na prisão. Os noruegueses são um povo muito compreensivo.” – Ele faz uma pausa. – “Estranho, porque nem sempre fomos assim.”

Isso é um eufemismo. Esta é a terra dos vikings saqueadores e das sagas nórdicas, retratadas em frisos de madeira do lado de fora da Prefeitura de Oslo, que visitei outro dia. As sagas são longas histórias de violência, assassinato, inveja e vingança, e é fascinante pensar que em algum lugar no passado profundo da Noruega, uma maré social virou e, como em Ruanda, uma cultura de paz e perdão triunfou.

Durante o almoço, Tom continua a me impressionar com seu pensamento progressista. Ele explica que, embora o partido “conservador” aqui seja considerado liberal em qualquer outro lugar, e, em geral, a esquerda e a direita concordem com os principais tópicos da política correcional, o influxo de imigrantes, a crescente xenofobia e as políticas conservadoras ultimamente ameaçam minar o sistema progressista do país e sua abordagem branda com o crime. Um Partido do Progresso anti-imigração, parte do governo liderado pelos conservadores, está promovendo uma reação contra o que é conhecido como "naver", ou viver de assistência social – NAV é a Administração Norueguesa do Trabalho e do Bem-estar Social. Nos últimos anos, um jornal local afirmou que 80% dos noruegueses querem punições mais severas, e uma pesquisa de 2010 mostrou que a maioria achava que as punições eram, em geral, lenientes demais.

"É a sua mídia que também é responsável", diz Tom, mordendo uma fatia de torrada integral com queijo marrom. "Programas de TV americanos sobre prisões rigorosas e discursos sobre ser 'duro com o crime'. Isso influencia as pessoas aqui. Mas, felizmente, isso começou a mudar. Toda a má publicidade de vocês nos últimos anos começou a nos fazer não mais os levar tão a sério. Especialmente nas eleições. Nos discursos políticos, aquelas referências bíblicas por um país secular? E Sarah Palin? As pessoas riem e choram – *esse* é um país que queremos imitar?"

Suspiro. É perturbador como a mídia pode fazer e desfazer o problema. Digo isso, acrescentando que a culpa é da cultura do medo. Conto a ele um pouco sobre a minha experiência australiana e a mídia de Murdoch.

"Sim", Tom concorda. "Converse com as pessoas numa festa e todo – desculpe meu francês – *idiota* vai insistir que há mais crimes do que realmente há. As estatísticas dizem que não há nada a temer."

Digo que um estudo sobre saída temporária na Alemanha descobriu que a taxa de não retorno chega a apenas 1%.

"Exatamente", Tom concorda. "Aqui houve casos em que prisioneiros cometeram crimes durante a saída temporária, mas muito poucos. Não se pode construir um sistema de justiça inteiro em torno de uma ou duas exceções.

"Eu digo às pessoas: estamos soltando vizinhos todos os anos. Vocês querem libertá-los como bombas-relógio? É essa pessoa que vocês querem morando ao seu lado? Ei" – ele abaixa a torrada – "você viu o filme sobre o diretor da penitenciária de Attica?"

Aparentemente, um documentário finlandês lançado recentemente retrata a visita de um ex-superintendente da penitenciária de Attica a Halden, uma nova prisão que visitarei no final desta semana. Eles zombam dele, porque onde os agentes noruegueses veem reabilitação e correção, o americano vê risco e perigo.

"Ele até olha para os funcionários jogando cartas com os prisioneiros, conversando sobre a vida uns dos outros e se chamando pelo primeiro nome, e fica enojado. 'Isso não é seguro', ele continua dizendo. Mas onde estão as estatísticas que mostram que é um perigo? Como você pode ajudar os prisioneiros se não está compartilhando sobre você, sua vida e seus filhos? Os homens aqui conhecem meus filhos, meu endereço, tudo. Por que eu deveria ter medo?"

É como se o Governador Tom estivesse lendo a minha mente.

Depois da minha visita, enquanto espero a van amarela me levar de volta ao barco e a Oslo, um homem com um dente da frente lascado para ao meu lado.

"Você é dos Estados Unidos?", ele pergunta. "Você deve achar este lugar uma loucura, não é?" Sem me deixar responder, ele continua.

"Mas se você tratar as pessoas como merda, elas serão uma merda. Por que os Estados Unidos não entendem? Engraçado, porque Tony Robbins é tão inteligente, e ele é dos Estados Unidos." Ele está falando sobre o guru de autoajuda conhecido por infomerciais e livros como *Desperte o seu gigante interior*. O homem solta uma risada nervosa.

"O que você faz aqui?", pergunto a ele. Sua *parka* azul diz ENGENHARIA, então presumo que ele esteja consertando equipamentos.

"Eu? Estou sentado aqui. Vou ver o médico, porque talvez eu precise ser transferido para uma outra prisão aberta. Estou desenvolvendo alergia a cavalos."

Ah – *ele está preso aqui.* Eu não fazia ideia.

Acho a minha própria falta de noção profundamente comovente, porque significa que as coisas estão como deveriam ser. Ele e eu somos dois seres humanos. Assim como meu encontro com os marinheiros Wiggo e Cato, nossa interação casual e normal contrasta fortemente com as muitas entrevistas em prisões que fiz ao longo dos anos; é um apagamento total das fronteiras entre "nós" e "eles". Conversando comigo como um velho amigo na viagem de volta ao continente, ele me conta que já trabalhou com petróleo e viajou pelo mundo, e que, embora saídas temporárias o tenham mantido próximo da família e da comunidade, quando voltar para casa no ano que vem não será tão fácil juntar os cacos.

"Mas estou esperançoso. Na prisão, você pode escolher entre ver o céu ou o musgo no chão. Eu olho para o céu."

Eu também. Por um breve momento de beleza, o sol emergiu dramaticamente das nuvens e o mundo, em cores vibrantes, parece totalmente novo.

* * *

Uma imponente fortaleza do século XIV ergue-se sobre as ruas de paralelepípedos de Halden, uma cidade no sudeste da Noruega, perto da fronteira com a Suécia. O ar aqui é gélido, então tiro uma foto rápida do bastião e corro da estação de trem para o ponto de táxi, onde um carro aquecido me leva para as montanhas. Chego a um tipo de fortaleza mais moderna: uma prisão fechada. É marcada por um muro de concreto de 6 metros de altura – sem arame farpado, apenas o muro, que na verdade não é um muro de aparência cruel, mas, obscurecido por pinheiros e dispondo de um topo inclinado e arredondado, quase gentil. Já ouvi falar desse muro. E esse lugar, apelidado de Prisão da IKEA porque dizem que o seu estilo elegante e moderno imita o das lojas suecas. Inaugurada em 2012 para abrigar 259 homens e quase o mesmo número de funcionários, custou US$ 252 milhões para ser construída e já foi chamada de “a prisão mais agradável do mundo” – geralmente em tom de brincadeira. É apontada como um exemplo de como os chamados criminosos da Noruega conseguem viver num hotel cinco estrelas.

Mas por que um país que pode arcar com seus custos não deveria oferecer condições restaurativas às pessoas que mais precisam delas? As prisões não deveriam ser para *correção*? Já vi as fotos e vídeos de Halden, mas ainda estou ansiosa para ver pessoalmente o lugar. Meu guia, Lasse Endresen, um homenzinho alegre que é o inspetor de operações e relações comunitárias da prisão, parece quase decepcionado quando não me surpreendo nem me horrorizo com o que ele orgulhosamente apresenta. Não com a ausência de uniformes prisionais e grades, nem com as belíssimas unidades habitacionais compartilhadas, com suas bancadas de aço inoxidável, sofás aconchegantes, mesas de centro elegantes e longas janelas verticais projetadas para permitir a entrada de luz solar ideal. Nem com o elegante pátio prisional, adornado com murais descolados em estilo grafite, cortesia do artista local Dolk Lundgren; o ginásio imaculado com sua parede de escalada; o simpático coral da prisão, praticando “Peace”, de Woody Guthrie; a arte em tricô na parede, exibindo poemas de Pablo Neruda e W. H. Auden. E a magnífica unidade de saúde, que abriga uma equipe médica pujante e uma pletora de opções de tratamento para dependência química, e a biblioteca bem-abastecida, onde o clube do livro conversa em profundidade sobre um romance norueguês.

Mas as lindas salas de visita privativas, abastecidas com preservativos e lubrificantes – essas sim me surpreendem e impressionam.

"Um *hall* de visita grande, como o que vocês têm no seu país, não serve", diz Lasse com desgosto. "Eu vejo isso na Bélgica. Como as famílias conseguem se conectar sem privacidade? Tão barulhento e lotado?" Sei exatamente o que ele quer dizer, pelas muitas horas que passei em salas de visita tão barulhentas e pouco acolhedoras. Ele aponta para os brinquedos empilhados ordenadamente no canto. "Tentamos fazer o melhor para as crianças." Então, ele abre a porta para outra sala de visitas. Dizendo: "Deixe-me levá-la para casa!", ele revela um enorme mural do horizonte da cidade de Nova York.

Tenho um *flashback* de uma determinada sala de visitas de uma prisão de Nova York e das fotos que eu tirei com meu amigo depois de nos permitirem um abraço de despedida. Toda sala de visitas de prisão tem uma área para fotos, onde um prisioneiro com uma câmera Polaroid de aparência arcaica cobra dois dólares por uma foto sua e do seu ente querido encarcerado, diante de um cenário que é mais adequado para um baile de formatura do que para uma prisão. Os cenários mudam semanalmente; apelidei um de "A plantação" porque parecia a varanda da casa de um senhor de escravos, e o outro, com a sua paisagem urbana vívida, de "Noite na cidade". Aquele parecia quase idêntico ao mural que estou vendo aqui em Halden, exceto que este é bizarro não por estar deslocado, mas pela sua pura humanidade. Se temos de afastar as pessoas justamente das pessoas mais capazes de "corrigi-las", as pessoas que as amam, então, no mínimo, permitamos a elas alguma intimidade verdadeira. Beneficia a todos, como constatou um estudo de Minnesota, após analisar os que foram soltos da prisão entre 2003 e 2007 e concluir que as visitas diminuíram significativamente o risco de reincidência.

Da apaixonada inspetora de educação, aprendo que a promoção da intimidade por Halden se estende às relações entre funcionários e presos.

"*Relações.* Essa é a base do nosso sistema", ela enfatiza. "Eu treino os agentes para serem firmes e realistas, sim – nem todos podem ser ajudados ou querem ser ajudados. Mas eles devem estar abertos e compartilhar com os presos. Quando vejo novos policiais escondendo nervosamente seus crachás, eu sei: você não é a pessoa certa para esse trabalho."

Os candidatos ao cargo devem obter um diploma de dois anos de uma academia especial de funcionários, onde estudam uma mistura de criminologia, direito, assistência social, ética aplicada e serviço social. Visitei a academia ontem e fiquei impressionada com a humanidade e a profundidade do currículo. Como estabelecer relações com os presos, como comunicar-se com eles e enxergar a pessoa por trás do delito – esse é o objetivo do treinamento de agentes, me disseram. Os agentes são pagos enquanto estudam e o trabalho é considerado muito bom, semelhante ao de um enfermeiro ou professor, com salário sólido e benefícios generosos. É um trabalho tão desejável, na verdade, que 1.300 pessoas estavam sendo entrevistadas para de 150 a 175 vagas. Saber que a Noruega treina agentes penitenciários em outros países, da Polônia e Rússia à Somália – o governador de Halden me disse que tinha acabado de voltar da Namíbia –, me deu grande alegria. Melhor vocês do que nós, eu disse a mim mesma, pensando em todos os países que correm para importar o modelo desolado dos Estados Unidos.

"Uma vez conheci uma enfermeira que trabalha numa prisão dos Estados Unidos", diz a inspetora de educação. "Ela me disse que há 1.400 pessoas na prisão dela. Eu perguntei: 'Como você consegue cuidar de todos esses homens?' E ela deu de ombros e respondeu: 'Meu trabalho é apenas garantir que eles não morram'." Ela me olha intensamente.

"O que se passa com a obsessão americana com o risco? A Noruega está se tornando assim agora. Sempre outro estudo de avaliação de risco. Tivemos um motim na prisão *uma vez* na história da Noruega – por que temos de avaliar o risco disso? E gastar dinheiro com equipamentos antimotim?"

"Uma vez, as autoridades estavam pensando em construir um rinque de hóquei no gelo aqui, para os prisioneiros terem uma atividade durante o inverno. Eu disse a eles que achava perigoso. Eles disseram: 'Sim, você tem razão. Eles podem usar as lâminas para matarem uns aos outros'. E eu disse: 'Matarem uns aos outros? Quando isso já aconteceu? Eu quis dizer perigoso porque eles podem se machucar praticando o esporte!'"

Olhando para o relógio, digo aos meus dois inspetores anfitriões que eu poderia ficar sentada ouvindo a sabedoria progressista deles o dia todo, mas tenho um trem para pegar.

"Não, não", insiste Lasse. "Há mais para ver. Vou levá-la para pegar o trem mais tarde." É a primeira vez que clamo para *sair* de uma prisão; geralmente eu negocio por mais acesso para entrar.

O sol está começando a se pôr entre os pinheiros enquanto Lasse, entregando-me um DVD de *Freedom: The Musical* [Liberdade: o musical], a produção teatral do ano passado, me leva para passear pelo perímetro de Halden. Ele claramente quer me mostrar cada centímetro quadrado deste lugar: a escola de gastronomia; o estúdio luminoso onde fica a gravadora Criminal Records; a aula de paisagismo de alto nível, onde são feitos lindos calendários apresentando fotos de seus trabalhos; a loja de presentes, onde me presenteiam com um livro de receitas de Halden; a gráfica, com seus computadores Mac de tela plana.

"Então, o que você acha?", Lasse cutuca docemente. "O que você sente?"

O que sinto, na verdade, é cansaço. Literal e metaforicamente. Cansaço de visitas a prisões, que me deixam na horrível posição de ficar cobiçando seres humanos. Cansaço das prisões mesmas, porque são sempre lugares de aflição. Mas não digo isso ao meu afável anfitrião. Em vez disso, faço-lhe uma pergunta. *Por quê?* Por que a Noruega gastaria todo esse dinheiro neste palácio prisional grandioso e exagerado, especialmente quando as outras prisões do país não estão à altura?

"Não sei", ele dá de ombros. "Eles queriam tentar."

Eles conseguiram, eu acho. É quase como se Halden fosse uma declaração, destinada a provocar o mundo, assim como Lasse quer me provocar: *Veja como tratamos nossos criminosos. Que vergonha vocês não fazerem o mesmo.* É o oposto da abordagem dissuasiva, que tenta assustar as pessoas com atrozes buracos do inferno – uma abordagem que sabemos que não funciona, de qualquer forma. Em vez disso, Halden é a maneira da Noruega de proclamar corajosamente o seu compromisso com a correção em vez da punição. De declarar que, se a medida de uma civilização é a qualidade do seu sistema de justiça, a Noruega pode se orgulhar.

"Mas talvez não consigamos sustentar a manutenção", diz Lasse. "Veja", ele aponta para o computador Mac. "Estes já estão começando a enferrujar. Como ficarão em cinco anos?"

"Não acho que realmente importe", respondo. As condições são materiais, quase simbólicas. A verdadeira inovação de Halden, de todas as prisões da Noruega, é a ideologia humana por trás delas. *Relações*, como a outra inspetora havia enfatizado.

Enquanto dirigimos para a estação de trem, Lasse diz: "Venha, deixe-me mostrar a prisão onde trabalhei por 26 anos, antes de chegar aqui". Ele aponta para uma prisão de aldeia, contendo 25 pessoas.

"E aqui é igual à cidade onde eu moro", continua ele. "Cidade pequena, tranquila. As casas parecem todas iguais." De repente, na rotatória, um carro quase nos corta.

"As pessoas dirigem tão rápido hoje em dia", zomba Lasse, parando na estação de trem. "Tão egoístas. Só pensam em si mesmas."

Suas palavras ecoam em meus ouvidos durante a viagem de volta a Oslo. Por duas horas e meia olho pela janela, perdida na vista e em meus pensamentos. A beleza da Noruega é de um tipo radicalmente diferente daquela dos lugares tropicais que estou acostumada a amar. Não é a beleza de um pavão, mas um paraíso invernal suave, tranquilo e despretensioso. O mundo se tornou preto e branco, e percebo que não sinto falta das cores. Talvez, de fato, o mundo não precise de tanta cor. A mesmice não precisa ser entorpecente; pode ser reconfortante, humilhante, acolhedora.

E talvez a essência da Noruega resida na bela uniformidade desta paisagem. Aprendi o termo norueguês *likhet*, que significa tanto igualdade quanto mesmice; a magnífica recompensa de uma nasce da outra. Também é *likhet* que sustenta os princípios de justiça aqui: você é igual a e o mesmo que todos os outros, mesmo que eles tenham cometido um crime e você não.

Há outro termo rico aqui, *Jantelloven*. Ouvi-o pela primeira vez de uma mulher com quem conversei em Oslo, no *lounge* de um novo hotel da moda. Ela elogiava o hotel por ser ousado, diferente e flagrantemente fabuloso, algo que as pessoas frequentemente evitam nesta sociedade igualitária. Existe essa noção de *Jantelloven*, ela explicou: uma atitude condescendente em relação à individualidade e ao sucesso pessoal. Você não deve se achar especial ou melhor do que ninguém.

“Que conceito maravilhoso!”, exclamei. A mulher me fuzilou com os olhos.

“O que há de maravilhoso nisso? É uma maneira de manter você para baixo.”

No dia seguinte, durante a minha visita à academia de funcionários, mencionei a conversa à chefe de pesquisa, Berit Johnsen. Durante toda a manhã ela me impressionou discretamente com suas ideias e histórias, chegando mesmo a me dar um exemplar do seu livro, *Sport, Masculinities and Power Relations in Prison* [Esporte, masculinidades e relações de poder na prisão]. Folheei o volume, maravilhada; com suas citações de Foucault, análise complexa de gênero, considerações éticas e compromissos políticos, será que esse livro poderia realmente ter sido escrito por alguém nas correções? Como todas as outras pessoas que conheci na área, ela era claramente uma intelectual de verdade; nossa conversa, portanto, se estendeu muito além do âmbito dos fatos e dos números, chegando à análise filosófica.

"Eu sei o que aquela mulher quis dizer", disse Berit. "*Jantelloven* pode ser uma maneira de dizer: 'Fique na sua'."

"Mas", eu disse, ficando animada, "também é a antítese perfeita do individualismo americano. O egoísmo do capitalismo. Tudo sobre mim, eu, eu".

"Essa é a maneira otimista de ver as coisas", ela reconheceu. "Aqui, uma mulher pobre vai para o mesmo hospital que uma mulher rica. Há bancos estatais nos emprestando dinheiro para educação, para que todos possamos ter acesso à educação. Existe algo chamado *dugnad*, que é a tradição do voluntariado, do comunitarismo. Temos uma cultura de trabalho e labuta, porque o trabalho é a sua entrada numa sociedade do bem-estar social. Se você não está trabalhando, está sozinho, fora da sociedade. Querer ser uma dona de casa com um marido rico é uma noção estranha para nós aqui. Todo mundo quer trabalhar, pertencer à comunidade."

Ultimamente, porém, ela continuou dizendo, uma mudança cultural preocupante ocorreu.

"Agora temos uma geração de pessoas que querem ser celebridades. Ser especiais. Mas nem todos podem ser celebridades. Quem vai fazer a limpeza? Dar aulas nas escolas? Onde estão os noruegueses hoje em dia? Sentados em escritórios pensando que são excepcionais. O que precisamos ensinar às crianças é que ser um cidadão comum é ótimo – torna você parte de algo maior do que você."

Uma dose saudável de *Jantelloven* pode ser não apenas o que a Noruega precisa, mas o que o mundo precisa. *Jantelloven* não tem espaço para encarceramento em massa. O individualismo generalizado e desenfreado, a essência do capitalismo, é o que sustenta as prisões – a ideia de que tudo gira em torno de mim, acima do meu próximo, acima da minha sociedade como uma entidade conjunta. Mas se, em vez disso, eu valorizo a minha comunidade, minha sociedade, acima de *mim* mesmo, então não posso punir cruelmente o outro; sei inatamente que ele sou eu e eu sou ela, e estamos todos juntos nessa. Meus triunfos não são meus, mas dele; os fracassos dela, os crimes dela, também são meus. Essa é a nossa semelhança. *Nós* somos maiores do que *eu*.

* * *

No meu último dia em Oslo, a neve começa a cair. Não me importo com o frio úmido; os flocos pintam um quadro primoroso, polvilhando prédios antigos e iluminando ruas sombrias. Sento-me em uma sala de seminários na Universidade de Oslo, cercada por acadêmicos. A Noruega tem uma rica tradição em criminologia crítica, mais profundamente filosófica do que a pesquisa científica baseada em evidências valorizada nas academias americanas. O mais famoso nesse sentido é o Professor Nils Christie, que respondeu ao e-mail de apresentação que lhe enviei com um convite para dar uma palestra para o corpo docente. Agarrei a oportunidade. O Professor Christie é o meu guru da justiça criminal. Seu trabalho sobre justiça restaurativa me guiou por Ruanda e pela África do Sul; sua obra, com suas reflexões filosóficas e poéticas sobre a natureza de uma sociedade justa, me comove imensamente.

"Conte-nos, Baz", ele me incentiva, passando-me um prato de *gravlax* e sanduíches de ovo. "Quais são as suas reflexões sobre o que você viu aqui? E ao redor do mundo?"

Explico que a trajetória das minhas viagens a prisões me levou do amplo ao específico, de repensar conceitos gerais sobre vingança, perdão e o que "correções" poderia significar, a preocupações mais específicas, como mulheres na prisão e os horrores da solitária, à economia bastante prática da prisão, na Austrália e em Singapura. Em todos os países descobri que as prisões eram, para ecoar a famosa citação de Mandela que impulsionou a minha odisseia, espelhos precisos da sociedade que as cria.

Olho para minhas anotações. Eu havia planejado uma longa palestra meditativa sobre o que acho que aprendi em dois anos de viagens globais, e essa palestra começa com três premissas.

Primeira, nosso objetivo deve ser o muito simples identificado pelo Professor Christie em seu livro *Limits to Pain* [Limites à dor]: "Infligir o mínimo de dor possível". Como ele diz tão eloquentemente, a vida não nos deixa faltar sofrimento. Não precisamos acrescentar mais erguendo infernos.

Segunda, cabe a nós nos concentrarmos nos sistemas sociais acima das ações individuais. Desde a sua criação, as prisões têm sido ferramentas políticas e econômicas manipuladas por poucos gananciosos e sedentos por poder; de país para país, testemunhei essa realidade. Como a África do Sul, o Brasil, a Austrália e os Estados Unidos têm martelado, nossas escolhas são condicionadas por forças sociais, racismos estruturais, desigualdades históricas e até mesmo pela biologia. Em resposta, devemos cultivar o que o filósofo britânico Jonathan Glover chama de binocularidade intelectual, que significa pensar em nós mesmos e nos outros como simultaneamente sujeitos que agem e objetos sobre os quais se age, cujos sucessos e fracassos são o produto de múltiplas forças que não têm absolutamente nada a ver conosco. O fato de não podermos reivindicar todo o crédito por nossos sucessos ou fracassos deveria nos humilhar e nos tornar mais gentis. Deveria fomentar mais discussões sobre a reforma de estruturas em vez de pessoas.

Terceira, o ônus da prova não recai sobre nós, mas sobre eles. Não deve recair sobre aqueles que se opõem ao encarceramento como resposta ao crime, mas sobre aqueles que o apoiam. Porque se qualquer outro sistema tivesse uma taxa de fracasso de 60% – essa é a taxa de reincidência nos Estados Unidos, e em grande parte do mundo os números não parecem muito melhores –, desmantelaríamos esse sistema imediatamente e voltaríamos à estaca zero. Então, a conversa não deve começar com *alternativas* ao encarceramento; o encarceramento deveria ser o último recurso, usado apenas quando medidas mais eficazes não funcionam. Considere a comparação da prisão, feita pelo professor americano Michael Tonry, a um remédio que cura uma doença enquanto causa outra. Considere também o que a icônica ativista e acadêmica Angela Davis chama de "democracia da abolição". Assim como a emancipação, que exigia tanto o fim da escravidão quanto a construção de novas instituições para substituí-la, o fim das prisões não é meramente um processo de demolir, mas de construir. "A abolição da prisão", escreve Davis, "exige que reconheçamos o quanto a nossa ordem social atual – na qual está inserida uma complexa gama de problemas sociais – terá de ser radicalmente transformada". Esse processo envolve "reimaginar instituições, ideias e estratégias, e criar novas instituições, ideias e estratégias que tornarão as prisões obsoletas".

Analisando os países que visitei, tais "reimaginações" podem ser classificadas em três categorias: antes da prisão, durante a prisão e depois dela. O antes é o mais vital. Não podemos usar o sistema penal como alternativa ao bem-estar social. Todos os países devem fazer mais para lidar com as condições que levam ao crime, para evitar completamente a necessidade de prisão. Para fazê-lo, devem, por exemplo, reduzir o desemprego e a desigualdade; está comprovado que países com altos níveis de desigualdade de renda têm taxas de homicídio quase quatro vezes maiores do que sociedades mais igualitárias. A Noruega e seu Estado de Bem-estar Social são obviamente um modelo aqui, mas também o é um termo que ganhou popularidade nos Estados Unidos recentemente e tem sido colocado em prática em mais da metade de seus estados. "Reinvestimento na justiça" significa gastar os 54 bilhões que os Estados Unidos gastam em prisões na reconstrução de recursos humanos e infraestrutura em bairros devastados pelo encarceramento em massa.

Em última análise, trata-se de reconhecer, como fazemos nos cuidados de saúde, que a prevenção vale muito mais do que a cura. O policiamento comunitário e o policiamento inteligente deveriam substituir táticas repressivas como as da Jamaica e do Brasil, da África do Sul e dos Estados Unidos. E quando se trata de dependentes químicos e doentes mentais, as duas populações que lotam as prisões em todo o mundo, precisamos adotar abordagens radicalmente diferentes a fim de congelar o fluxo. Revogar o tipo de penas obrigatórias e punições severas do tipo "tamanho único" em vigor desde os Estados Unidos até Singapura e Tailândia – e até mesmo aqui na Noruega, onde conheci um jovem cumprindo pena de dezesseis anos por uso de heroína. Muitos estados americanos já iniciaram esse processo, flexibilizando as penas mínimas obrigatórias e expandindo a discricionariedade judicial para afastar infratores de drogas. Em 2011, a Comissão Global sobre Drogas, um painel de líderes mundiais, que inclui o ex-secretário-geral da ONU Kofi Annan, declarou que "a guerra global contra as drogas fracassou"; a essência desse fracasso é seu foco na punição, não na prevenção ou no tratamento. A comissão recomendou alguma legalização e regulamentação em vez de proibição. Devemos seguir o exemplo da Europa, particularmente da Alemanha e da Holanda, países que não visitei porque seus sucessos já estão muito bem documentados; eles se concentram em minimizar os riscos do uso de drogas e enfatizam os cuidados de saúde, a prevenção, o tratamento e a regulamentação. E quando se trata dos doentes mentais, a abordagem deve se concentrar em hospitais psiquiátricos, não em prisões. Assim como na Holanda, os réus devem ser tratados por uma equipe multidisciplinar, incluindo psiquiatra, psicólogo, assistente social, terapeuta comportamental e advogado ou juiz.

Quando outros crimes ocorrem – e não devemos distinguir entre crimes "violentos" e "não violentos", visto que a moralidade da punição é profundamente questionável em relação a qualquer tipo de delito – nosso objetivo deve ser pensar de forma restaurativa. Nesse sentido, as lições de Ruanda e da África do Sul são ricas. O mesmo ocorre com os estudos sobre sistemas prisionais europeus, onde apenas uma pequena porcentagem de pessoas condenadas é sentenciada à prisão (6% na Alemanha e 10% na Holanda). Em vez disso, há multas, mediações, serviço comunitário e penas suspensas, semelhantes ao livramento condicional. A Holanda, onde os tribunais são obrigados a apresentar justificativas especiais sempre que uma pena de prisão é imposta em vez de uma multa, utiliza "transações" – pelas quais uma pessoa que comete um crime paga ao tesouro, cumpre condições financeiras ou participa de um curso de treinamento – e "penalidades por tarefa", que lembram as sentenças TIG de Ruanda, que envolvem uma ordem de trabalho que beneficia a comunidade. Aqui na Noruega há um movimento em direção ao uso de monitoramento eletrônico em vez de prisão para todas as sentenças inferiores a quatro meses.

Após essa reforma social radical, porém, ainda haverá pessoas que não poderão viver numa sociedade livre por representarem uma ameaça a ela. E pessoas cujas ações exigirão que sejam removidas da comunidade por um período a fim de serem corrigidas e, em seguida, fazerem reparações. Para esse último grupo, poderíamos criar uma entidade tão diferente de uma prisão a ponto de ser chamada de algo completamente diferente – uma intervenção, talvez. Ela funcionará de certa forma como as prisões de antigamente, como um espaço transitório que promove a cura; as vítimas podem processar sua dor e avaliar suas necessidades, enquanto os agressores, mantidos em cativeiro, lidam com o que fizeram.

Na intervenção, podemos finalmente confrontar o eu e suas más escolhas. E, portanto, na intervenção viverá toda a programação cujo valor terapêutico testemunhei em Uganda, Jamaica, Tailândia, Noruega, Estados Unidos, Austrália, Brasil e África do Sul. Haverá teatro, música, leitura e escrita, seminários sobre justiça restaurativa – em outras palavras, reabilitação e "restauração" genuínas que, como o Professor Christie observa em seu livro *A Suitable Amount of Crime* [Uma quantidade adequada de crime], vêm de um termo nórdico antigo que se refere à reconstrução dos alicerces de uma casa. Como diz o mantra norueguês, trate as pessoas como humanas e elas serão humanas. Visitas familiares e saídas temporárias serão, obviamente, facilitadas e incentivadas, e os residentes receberão o máximo de responsabilidade pessoal e autonomia possível. As intervenções estarão sujeitas a avaliações sistemáticas e padrões universais. Serão entidades transparentes, não terras ocultas de pessoas esquecidas, porque não podemos assumir nossas instituições sem pormos os olhos nelas. Assim como na educação, o tamanho e a equipe serão os fatores mais importantes; as intervenções serão pequenas, atraindo o tipo de equipe excelente e o ambiente saudável que vi aqui e na Austrália. "Foi preciso um homem como [Mandela] para libertar não apenas o prisioneiro, mas também o carcereiro", declarou o Presidente Obama em seu discurso no funeral de Mandela. Assim como a escravidão desumaniza tanto o escravo quanto o senhor, um sistema prisional cruel mantém funcionários e prisioneiros presos no inferno juntos.

Poucas pessoas deveriam definhar em intervenções longas; devemos seguir o exemplo da Noruega em manter as sentenças curtas. Um relatório de 2014 do Conselho Nacional de Pesquisa sobre encarceramento em massa nos Estados Unidos concluiu que sentenças mais severas não impedem efetivamente o crime; um relatório australiano de 2012 afirmou a mesma coisa. Muita correção pode acontecer em um período relativamente curto, após o qual os infratores podem iniciar o processo de restituição.

Quando os infratores voltarem para casa, não serão submetidos à tortura vitalícia de ficarem presos na prisão de seus antigos eus, o que representa a negação máxima da humanidade. Assim como a Noruega e diferentemente dos Estados Unidos, não devemos fornecer ao público um sistema online fácil, pelo qual erros do passado se tornam letras escarlates para toda a vida; os registros criminais serão acessíveis ao sistema de justiça, não aos cidadãos comuns. Como Singapura, promoveremos a contratação daqueles que passaram por intervenções; como o Estado de Nova York, ofereceremos créditos fiscais às empresas que o fizerem, pagando-lhes mais do que o máximo de US$ 2.400 que Nova York oferece; como alguns estados americanos, negaremos aos empregadores o direito de perguntarem sobre antecedentes criminais em formulários de inscrição ou em entrevistas iniciais. Mais importante ainda, por meio de campanhas publicitárias, *marketing*, discurso público e tudo o mais que for necessário, promoveremos uma cultura que não seja tão avessa a riscos, mas sim um clima de perdão e comunidade. Uma cultura que realmente compreende estas palavras do romancista e ex-prisioneiro russo Alexander Solzhenitsyn: "Se ao menos tudo fosse tão simples! Se ao menos houvesse pessoas más em algum lugar cometendo atos malignos insidiosamente, e fosse necessário apenas separá-las do resto de nós e destruí-las. Mas a linha que separa o bem e o mal atravessa o coração de cada ser humano. E quem está disposto a destruir um pedaço do seu próprio coração?"

Essa é a palestra ambiciosa que eu havia planejado.

Mas não a dou. Em vez disso, intimidada pela presença do meu guru, ofereço algumas palavras brandas sobre o que vi na Noruega e como ela é única, e como correspondeu a muitas das minhas expectativas.

O Professor Christie sorri docemente, como se quisesse me dar um tapinha na cabeça.

"Certa vez, fui convidado para dar uma palestra em Bastoy, tanto para os funcionários quanto para os prisioneiros", ele começa falando lentamente. "Era um lindo dia de verão, e a ilha estava com a aparência mais bela. O mar, a paisagem, os animais – Bastoy parecia o tipo de lugar onde todos gostariam de ter uma casa de veraneio. Depois da minha palestra, me virei para os prisioneiros e lhes fiz uma pergunta. Eu disse: 'Se lhes oferecessem uma casa aqui em Bastoy depois de cumprirem a pena, e pudessem viver aqui sem pagar aluguel pelo resto da vida, quantos de vocês ficariam?' Houve uma longa pausa, e os prisioneiros se entreolharam, olharam ao redor da sala, olharam nervosamente para os agentes. E então, da última fileira, veio um único grito: 'Nunca!'"

"Essa é a voz que ouço na minha cabeça sempre que ouso pensar nas prisões da Noruega como humanas. *'Nunca!'* O estigma e o sofrimento também vivem aqui. É mais difícil desmascarar o nosso sistema porque ele é mais bonito, mais difícil de suscitar questionamentos de direitos humanos por causa da nossa reputação. Mas esta também não é uma sociedade perfeita."

Concordo com a cabeça. Isso eu concedo. E recito algumas ressalvas para prová-lo. Como a questão racial é muito menos relevante aqui do que em quase qualquer outro lugar – a maioria dos presos escandinavos parece a maioria votante no lado de fora –, identificar-se com a população prisional é uma tarefa mais fácil. Como em todos os lugares onde estive, as prisões aqui estão cheias de pobres e usuários de drogas. A taxa de reincidência é, em parte, baixa porque mesmo pequenos crimes, como dirigir embriagado ou a intenção de cometer um crime, podem resultar em uma sentença de prisão, e esses crimes geralmente apresentam baixas taxas de reincidência. Cerca de 30% da população prisional atual é estrangeira, principalmente do Leste Europeu, e, quando se trata deles, a reincidência é de fato um problema, já que tendem a retornar à Noruega logo após a deportação.

Também em Halden Lasse me mostrou, desculpando-se, a sombria unidade de isolamento, com arranhões cobrindo as paredes, tão assustadora quanto as que vi no Brasil. Sei que, embora um dia sozinho lá conte como um dia e meio da pena, a Noruega não impõe nenhum limite legal ao uso da solitária.

E quanto à Noruega como um todo, sua história dificilmente é imaculada. Pode nunca ter sido um colonizador conquistador como muitos de seus vizinhos europeus, mas fez reparações e pediu desculpas públicas pelo fato de, durante a Segunda Guerra Mundial, ter voluntariamente deportado mais de um terço da sua população judaica para campos de concentração.

Sentindo-me mais confiante, conto ao Professor Christie sobre o curso de cerâmica que visitei em Halden. Lá, conheci vários prisioneiros, um dos quais parecia não ter mais de 19 anos e tinha três pontinhos tatuados abaixo do olho direito.

"Este lugar é ótimo", ele disse com uma risada altiva. "No primeiro dia em que cheguei aqui, ri alto. Isso é uma prisão? Ha."

O homem ao lado dele ergueu abruptamente os olhos da máscara que estava esculpindo em argila, uma imitação ornamentada da famosa pintura *Grito*, de Edward Munch, cujo original eu vira na Galeria Nacional no dia anterior.

"Sério?", ele disse, melancolicamente. "Eu não ri. Continuo sem rir." Então voltou a moldar o seu *Grito*.

Compartilho essa história com o Professor Christie. E conto a ele sobre a primeira reação dos meus alunos de Nova York a Otisville, com suas colinas verdejantes e cores exuberantes de outono. "É tão bonito lá", dizem eles, exclamando "oh" e "ah".

Como disse Wiggo, o marinheiro, prisão é prisão. Nenhuma beleza, nenhuma televisão de tela plana, pode compensar a profunda solidão, o isolamento, o efeito de congelamento do tempo de uma estadia na prisão. Suspeito que, na verdade, o jovem com as tatuagens no rosto que alegou ter rido esteja, em algum lugar por dentro, chorando. Senti que ele estava bancando o durão, ou que havia acreditado na propaganda: ouvindo volta e meia toda aquela história de "Halden é um hotel cinco estrelas", começou a acreditar nela. E mesmo que esse prisioneiro realmente tenha rido, é uma declaração triste. Porque se a prisão é melhor do que a sua vida lá fora, o que isso diz sobre essa vida e a sociedade que a produz?

"Você tem razão", concorda o Professor Christie.

Pergunto-lhe o que pensa sobre Anders Behring Breivik, o neonazista norueguês que, em 2011, bombardeou prédios governamentais em Oslo, matando oito pessoas, e depois matou mais sessenta e nove num tiroteio em massa num acampamento de verão do Partido Trabalhista na Ilha de Utøya. Ele representou o maior teste de todos os tempos para o sistema judicial norueguês.

"Ele merecia uma entrega de dor" – esse é o termo característico de Christie para a prisão. Ele a chama assim porque, como escreve em *Limits to Pain*, "soa como entrega de leite": inofensivo, natural, normal. "Entrega de dor é o conceito para o que em nossa época se desenvolveu numa operação calma, eficiente e higiênica", escreve ele. "Tudo se tornou a entrega de uma mercadoria."

Christie me conta que o tratamento dado por seu país à atrocidade de Breivik o deixou orgulhoso. O julgamento foi conduzido de forma restaurativa, com todas as vítimas, inclusive sobreviventes e familiares dos assassinados, tendo voz direta no tribunal e sendo representadas individualmente por 174 advogados. Um painel de cinco membros proferiu uma sentença unânime de 21 anos, a pena máxima para qualquer crime que não seja crimes de guerra ou genocídio, o que totaliza pouco menos de cem dias por assassinato. Breivik cumpre sua pena em um ambiente semelhante ao de Halden, onde frequenta aulas universitárias por correspondência. Seu encarceramento não será diferente do de qualquer outra pessoa, tendo como objetivo a correção. *Se* ele puder ser corrigido, claro; sabemos que nem todos podem. Pesquisas mostram que o público ficou extremamente satisfeito com o veredito.

"Acima de tudo", diz Christie, "não houve histeria, nem cultivo de ódio e medo". Em vez disso, os próprios valores que os atos de Breivik buscavam destruir – amor, aceitação, diversidade – foram promovidos em eventos públicos comoventes. Rosas se tornaram o símbolo da tolerância, deixadas em memoriais por todo o país, e as tarifas de importação foram reduzidas para tornar as flores acessíveis a todos.

Como em Ruanda após o genocídio, então, a tragédia aqui se tornou uma oportunidade para construir comunidade, não para a destruir com vingança e ódio. Parece o oposto da América pós-11 de setembro, quando o discurso público se concentrava na vingança e no jingoísmo egocêntrico. O medo reinava e a resposta do governo era a guerra; a violência, portanto, gerava mais violência. Tal resposta, aponta Angela Davis, é uma forma de abuso emocional contra nós, a comunidade. Ela a chama de crime de imaginação moral porque nos pede para nos distanciarmos do sofrimento dos outros, assim "matando as dimensões moral e emotiva da nossa cidadania". Por que, ela pergunta, "fomos tão rápidos em imaginar a nação como o limite da solidariedade humana, precisamente em um momento em que pessoas em todo o mundo se identificavam com nossa dor e sofrimento?"

Pergunto isso sobre o crime em geral. E se se tornasse uma oportunidade não para cultivar uma mentalidade de nós contra eles, mas um *ethos* de nós *e* eles? Não uma chance de engendrar separação dos outros, mas um profundo lembrete de quão profundamente interconectados estamos, a ponto de as ações de uma pessoa terem a capacidade de impactar tantas outras? Isso, certamente, é utopia.

Pelo resto da tarde, enquanto a neve dança sob os postes de luz e os outros professores se despedem, um por um, o Professor Christie senta-se comigo e compartilha suas ideias.

"Nosso trabalho é criar uma sociedade na qual as pessoas possam ser mais sábias. Criar mecanismos para que pessoas comuns administrem suas vidas." Ele se manifesta contra os jardins de infância – eles destroem o espírito comunitário ao transformar a educação infantil em um trabalho formal em vez de uma tarefa cívica conjunta – e em defesa de guetos e pequenos municípios, onde os vizinhos podem cuidar, educar e policiar uns aos outros, onde o progresso acontece durante discussões de aldeia, em vez de reuniões e eleições formais. Ele acredita que os professores devem escrever para jornais e outros veículos de comunicação tradicionais, e devem escrever de forma clara, a fim de serem compreendidos – "escreva para a sua tia favorita", é como ele o coloca. Ele analisa o que é realmente perigoso acerca das drogas: "o fato de serem consideradas perigosas demais para se educar as pessoas acerca delas". E ele descreve o Encontro Anual nas Montanhas da Noruega, durante o qual presos, agentes prisionais e professores se reúnem num retiro para esquiar, dialogar e promover mudanças progressivas, dentro e fora da prisão.

Em meio a tudo isso, fico maravilhada com a mente incansavelmente inquisitiva desse homem de 86 anos. Ele ainda vê o mundo com os olhos de uma criança, questionando perpetuamente sistemas, estruturas e ideias que a maioria considera normais. Por isso, ele é um verdadeiro herói da justiça. De repente, impressiona-me o fato de que o oposto de justiça não é crime ou injustiça. É complacência. Complacência do tipo que me fez embarcar nesta odisseia prisional para começar. Percebo agora que o que eu realmente temia quando me sentia mesmo ligeiramente confortável numa prisão era mais do que apenas inércia intelectual. O que eu temia era estar perdendo minha paixão pela justiça mesma.

Penso nos meus alunos fora da prisão, no John Jay College. As aulas que leciono geralmente giram em torno de questões relacionadas a raça ou sistemas de justiça, e no final do semestre, depois de todas aquelas semanas passadas questionando dois sistemas ideológicos aceitos, os alunos tendem a se render. "Então, qual é a resposta?", perguntam. A resposta, eu lhes digo, é uma pergunta. Não estou tentando ser enigmática; a realidade é que não há uma resposta pronta para as grandes questões em torno de raça e crime. A humanidade é complexa e contraditória; qualquer sistema que a aborde o deve ser igualmente. Nossa tarefa é continuar fazendo perguntas, continuar desbancando dogmas e questionando crenças amplamente difundidas. Nos últimos dois anos, ver a mesma estrutura feia em cenários tão radicalmente diferentes ao redor do mundo, de Uganda ao Brasil e à Austrália, tem sido um chamado à luta. Que tipo de estagnação vil é essa? Como a humanidade ousa ser tão preguiçosa? Acredito na capacidade humana de inovar, de imaginar, de criar. As prisões são uma falta de imaginação no sentido mais trágico do termo.

"Não estou confiante de que o nosso sistema seja bom. Sempre podemos fazer melhor", disse-me Berit Johnsen, da academia de funcionários. Suas palavras me tocaram profundamente. Mesmo numa quase utopia, há trabalho a ser feito. E nesse trabalho reside exatamente aquilo que eu buscava – no *fazer melhor* está a justiça. Assim como amor é uma palavra de ação, justiça é um verbo. Justiça é uma jornada. Nunca é estática, nunca está satisfeita, nunca está à vontade. Justiça é um movimento; justiça *é* movimento.

* * *

Voltando para casa pela última vez, sinto meu paradoxo pós-prisão habitual: alienada, sozinha e, ainda assim, através das vidas que invadi atrás das grades, supremamente conectada aos outros. É o paradoxo elucidado por Victor Frankl, sobrevivente de campo de concentração, em seu livro *Em busca de sentido*: "Quanto mais alguém se esquece de si mesmo – entregando-se a uma causa para servir ou a outra pessoa para amar – mais humano ele se torna e mais se realiza. O que se chama autorrealização não é um objetivo atingível, pela simples razão de que quanto mais alguém se esforça por isso, mais isso lhe falta. Em outras palavras, a autorrealização só é possível como um efeito colateral da autotranscendência".

Volto a mergulhar no mundo das prisões na minha própria terra. Dois dos meus alunos do Prison-to-College Pipeline ainda estão desaparecidos em ação. Eles vieram visitar o *campus* quando foram soltos, mas perderam contato comigo desde então, apesar de seus planos de se matricularem na faculdade. Não vejo seus nomes no site Inmate Locator, o que significa que eles – *ufa!* – não voltaram para a prisão.

Então, examino o mundo das prisões com as quais estou tentando manter contato. Da África do Sul, Jonathan me envia atualizações, informando que um novo ciclo de oficinas de justiça restaurativa começou e que Gerswin, embora esteja bem e se lembre das conversas comigo, ainda está preso e precisa de muito apoio.

Santos também me escreve para informar que o Projeto de Visitas a Prisões está prosperando em Ruanda. O que ele compartilha sobre o que ele e os outros jovens estão aprendendo, visita após visita, toca meu coração:

> Nunca desistam, continuem a fazer nossos pais entenderem que a reconciliação é uma maneira de construirmos juntos uma paz duradoura em nosso país.
>
> Confiando uns nos outros.
>
> Tenham confiança de que podemos fazer isso, mesmo que seja difícil restaurar um relacionamento destruído pelo genocídio.
>
> Conscientizem as pessoas a oferecerem perdão e a terem uma cultura de pedir perdão.
>
> Os jovens não devem ser extremistas, mas devem ser pessoas corrigíveis.
>
> Não devemos ser escravos da nossa má história.
>
> Tendo o hábito de dizer a verdade.
>
> Tendo amor.

E-mails de Mara e André no Brasil, Brent na Austrália e Napaporn na Tailândia me informam que esforços progressistas ainda estão em andamento por lá. Um pacote de cartas e poemas chega do clube do livro da prisão na Noruega, que eles gostariam que eu compartilhasse com meus alunos em Otisville. Mas é Uganda que oferece os desenvolvimentos mais dramáticos. Logo quando voltei de Kampala, há mais de um ano, a equipe da APP me enviou por e-mail uma carta escaneada do Wilson, meu ex-aluno:

> Você faz muita falta na sua turma de redação. Obrigado pelo tempo que você dedicou a nos treinar em escrita criativa. Ainda escrevemos e espero que um dia você leia um livro escrito por Wilson... Muito em breve terminarei de cumprir minha pena. Saudações a todos os presos da prisão onde você trabalha e aos estudantes universitários que você ensina. Diga a eles que alguém a ama e ora por você. Eu oro para que os detentos daquela prisão se transformem em cidadãos melhores.

A carta estava assinada por "Bafaki Wilson Pastor Boma, presidente do Clube de Escrita Criativa da Detenção Preventiva de Kampala". Alguns dias depois, às 4h23, meu telefone tocou: "Desconhecido", dizia o identificador de chamadas.

"Bom dia, Baz!" Era o Wilson. Não perguntei como ele havia conseguido me ligar da prisão, mas ofereci palavras de incentivo: *Seis meses até a liberdade.*

Meses depois, após retornar do Brasil, o telefone tocou novamente, obscenamente cedo. "Baz!", exclamou Wilson. Ele estava chorando. "Estou tomado pela emoção, Baz. Depois de três anos e dois meses, estou livre."

Ele também tinha uma casa. Em cima da hora, meu amigo Al – o mesmo amigo que sempre se mostrava intrigado com o meu compromisso com os presos – deu ao Wilson dinheiro para pagar um mês de aluguel. E agora, após meu retorno da Noruega, Al me liga para dizer que quer iniciar um programa de reinserção social, conectando pessoas encarceradas a empregos no lado de fora. A notícia me choca a ponto de me levar às lágrimas. Porque é a evidência de que a mudança pode vir de pessoa para pessoa, de consciência para consciência – e não de mim, da agente *mzungu* estrangeira, mas de dentro.

A notícia também resume porque continuo sendo uma otimista tenaz. Minha jornada me levou a infernos globais, e ser testemunha nesses lugares me transformou irrevogavelmente. Tornou-me uma professora muito melhor, permitindo-me conectar os pontos e mapear a injustiça de um lado a outro do mundo. Mas também fortaleceu minha raiva e aprofundou meus graves ataques de depressão. Testemunhei a humanidade no seu pior.

Ao mesmo tempo, de país em país, de prisão em prisão, vislumbrei a humanidade no seu melhor. Vi os sistemas falidos, mas também as pessoas maravilhosas que os suportam e os transcendem, juntamente com os agentes de mudança que trabalham duro para corrigi-los. Contra o pano de fundo sombrio de tanta maldade, os heróis brilham ainda mais radiantemente. O psicólogo Philip Zimbardo escreve que, em oposição à banalidade do mal de Hannah Arendt, devemos considerar a banalidade do heroísmo, que torna "o heroísmo um atributo igualitário da natureza humana, em vez de uma característica rara de uns poucos eleitos".

A banalidade do heroísmo é a razão pela qual, quando as pessoas perguntam o que podem fazer acerca do problema aparentemente insuperável do encarceramento em massa e da injustiça em massa, além de doar para organizações ou comparecer a comícios, ofereço um conselho simples: seja consciente. Aprenda sobre os problemas e as soluções. Depois, espalhe a palavra para quem quiser ouvir – seja seu amigo, seu motorista de ônibus, a pessoa aleatória com a qual você conversa numa esquina. Você é um educador se quiser ser. E nunca se sabe quando uma pequena semente progressista que você planta na mente de outra pessoa brotará, florescerá e produzirá mudanças, assim como aconteceu no caso do meu amigo Al, a quem eu havia conseguido impactar sem nem mesmo querer, em algum momento no meio de nossos passeios turísticos e ouvindo *reggae*. Mudar políticas é o que, em última análise, mudará a realidade, sim – mas mudar políticas é produto de uma mudança na consciência pública. Todos nós temos uma participação nessa missão.

Eu não havia estado na Noruega por muito tempo, mas ainda assim percebi ao retornar que o mundo havia mudado ligeiramente para melhor na minha ausência. Três faculdades de Nova York concordaram em remover perguntas sobre prisões anteriores de seus procedimentos de admissão. A ACLU recebeu a maior verba da sua história e a usará numa campanha para reduzir as taxas de encarceramento. Entrando em seus últimos meses no cargo, o procurador-geral dos Estados Unidos, Eric Holder, que meses antes havia anunciado que o Presidente Obama usaria o poder de perdão executivo para libertar milhares de prisioneiros federais com condenações por drogas, fez mais declarações contra o encarceramento em massa e pediu uma expansão de alternativas; o ex-presidente dos Estados Unidos, Bill Clinton, admitiu a um grupo de funcionários que "uma porcentagem muito significativa de crimes graves neste país são cometidos por um número muito pequeno" de criminosos, mas "nós atacamos com uma espingarda e simplesmente mandamos todo mundo para a prisão durante demasiado tempo". No dia das eleições de 2014 – durante o qual cerca de 5,85 milhões de americanos não puderam votar devido a condenações por crimes – a Proposta 47 foi aprovada na Califórnia, rebaixando crimes não violentos, como furto de lojas e porte de drogas, para contravenções e tornando até 10 mil pessoas elegíveis para soltura antecipada da prisão.

Isso é o suficiente para me dar esperança de que o progresso na reforma prisional possa continuar. Afinal, até mesmo a direita aderiu ao movimento antiprisional, citando os custos como a sua principal justificativa. Bill Bennett, Jeb Bush e Newt Gingrich estão entre os membros do Right On Crime, um movimento nacional de conservadores cuja visão de reforma da justiça criminal inclui disciplina fiscal e métodos econômicos para reduzir a reincidência, ao mesmo tempo em que empodera as vítimas. No Texas, controlado pelos republicanos, previu-se em 2007 que mais de 17 mil novas vagas no sistema prisional, a um custo de US$ 2 bilhões, precisariam ser abertas até 2012; em vez disso, os legisladores alocaram um montante menor para expandir opções comunitárias, como livramento condicional, tribunais de resolução de problemas e tratamento para dependência química baseado em evidências. A criminalidade caiu 25% e as vagas no sistema prisional deixaram de ser necessárias.

Nessas terras, podemos começar a imaginar que a era prisional está à beira da extinção, e a história a colocará ao lado do tronco e da guilhotina como mais um experimento brutal de punição que já teve o seu tempo.

Mas a realidade é que mexer no sistema – uma pequena mudança aqui, um pouco de reforma ali – provavelmente não produzirá a "revolução de valores" que Martin Luther King pediu, em um discurso empolgante proferido um ano antes do seu assassinato. A história mostrou que as estruturas sociais racistas e classistas têm uma maneira de persistir teimosamente, mudando de forma, assim como Jim Crow renasceu quando o encarceramento em massa transformou o "criminoso" no novo "negro". Um argumento econômico não pode substituir um argumento moral. Fazer a coisa certa pelos motivos errados não é o caminho para uma mudança duradoura e maior justiça.

E, em última análise, o panorama é maior do que a América. Embora possamos estar começando a matar nossos demônios aqui nos Estados Unidos, criamos um monstro com tentáculos entrincheirados em comunidades ao redor do globo: instituições peculiares que falam múltiplas línguas de uma costa à outra. Exportamos um sistema desolado para o mundo. Tal é a natureza maníaco-depressiva da história das prisões, marcada por progresso e regressão, e depois por progresso mais uma vez. É também a natureza desse trabalho como um todo. Para cada aluno que começa a faculdade no outono, outro está prestes a ser preso novamente. Avanço, recuo.

A chave é continuar avançando. O trabalho da justiça é, em última análise, uma grande redundância, exigindo incansavelmente mais de si mesmo: mais trabalho duro, mais movimento, mais luta, mais vitórias e derrotas. E esse trabalho é impulsionado pela coisa potente que carrego diariamente, como um colete salva-vidas, a coisa que me impulsiona e mantém o meu espírito vivo com missão e sentido: a esperança.

AGRADECIMENTOS

Uma das palavras mais bonitas do mundo é esta: *Obrigado*.

É uma honra para mim distribuí-la:

Ao John Jay College of Criminal Justice por apoiar este livro e o Prison-to-College Pipeline, em cada passo do caminho. Ao Escritório para o Avanço da Pesquisa e ao Departamento de Inglês por viagens e bolsas de pesquisa essenciais, sem as quais eu não poderia ter escrito este livro. Às maravilhosas diretoras do Departamento de Inglês, Allison Pease e Valerie Allen. Ao reitor Jeremy Travis e à pró-reitora Jane Bowers, cujo apoio e incentivo foram gentis e imensos.

Ao Prisoner Reentry Institute do John Jay College of Criminal Justice, sede do Prison-to-College Pipeline, e a um grupo estelar de acadêmicos ativistas que tenho orgulho de chamar de colegas e colaboradores na justiça: Bianca Van Heydoorn, Ann Jacobs, Daonese Johnson-Colon, Krystlelynn Caraballo e Maja Olesen. À superintendente Kathleen Gerbing, à superintendente adjunta Alicia Smith-Roberts e à equipe da Unidade Correcional de Otisville por tornarem possível o Prison-to-College Pipeline.

Aos ativistas prisionais que transformam vidas ao redor do globo com os quais tive o privilégio de colaborar e cujo trabalho me inspira diariamente: Dukuzumuremyi Albert (Santos), Eric Mahoro, Brent Bell, Jocemara Rodrigues da Silva, André Kehdi, Dr. Napaporn, Pastor Jonathan Clayton, Yvonne Lloyd, Carla Gulotta, Brian Steels, Nils Christie, Lasse Andresen e Tom Eberhardt. Da mesma forma, aos meus brilhantes camaradas em terras americanas: Bianca Van Heydoorn, Kirk James, Marlon Peterson, Jeff Aubry, Ali Knight, Debbie Mukamal, Khalil Cumberbatch, Glenn Martin, Vivian Nixon, Soffiyah Elijah e Todd Clear.

A todos os indivíduos atrás das grades nos nove países que visitei, que gentilmente compartilharam suas histórias, escritos e espíritos comigo, e que me permitiram ser sua aluna em vez do contrário.

Às organizações que gentilmente me acolheram e/ou me ajudaram com o acesso a atrás das grades: o African Prisons Project, Never Again Rwanda, Hope Prison Ministries, o Kamlangji Project, o Yellow Ribbon Project, o Singapore Prison Service, SCORE, o Ministry of Justice and Office of Justice Affairs da Tailândia, a Universidade Curtin, o Programa de Remição pela Leitura e Departamento Penitenciário Nacional do Brasil, e o Serviço Correcional Norueguês. E a Gary Hill por algumas introduções fundamentais a esse respeito.

À editora por excelência – e pura força de um ser humano – que é a Judith Gurewich, por apoiar este livro desde o momento em que ouviu falar dele.

À minha incansável agente, Sarah Levitt, que acreditou persistentemente na importância desse projeto e na minha capacidade de concluí-lo.

À minha editora, Anjali Singh, cujo olhar de águia e mão paciente tornaram este livro muito melhor do que era.

Ao meu irmão Malik Yoba e à minha irmã Beth Skipp, cujo amor me sustenta diariamente, cujo vínculo comigo é mais profundo do que a biologia jamais seria capaz.

À minha brilhante e feroz inspiração como mentora e irmã-mãe, Lynda Obst.

Aos meus queridos amigos que são realmente minha família – meus irmãos e irmãs de alma, parceiros, ombros e ouvidos sempre dispostos, caixas de ressonância intelectuais: Lynn Joseph,

Penny Vlagopoulos, Kirk James, Jeffrey OG Ogbar, Jeanille Bonterre, Jackie Simmons, Debbie Sonu, Monika Levy, Helene Sola, Vitoria Setta, Trish Perkins, Tommy Smith, Sanjay Ramanand, Richard Perez, Oscar Michelin, Ornella Schneider, Anya Ayoung-Chee, Natasha Ali, LisaMarie Stewart, Karibi Fubara, Joanne Kehl, Andy Kasrils, Jessie Ben-Ami, Sean Field, Jama Adams, Hank Willis Thomas, Andre Honore, Anand Vaidya, Audrey Moore, Donna Augustin, Carleene Samuels, Daniel Kramer, Edrick Browne, Nathaniel Quinn, Yadi Perez-Hazel, Clinton Hazel, Jonathan Gray e Luigi Moxam. E a Keith Sharman pelas leituras iniciais e pelo incentivo incessante.

Às minhas irmãs Dreisinger: Tam, Naomi, Riv, Sar. E aos meus pais, que me criaram para nunca parar de fazer a pergunta mais importante de todas: *Por quê?*

Finalmente, às ilhas do Caribe – especialmente Jamaica e Trinidad – que sustentam minha alma, meu espírito e meu intelecto. Obrigada por manterem meu coração escancarado, como deve ser.

Conecte-se conosco:

facebook.com/editoravozes

@editoravozes

@editora_vozes

youtube.com/editoravozes

+55 24 2233-9033

www.vozes.com.br

Conheça nossas lojas:

www.livrariavozes.com.br

Belo Horizonte – Brasília – Campinas – Cuiabá – Curitiba
Fortaleza – Juiz de Fora – Petrópolis – Recife – São Paulo

EDITORA VOZES — VOZES NOBILIS — Vozes de Bolso — Vozes Acadêmica

EDITORA VOZES LTDA.
Rua Frei Luís, 100 – Centro – Cep 25689-900 – Petrópolis, RJ
Tel.: (24) 2233-9000 – E-mail: vendas@vozes.com.br